AF608237

DE
INDULTO EXCLAUSTRATIONIS
NECNON
SAECULARIZATIONIS

DISSERTATIO

IUDICIO FACULTATIS IURIS CANONICI
UNIVERSITATIS CATHOLICAE AMERICAE
SUBMISSA
TAMQUAM SCRIPTUM PUBLICI PERICULI EXPERIMENTUM

AD

DOCTORATUM

IN

IURE CANONICO

OBTINENDUM

A

FR. CYRILLO PIONTEK, O. F. M., S. T. B., I. C. L.
Filio Almi Commissariatus Pulaskiensis
IN
Statu Wisconsin, U. S. A.

WASHINGTONII, D. C.
1925

APPROBATIO ORDINIS.

Nihil Obstat.

FR. STANISLAUS WOYWOD, O. F. M., Lect. Gen., LL. B.,

Censor Deputatus.

Imprimi Permittitur.

FR. LUDOVICUS KANIA, O. F. M.,

Green Bay, Wis. die 14 mai 1925. *Commissarius Provincialis.*

Nihil Obstat.

REV. HUBERTUS L. MOTRY, S. T. D., I. C. D.

FR. VALENTINUS T. SCHAAF, O. F. M., S. T. B., I. C. D.

Censores Deputati.

Imprimatur.

✠PAULUS P. RHODE,

Green Bay, Wis. die 16 mai 1925. *Ep. Sinus Viridis.*

INTRODUCTIO.

Pro Dissertationis praesentis exordio meliora vix possemus adducere verba quam illa sublimia Innocentis XI, mediantibus quibus agressus est celeberrimam *Declarationem de Observantia Praeceptorum Regulae Fratrum Minorum:* "Sollicitudo pastoralis officii, quo Catholicae Ecclesiae per universum orbem diffusae regimini, divina dispositione praesidemus, nos urget atque impellit, ut religiosorum virorum Ordines ad omnipotentis Dei gloriam et animarum salutem sapienti pietate ab hac S. Sede institutos, magnisque in Ecclesiam Dei meritis fulgentes, in sanctis ac primaevis eorum institutis confovere et conservare, ac a noxiis, quae primigeniae religiositatis spiritum atque vigorem extinguere et relaxare possent, tueri et praemunire, felicibusque illorum in via mandatorum Domini gressibus consulere, quantum nobis ex alto conceditur, studeamus." [1]

Quae verba modo allata evidentia sunt: Summos Pontifices semper maximam de religiosorum familiis curam gessisse et etiam nunc gerere, ut in sanctis ac primaevis suis institutis conservari valeant per adimpletionem votorum, quae Deo emisere. Haec summa Romanorum Pontificum "sollicitudo pastoralis officii" praesertim elucet ex omnibus istis decretis, quae hucusque emanarunt atque nunc in Codice Iuris Canonici tam apte disposita sunt per ducentos fere canones et Libri Secundi Partem Secundam constituunt.

Finis autem harum nunc stabilium per canones digestarum normarum pro religiosis optime fuit inauguratus illis S. C. de Rel. decreti verbis: "Apostolica Sedes, admodum sollicita promovendae perfectionis inter Religiosas utriusque sexus Familias, plures edidit easque saluberrimas leges, quibus quaedam vetantur, quaedam praescribuntur, ad Sodalium ingressum, institutionem, vota, studia, vitae externae rationem aliaque id genus apte moderanda." [2] Religiosarum familiarum vitam sicuti reliquarum existentiam

[1] Innocentius XI, const. "*Sollicitudo pastoralis,*" 20 nov. 1679, Monumenta Selecta Iuris Regularis 59.

[2] S. C. Rel., decr. "*Apostolica Sedes,*" 3 iul. 1910, A. A. S., II 523.

rerum mutationibus obnoxiam esse, experientia testatur; circumstantiae personarum, locorum, et temporum vicissitudines maxime quoque influunt in religiosorum vitam eosque a spiritu vocationis religiosae retrahunt. Neque id miramur; homo enim ex natura sua semper liber remanet vel ad cooperandum cum gratia vocationis vel eidem resistere potest,—imo, eandem amittere potest propria culpa. Quamobrem interdum melius est pro communitate, ut transgressores votorum religiosorum potius extra claustra vivant, impetrato exclaustrationis vel saecularizationis indulto. Quae omnia iterum hisce S. C. Rel. decreti verbis explicantur: "Spiritus enim temporum, qui omnimodam libertatem infausto vindicat hominibus, sancta quoque Monasteriorum septa est furtim praetergressus; idque etiam efficit, ut cum desiderio vitae humilioris absconditae in Christo, qualis Conversorum solet esse in Coenobiis propositi perseverantia simul imminueretur, in iis praesertim . . . quos forsan religiosos potius fecerat necessitas, quam voluntas, vel quos acceptis a Deo beneficiis abuti contigerat. Hos, parvi facientes verba Sancti Augustini: 'Nec ideo te vovisse poeniteat, imo gaude iam tibi non licere quod cum tuo detrimento licuisset. Aggredere itaque intrepidus et dicta imple factis; ipse adiuvabit, qui vota tua expetit. Felix est necessitas, quae in meliora compellit' (S. Aug., Ep. 127, 8), mater Ecclesia, studens minori malo, licet non sine magna commiseratione, aliquando permisit abire." [3]

Historia quoque teste, adfuere eiusmodi rerum conditiones, quando Sedes Apostolica publicum ob bonum interdum quosdam totaliter suppressit Ordines.[4] Tristes quidem effatu temporum et personarum conditiones! Quaelibet historiae epocha nobis testatur: spiritus nequam in omni rerum politicarum perturbatione primum impetum fecisse atque acies suas direxisse contra religiosas familias, ut eo efficacius destruerent non solummodo religiosos, verum etiam labefacerent Christi militantem Ecclesiam.

[3] S. C. Rel., decr. "*Sacrosancta Dei Ecclesia*," 1 ian. 1911, A. A. S., III 29.

[4] Ordo Pauperum Commilitonum de templo, Clemens V, bulla "*Vox clamantis*," 22 mart. 1312, Hefele VI 518-528; const. "*Ad providam*," 2 mai 1312, Bullarum . . . Taurinensis editio, IV 221-229.—Ordo Humiliatorum, Pius V, bulla "*Quemadmodum*," 7 febr. 1571, Bullarum . . . Taurinensis editio, VII 885-888.—Item alii Ordines dissoluti sunt, qui enumerantur a Clemente XIV in brevi "*Dominus ac Redemptor*," 21 iul. 1773, Bull. Rom. Cont. IV 619-622; De Montor II 348-364.

Impetus vitae religiosae inimicorum aliquando eousque protrahebantur, ut Romani Pontifices—quamvis reluctantes—etiam subsequentibus saeculis indultum exclaustrationis vel saecularizationis religiosis in globo promulgare coacti sint.[5] Leges vitae religiosae maxime inimicae persaepe ab irreligiositatis coryphaeis latae sunt hunc ob finem, ut e medio auferrentur sodalitates religiosae. Perturbationis politicae in Gallia *decretum saecularizationis* (diei 2-4 Nov. 1789) directe omnes omnino communitates domosque religiosas extinguere voluit, prohibendo votorum sollemnium emissionem; item religiosis utriusque sexus interdicta fuit habitus religiosi gestatio.[6] Eaedem leges mox repetitae sunt etiam in aliis Europae regnis et per totum fere saeculum undevicesimum ad exclaustrationem vel saecularizationem religiosorum multum contulerunt.[7] Inter alias aerumnas Ecclesiae perferendas exeunte Pii IX pontificatu, accessit et magna religiosorum suppressio ita, ut Sedes Apostolica plures et novas debuerit normas praescribere quoad religiosos dispersos; item hucusque existentes leges canonicae debuerunt temperari quoad religiosorum regressum in saeculum sive ad tempus sive in perpetuum.[8]

Neque silentio praetereundae sunt sequelae ultimi belli internationalis tristes. Religiosis familiis quoque fuit illatum vulnus admodum grave. Religiosi enim, militiae adscripti tempore belli, vel prorsus inhabiles sunt corporaliter facti vel religiosae vocationis immemores, totaliter reversi sunt " ad saecularia desideria," amittendo spiritum vocationis suae. Quibus omnibus rite perpensis, iterum ob religiosarum familiarum bonum, Sedes Apostolica post iamiam clausum Codicem Iuris Canonici veluti recens Extravagans Decretum coacta est publici iuris facere, novi indulti saecularizationis speciem tradens.[9]

Genesis proinde, evolutio atque restrictio indulti exclaustrationis necnon saecularizationis nobis est inquirenda. Quia autem completa historico-canonica exclaustrationis et saecularizationis inqui-

[5] Clemens XIV, breve " *Dominus ac Redemptor,*" 21 iul. 1773, Bull. Rom. Cont. IV 619-629; De Montor II 359-362.

[6] Marx 746-750.

[7] Marx 756-760; 789-792; 810; 820.

[8] Cfr. A. S. S., VII 407-413.

[9] S. C. decr. " *Redeuntibus e militari servitio,*" 25 oct. 1918, A. A. S., X 481.

sitio limites nostrae excederet Dissertationis, hanc ob rem necesse est, ut restringamus ipsam solummodo ad *praecipua facta historica* inde a vitae monasticae exordio usque ad promulgationem Codicis Iuris Canonici.

Tractandi methodus in prima parte adhibebitur talis, quae imprimis directe elementum respicit historicum; postea tamen in secunda et tertia parte apparebit profecto et mutatio disciplinae canonicae quoad exclaustrationis et saecularizationis indultum, de quo nunc agit canon 638 Codicis Iuris Canonici.

BIBLIOGRAPHIA.

Quae sequuntur opera adhibebantur in huius Dissertationis compositione. Indicantur autem auctoris nomine et pagina tantum, nisi aliud notetur; item intelligitur respectivum opus relationem habens ad Librum II, Codicis Iuris Canonici.

I. Fontes Iuridici.

Codex Iuris Canonici Pii X Pontificis Maximi iussu digestus Benedicti Papae XV auctoritate promulgatus, Romae 1917.

A. A. S. = Acta Apostolicae Sedis, Romae 1909-1925.

A. S. S. = Acta Sanctae Sedis, 41 vol., Romae 1865-1908.

Bullarum, Diplomatum et Privilegiorum Sanctorum Romanorum Pontificum, Taurinensis editio, . . . auspicante Cardinali Francisco Gaude, 24 vol., Augustae Taurinorum 1857-1872.

Bull. Rom. Cont. = Bullarii Romani Continuatio Summorum Pontificum, 19 vol., Prati 1756-1883.

Bullarium Franciscanum, 7 vol., Romae 1759-1908. Supplementum apud Claras Aquas 1908.

Bullarium Ordinis Praedicatorum 7 vol., Romae 1739.

Canones et decreta Concilii Tridentini ex editione romana A. D. 1834 repetiti . . . edidit Aemilius Ludovicus Richter, Lipsiae 1853.

Cod. Theod. = Theodosiani Libri XVI cum Constitutionibus Sirmondianis, edidit adsumpto apparatu P. Kruegeri Th. Mommsen, Berolini 1905.

Collectanea in usum Secretariae Sacrae Congregationis Episcoporum et Regularium, *vide* Bizzarri.

Const. Gen. O. F. M. = Constitutiones Generales Ordinis Fratrum Minorum, Quaracchi 1922.

Corpus Iuris Canonici, editio Lipsiensis secunda post Aemilii Ludovici Richteri curas ad librorum manu scriptorum et editionis romanae fidem recognovit et adnotatione critica instruxit Aemilius Friedberg, 2 vol., Lipsiae 1922.

Corpus Iuris Civilis: I. = Institutiones, recognovit Paulus Kreuger; D. = Digesta, recognovit Theodorus Mommsen, retractavit Paulus Krueger, Vol. I, Berolini 1922; C = Codex Iustinianus, recognovit et retractavit Paulus Krueger, vol. II, Berolini 1915; Nov. = Novellae, recognovit Rudolphus Schoell, opus Schoellii morte interceptum absolvit Guilelmus Kroll, vol. III, Berolini 1912.

Conc. Plen. Balt. II = Concilii Plenarii Baltimorensis II, . . . Acta Et Decreta, Baltimorae 1868.

Conc. Plen. Balt. III = Acta Et Decreta Concilii Plenarii Baltimorensis III, Baltimorae 1886.

Decr. auth. = Collectanea S. Congregationis de Propaganda Fide, seu Decreta, Instructiones, Rescripta pro apostolicis missionibus, 2 vol., Romae 1907.

Fontes = Codicis Iuris Canonici Fontes cura Emi Petri Card. Gasparri editi, 2 vol., Romae 1923-1924.

Gai Institutiones = Manuale delle fonti del diritto romano secondo i resultati della più recente critica filologica e giuridica . . . per cura di Pietro Cogliolo, 2 ed., Torino 1911.

Mon. Selecta Iuris = Monumenta Selecta Iuris Regularis tum seraphici quum communis, Quaracchi 1913.

Reg. O. F. M. = Regula Ordinis Fratrum Minorum, Quaracchi 1922; cfr. etiam Bullarum . . . Taurinensis editio, III 394-399.

II. Auctores.

Acta SS = Acta Sanctorum Bollandiana.

Adeney, Walter F., The Greek and Eastern Churches, New York 1908.

Alzog, John, History of the Church, translated by Rev. F. J. Pabisch and Rt. Rev. Thomas S. Byrne, 3 vol., New York 1912.

Alzog, Johannes, Grundriss der Patrologie, 2 ed., Freiburg im Breisgau 1869.

Annales Minorum, seu Trium Ordinum a S. Francisco institutorum, auctore A. R. P. Luca Waddingo Hiberno, vol. I, 1731.

Appeltern, Victorinus ab, Compendium Praelectionum Juris Regularium Adm. R. P. Piati Montani, O. M. Cap., Tornaci 1903.

Arndt, Augustin, S. J., Die kirchlichen und weltlichen Rechtsbestimmungen für Orden und Kongregationen, 2 ed., Paderborn 1919.

Arregui, Antonius M., S. I., Summarium Theologiae Moralis, 5. ed., Oniae 1920.

Bączkowicz, Ks. Franciszek, Z. M., Prawo Kościelne, Podręcznik dla duchowieństwa, 2 vol., Kraków 1923-1924.

Bardenhewer, Otto, Patrologie, 2. ed., Freiburg im Breisgau 1901.

Bargilliat, M., Praelectiones Juris Canonici, 2 vol., 37. ed., Parisiis 1923.

Bastien, Dom Pierre, O. S. B., Directoire Canonique à l' usage des Congrégations à voeux simples, 13 ed., Bruges 1923.

Battandier, Albert, Guide Canonique pour les Constitutions des Instituts à voeux simples, 16 ed., Paris 1923.

Benedictus XIV, Opera Omnia, 17 vol., Prati 1839-1847.

Biederlack, Josephus, S. J., de Religiosis Codicis Juris Canonici libri II pars II (Can. 487-681) . . . denuo recognovit Maximilianus Führich, S. J., Oeniponte 1919.

Bizzari, Andreas, Archiepiscopus Phillippensis, Collectanea in usum Secretariae Sacrae Congregationis Episcoporum et Regularium edita, Romae 1885.

Blat, Fr. Albertus, O. P., Commentarium Textus Codicis Iuris Canonici, liber II, De Personis, Romae 1919.

Bouix, D., Tractatus De Jure Regularium, 2 vol., 2. ed., Parisiis 1867.

Brandys, P. Maximilian, O. F. M., Kirchliches Rechtsbuch für die Religiösen Laiengenossenschaften der Brüder und Schwestern nach dem neuen Gesetzbuch der hl. Kirche, 2. ed., Paderborn 1920.

Bulteau, Ludovicus, O. S. B., Abrégé de l'histoire de l'Ordre de St. Benoîs, 2 vol., 1684.

Butler, Benedictine Monachism = Butler, Cuthbert, O. S. B., Benedictine Monachism, New York 1919.

Butler, Lausiac History = Butler, Cuthbert, O. S. B., The Lausiac History of Palladius, (in Texts and Studies, VI), 2 vol., Cambridge 1898-1904.

Capello, De Censuris iuxta Codicem Iuris Canonici, Augustae Taurinorum 1919.

Catholic Encyclopedia, 16 vol., New York 1907-1912; Supplementum I, 1922.

Charles Augustine, Rev. P., O. S. B., A Commentary on the New Code of Canon Law, 8 vol., St. Louis 1918-1922.

Chelodi, Ioannes, Ius De Personis iuxta Codicem Iuris Canonici praemisso tractatu de principiis et fontibus I. C., Tridenti 1922.

Chelodi, Ioannes, Ius Poenale et ordo procedendi in iudiciis criminalibus iuxta Codicem Iuris Canonici, Tridenti 1920.

Cocchi, Guidus, Commentarium in Codicem Iuris Canonici, 6 vol., Taurinorum Augustae 1920-1924.

Coignard, Jean Baptiste, Histoire des Ordres Monastique, Religieux et Militaires, 8 vol., Paris 1714-1719.

D'Annibale, Comment. = D'Annibale, Josephus, In Constitutionem "Apostolicae Sedis" qua censurae latae sententiae limitantur Commentarii, 4 ed., curante Friderico Can. Polidori, Prati 1894.

Delatte, Paul, O. S. B., The Rule of St. Benedict, a commentary, translated by Justin McCann, O. S. B., London 1921.

De Montor, Artaud Chevalier, The Lives and Times of the Roman Pontiffs translated from the French, edited by Rev. William H. Neligan, 2 vol., New York 1866-1869.

Du Cange, Glossarium ad Scriptores mediae et infimae Latinitatis 3 vol., Lutetiae Parisorum 1676-1678.

Egger, Augustin, O. S. B., Das neue Ordensrecht für die religiösen Genossenschaften mit einfachen Gelübden, Freiburg im Breisgau 1919.

Encyclopedia of Religious Knowledge, vol. I., New York 1856.

Encyclopedia Britanica, New Werner's Twentieth Century Edition 30 vol., Akron, Ohio 1904-1905.

Fanfani, Ludovicus, O. P., De Iure Religiosorum ad normam Codicis Iuris Canonici, Augustae Taurinorum, 1920.

Ferraris, F. Lucii, O. M. Reg. Obs. Sti Francisci, Bibliotheca Canonica, Juridica, Moralis, Theologica necnon Ascetica, Polemica, Rubristica, Historica, 9 vol., Romae 1885-1892.

Ferreres, Joannes, B., S. I., Compendium Theologiae Moralis, 2 vol., 11 ed., 4 post Codicem, Barcinone 1921.

Ferreres, Joannes B., S. J., Institutiones Canonicae iuxta novissimum Codicem Pii X, 2 vol., Barcinonae 1917-1918.

Forcellini, Aegidius, Totius Latinitatis Lexicon, 4 vol., Schneebergae-Lipsiae 1831-1839.

Freriks, Coelestine A., C. PP. S., Religious Congregations in their external Relations, Washington, 1916.

Funk, Dr. F. X., Lehrbuch der Kirchengeschichte, 3 ed., Paderborn 1898.

Gasquet, Francis Aidan, O. S. B., English Monastic Life, 3 ed., New York 1905.

Georg, Johann, Herzog zu Sachsen, Streifzüge durch die Kirchen und Klöster Aegyptens, Berlin 1914.

Grützmacher, Pachomius und das älteste Klosterleben. Ein Beitrag zur Mönchengeschichte, Freiburg im Breisgau und Leipzig 1896.

Harper's Latin Dictionary, founded on the translation of Freund's Latin-German Lèxicon, New York 1879.

Hefele, Carl Joseph, Conciliengeschichte, 9 vol., 2 ed., Freiburg im Breisgau 1873-1890.

Heimbucher, Dr. Max, Die Orden und Kongregationen der katholischen Kirche, 3 vol., 2 ed., Paderborn 1907-1908.

Helyot, Petrus, (Hippolytus), Histoire des ordres monastiques, religieux et militaires et de congrégations séculières de l'un et de l'autre sexe, qui ont été établies jusqu' à présent, à Paris 1714-1719.

Herder's Konversations-Lexicon, 8 vol., 3 ed., St. Louis 1902-1907.

Jungmann, Bernardus, Dissertationes Selectae in Historiam Ecclesiasticam, 7 vol., Ratisbonae 1880-1888.

Jansen, P. Joseph, O. M. I., Ordensrecht Paderborn 1920.

Kazenberger, Kilianus, O. F. M., Liber Vitae seu compendiosa expositio litteralis in sacram regulam S. P. Francisci Seraphici, Assisii 1899.

K H L = Kirchliches Handlexicon, 2 vol., München 1907.

K L = Kirchenlexikon, Wetzer und Welte's, 12 vol., 2 ed., Freiburg im Breisgau 1882-1901.

Kraus, F. H., Real-Encyclopädie der christlichen Alterthümer, 2 vol. Freiburg im Breisgau 1882-1886.

Ladeuze, Paulin, Étude sur le cénobitisme Pakhomien, Louvain 1898.

Lanslot, D. I., O. S. B., Handbook of Canon Law for Congregations of Women under Simple Vows, 8 ed., New York 1919.

Lechner, Very Rev. P. Peter, The Lifes and Times of St. Benedict, Patriarch of the Monks of the West, abridged and arranged by O. S. B., London 1900.

Lehmkuhl, Augustinus, S. J., Theologia Moralis, 2 vol., 11 ed., Friburgi Brisgoviae 1910.

Leipoldt, Johannes, Schenute von Atripe und die Entstehung des National-Aegyptischen Christentums in Texte und Untersuchungen zur Geschichte der Altchristlichen Literatur, N. F. Bd X., Hft I., Leipzig 1903.

Leitner, Dr. Martin, Handbuch des katholischen Kirchenrechts auf Grund des neuen Kodex vom 28 Juni 1917, 4 vol., 2 ed., Regensburg 1921-1922.

Łyszczarczyk, P. Venantius, O. F. M., Compendium Privilegiorum Regularium, Leopoli 1906.

Mansi, Joannes Dominicus, Collectio Conciliorum, Sacrorum Conciliorum Nova et Amplissima Collectio, Paris 1901, vol. I-XIX.

Mabillonius = R. P. D. Johan. Mabillonii Praefationes Actis Sanctorum Ordinis S. Benedicti, in saeculorum classes distributis, praefixae . . . Rotomagi 1832.

Marchant, Petrus, O. F. M., Speculum Totius Hominis sive tribunalis sacramentalis, vol. III, Antverpiae 1650.

Maroto, Philippus, C. M. F., Institutiones Iuris Canonici ad normam novi Codicis, 2 vol., 3 ed., Romae 1921.

M P G = Migne, Patrologia Graeca.

M P L = Migne, Patrologia Latina.

Marx, J., Lehrbuch der Kirchengeschichte, 4 ed., Trier 1908.

Mocchegiani, Petrus, O. F. M., Jurisprudentia Ecclesiastica ad usum et commoditatem utriusque cleri, 3 vol., Ad Claras Aquas 1904-1905.

Montalembert, Charles Count de, The Monks of the West from St. Benedict to St. Bernard, 2 vol., Boston 1860.

Morison, E. F., St. Basil and His Rule, London 1912.

Noval, Commentarium Codicis Iuris Canonici, Liber IV, De Processibus, Augustae Taurinorum 1920.

Ojetti, Benedictus, S. J., Synopsis Rerum Moralium et Juris Pontificii, 4 vol., 3 ed., Romae 1909-1914.

Ott, Georg, Die ersten Christen, 3 ed., New York 1880.

Papi, Hector, S. J., Religious in Church Law, New York 1924.

Pellizzarius, Franciscus, S. J., Manuale Regularium, 2 vol., Venetis 1647.

Pellizzarius, Franciscus, S. J., Tractatio de monialibus, editio novissima, aucta et correcta iuxta animadversiones Sacrae Indicis Congregationis, Romae 1761.

Piat = Piatus, F., Montensis, O. M. Cap., Praelectiones Juris Regularis, 2 vol., 3 ed., Tornaci 1905.

Pignatelli, Jacobus, Consultationes Canonicae, 4 vol., Coloniae Allobrogum 1718.

Pirhing, Enricus, S. J., Jus Canonicum in V Libros Decretalium distributum, 5 vol., Dilingae 1722.

Pöschl, Dr. Arnold, Kurzgefasstes Lehrbuch des katholischen Kirchenrechts, 2 ed., Leipzig 1921.

Prümmer, Dominicus, M. O., Pr., Manuale Iuris Canonici, 3 ed., Friburgi, Brisgoviae 1922.

Prümmer, Dominicus M., O. Pr., Manuale Theologiae Moralis, 2 ed., Friburgi Brisgoviae 1923.

Raus, J. B., C. SS. R., Institutiones Canonicae, Lugduni 1923.

Raus, J. B., C. SS. R., De Sacrae Obedientiae Virtute et Voto, Lugduni 1923.

Reiffenstuel, F. Anacletus, Ius Canonicum Universum, clara methodo juxta titulos quinque librorum Decretalium, 5 vol., Monachi 1706.

Santi-Leitner = Praelectiones Juris Canonici quas juxta ordinem Decretalium Gregorii IX tradebat in scholis Pont. Seminarii Romani Franciscus Santi, . . . cura Martini Leitner, 5 vol., 3 ed., Ratisbonae 1898.

Scotus = Ven. Ioannis Duns Scoti, Summa Theologica, ex universis operibus eius concinnata, iuxta ordinem et dispositionem Summae Angelici Doctoris S. Thomae Aquinatis, per Fr. Hieronymum de Montefortino, Romae 1902.

Schäfer, Timotheus, O. M. Cap., Das Ordensrecht nach dem Codex Iuris Canonici, Münster i. W. 1923.

Schiwietz, Dr. Stephan, Das morgenländische Mönchtum, 2 vol., Mainz 1904-1913.

Schlosser, Julius, Die abendländische Klosterlage, Wien 1889.

Schmalzgrueber, R. P. Franciscus, S. J., Jus Ecclesiasticum, 6 vol., Romae 1843-1845.

Sebastianelli, Guilelmus, Praelectiones Juris Canonici, 3 vol., *De Personis*, 2 ed., *De Rebus*, *De Iudiciis Ecclesiasticis*, Romae 1905-1906.

Sherman, Charles Phineas, Roman Law in the modern world, 2 ed., vol. II, New Haven, Conn., U. S. A. 1922.

Sole, Prof. Adv. Iacobus, De Delictis et Poenis, praelectiones in Lib. V Codicis Iuris Canonici, Romae 1920.

Steiger, Josephus, S. J., Dissertatio de propagatione et diffusione vitae religiosae, in *Periodica, XIII* (29)—(180).

Suarez = Theologiae R. P. Fr. Suarez, e Societate Jesu, Summa seu Compendium, a R. P. Francisco Noel eiusdem Societatis concinnatum, accurante J. P. Migne, 2 vol., Parisiis 1861.

Thomae, S. Aquinatis, O. P., Summa Theologica, Romae 1886.

Thomassinus, Ludovicus, Congr. Oratorii presbyter, Vetus et Nova Ecclesiae discciplina circa beneficia et beneficiarios, tom. I, Parisiis 1688.

Toso, Albertus, Ad Codicem Juris Canonici . . . Commentaria Minora, 3 ed., Romae 1921-1924.

Toso, Albertus, Jus Pontificium, vide *Periodica*.

Trombetta, Aloysius, De Juribus et Privilegiis Doctorum Ecclesiasticorum, Surrenti 1900.

Vermeersch, *De Religiosis* = Vermeersch, A., S. J., De Religiosis Institutis et Personis, tractatus canonico-moralis, tom. I, Brugis 1902; tom. II, 4 ed., Brugis 1909.

Vermeersch-Creusen, Epit. = A. Vermeersch, S. I., J. Creusen, S. I., Epitome Iuris Canonici cum commentariis ad scholas et ad usum privatum, tom. I., (Libri I et II Codicis iuris canonici), 2 ed., Brugis 1924.

Vicat, Philip. B., Vocabularium iuris utriusque ex variis ante editis . . . 4 vol., 2 ed., Neapoli 1760.

Vidal, Petrus, S. I., Institutiones Iuris Civilis Romani, Prati 1915.

Van Espen, Zegerus Bernardus, Jus Ecclesiasticum Universum, 5 vol., Coloniae Agrippinae 1777.

Wapelhorst, P. Innocentius, O. F. M., Compendium Sacrae Liturgicae iuxta ritum romanum, Neo-Eboraci 1913.

Wernz, Franciscus, S. I., Ius Decretalium, 10 vol., 3 ed., Prati 1913.

Wernz-Vidal = Ius Canonicum auctore P. Francisco Xav. Wernz, S. I., ad Codicis normam exactum opera P. Petri Vidal eiusdem Societatis sacerdote, tom. II, Codicis Liber II, de Personis, Romae 1923.

Wouters, Henricus Guilielmus, Historiae Ecclesiasticae Compendium praelectionibus publicis accomodatum, 2 vol., Neapoli 1871.

Zollmann, Carl, LL. B., American Civil Church Law, New York 1917.

III. Periodica.

Acta Ordinis Minorum, vel ad Ordinem quoquo modo pertinentia, 23 vol., Quaracchi 1882-1925.

Anal. Eccl. = Analecta Ecclesiastica, Revue Romaine, Romae (inde ab A. D. 1893), vol. II.

Anal. Jur. Pont. Analecta Juris Pontificii, Recueil De Dissertations sur différents sujets de droit canonique, de liturgie, de théologie et d'histoire, Romae-Parisiis (inde ab A. D. 1861), vol. XIV, vol. XVI.

Annuario Pontificio, per l'anno 1924.

A. f. k. K. = Archiv für katholisches Kirchenrecht, vol. XXXV-XXXVI, Mainz 1876; vol. LXI-LXII, Mainz 1889.

Comment. pro Rel.,= Commentarium pro Religiosis, 5 vol., Romae 1920-1925.

Jus Pontificium, ephemerides juridica, auctore Can. Doct. Alberto Toso, 5 vol., Romae 1921-1925.

L Q S = Linzer theologisch-praktische Quartalschrift, vol. LXXII, Linz 1919.

Nouvelle Revue Théologique, vol. XXVI, Paris-Leipzig 1894.

Periodica = Arthurus Vermeersch e Soc. Iesu, De Religiosis et Missionariis supplementa et monumenta periodica, edita Brugis; 13 vol., (tom I-V, 2 ed.), Brugis 1911-1925.

INDEX ANALYTICUS.

PARS II.

De exclaustrationis indulto.

PARS III.

De saecularizationis indulto.

PARS I.

DE INDULTO EXCLAUSTRATIONIS NECNON SAECULARIZATIONIS.

(TRACTATUS HISTORICO–CANONICUS.)

ANIMADVERSIONES PRAELIMINARES.

De definitione—de iuridico conceptu—de divisione—et de fine indulti exclaustrationis necnon saecularizationis.

§ 1. *De definitione.*

Indultum quoad etymologiam derivatur a verbo indulgere, "quod juxta aliquos venit ab '*in*' privativo et '*urgeo,*' seu non urgere: nam qui indulgens est non urget, aut severe agit, sed remittit facile et condonat; iuxta alios venit ab '*indu*' et '*algeo,*' quia indulget is qui aegre quidem et exoratus aliquid alicui, caeteroquin non concessurus, permittit. Indultum proinde in genere idem est ac concessio, permissio."[1] Et hoc sensu iuridico adhibebatur hic terminus iam in iure romano: "Indulgere advocatos petentibus.—Indulgetur honori personarum et majestati Dei."[2]

Exclaustrationis: derivatur a terminis "*ex*" et "*claustra*" (plur. ab ant. clostrum) a "*claudere,*" quod ab antiquissimis vitae monasticae temporibus designat clausuram, seu limites, mediantibus quibus includebantur domus et agri ad monachos pertinentes.—"Est enim claustrum id, quo quid clauditur."[3] Olim abhibebatur hic terminus sensu lato "esse extra claustra;" nunc autem iuxta Codicem Iuris Canonici terminus exclaustrationis est novus et iuridice designat "indultum manendi extra claustra."[4]

Saecularizationis: a "saeculum-saecularis"—et "izo," quod sensu ecclesiastico designat vitam saecularem agere—ad usum mundanum, profanum convertere. Termini isti inde ab antiquissimis Ecclesiae temporibus adhibebantur in oppositione ad vitam monasticam, religiosam agendam, uti adnotat Du Cange: "Saeculum, Seculum: Monachis praesertim dictum, quidquid extra claustra: quia qui vitam monasticam amplectuntur, mori saeculo dicuntur."[5]

[1] Forcellini, v. indulgeo, indultum.

[2] Cfr. C. Th. 13. 5. 23; 4. 15. 1; 3. 10. 1.—Cfr. etiam Vicat, v. indulgere: "Cum lex in praeteritum quid indulget."

[3] Vicat, v. claustrum; item Harper's Latin Dictionary, v. claustrum.

[4] Can. 638.

[5] Du Cange, v. saeculum; v. saecularis: "Salvianus, lib. 5, de Religiosis:

Et hoc sensu etiam S. Augustinus scripsit: "Quaerebam unde instituerem Monasterium: spem quippe omnem saeculi reliqueram."[6] Item S. Faustus Rhegiensis: "Non grande gaudium est si aliquis ad saeculi fluctus revertens, nomen atque habitum professionis suae custodire videatur, anima vero eius negligentiis tabescat ac defluat."[7] Et ita etiam permulti alii scriptores ecclesiastici.[8] Inde autem a temporibus Reformationis adhibebatur terminus saecularizationis etiam ad ea bona ecclesiastica, quae Ecclesiae per gubernium civile ablata sunt et in usum profanum conversa;[9] iuxta Codicem nunc haec actio vocatur "usurpare vel detinere bona ecclesiastica,"[10] et *saecularizatio* adhibetur exclusive de iis religiosis qui obtinent "indultum manendi extra claustra in perpetuum."[11]

Quoad rem, indultum exclaustrationis definitur: "permissio manendi ad tempus extra claustra, suspensa seu interrupta dependentia a Superioribus propriae religionis." Ita Fanfani.[12]

Saecularizatio autem est "indultum seu permissio manendi extra claustra in perpetuum, a sua religione totaliter separatus."[13] Meliorem tamen et adaequatam definitionem tradit Schäfer: "Per saecularizationem sensu canonico intelligitur remissio religiosae personae in statum saecularem eo modo, ut persona religiosa ab obligationibus per professionem religiosam initis totaliter solvatur."[14]

Dicitur "remissio," quia est actus iuridicus Superioris ecclesiastici, vi cuius persona religiosa accipit licentiam abeundi in saeculum. Dicitur: "ut persona religiosa . . . totaliter solvatur," quia per saecularizationem penitus vinculum saecularizati cum sua religione eo sensu aufertur, ac si nunquam in ea vota fecisset.

'Non saeculares tantum, sed plusquam saeculares esse volunt, ut non sufficeret eis quod ante fuerant, nisi plus essent quam fuissent.' "

[6] S. Augustinus, Sermo 49 de Diversis, M P L XXXIX 1569.

[7] Faustus Rhegiensis, ad Monachos sermo VII, M P L LVIII 885.

[8] S. Cyprianus, S. Petrus Damianus, etc. Cfr. Du Cange, v. saeculum.

[9] Cath. Encycl., XIII, v. Secularization.

[10] Can. 2345, 2346.

[11] Can. 638.

[12] Fanfani 187.

[13] Fanfani 189.

[14] Schäfer 343: "Unter Säkularisation versteht man im kirchenrechtlichen Sinne die Zurückversetzung einer Ordensperson in den weltlichen Stand in der Weise, dass die Ordensperson von den in der Ordensprofess eingegangenen Verpflichtungen *vollständig befreit ist.*"

Quamobrem "si ex apostolico indulto in religionem rursus recipiatur, novitiatum ac professionem instaurat et locum inter professos obtinet a die novae professionis."[15]

Ex hisce patet differentia specifica exclaustrationem inter et saecularizationem: Exclaustratus primario "votis ceterisque suae professionis obligationibus, quae cum suo statu componi possunt, manet obstrictus;"[16] secundario dat ipsi libertatem revertendi ad religionem. Ratio est: quia vinculum professionis factae non rumpitur, sed velut suspenditur; "Ordinario territorii ubi commoratur, loco Superiorum propriae religionis, subditur etiam ratione voti obedientiae."[17]

Quae exclaustratio tamen, hoc sensu accepta, non est confundenda cum simplici permissione obtenta vel a propriis Superioribus vel a S. Sede manendi per aliquod temporis spatium extra conventum, semper tamen sub totali et immediata dependentia a Superioribus propriae religionis, v. g. aegritudinis causa vel studiorum gratia vel ex aliis huiusmodi legitimis causis, de quibus nunc specialis habetur in Codice provisio.[18]

§ 2. *De iuridico conceptu indulti exclaustrationis necnon saecularizationis.*

Indultum, de quo agitur, refertur ad speciem liciti egressus e religione. Egredi enim e religione aliquis potest, et quidem etiam licite, pluribus modis:

1) Per transitum ad aliam religionem.[1]
2) Per egressum voluntarium expleto votorum tempore.[2]
3) Per dimissionem a religione tempore votorum expleto.[3]
4) Per indultum exclaustrationis vel saecularizationis, de quo agimus.[4]
5) Per dimissionem ipso facto a iure declaratam.[5]
6) Per dimissionem a legitimo Superiore perdurantibus votis temporariis.[6]
7) Per dimissionem a competente Superiore ecclesiastico perdurantibus votis perpetuis.[7]

Indultum exclaustrationis vel saecularizationis proinde ita conceptum procedit per viam permissionis et gratiae seu beneficii ex

[15] Can. 640, § 2.
[16] Can. 639.
[17] Can. 639.
[18] Can. 606, § 2.
[1] Can. 632.
[2] Can. 637.
[3] *Ibid.*
[4] Can. 638.
[5] Can. 646.
[6] Can. 647.
[7] Can. 649-653.

parte competentis Superioris; ex parte autem religiosi subaudit preces. Ad rem scribit Maroto: "Nemo est solvendus ab illis votis ceterisque vitae religiosae obligationibus nisi is fuerit, qui propria voluntate cupiat illud onus abiicere. Absolute quidem posset Ecclesia religiosum aliquem, etiam ipso non consentiente a suis votis et obligationibus religiosis liberare, a sua Religione eum separare, uno verbo saecularizare; quinimo id revera nunc facit quoad religiosos votorum temporariorum a sua Religione dimissos; sed ceterum religiosos citra eorum voluntatem non solvere consuevit a suis votis libere nuncupatis." [8] Neque religiosis licet deserere religionem perdurantibus votis. Professio enim religiosa est "promissio libere facta et legitime acceptata, qua quis in debita aetate constitutus, post tempus probationis expletum, tribus votis substantialibus Deo se adstringit, in Religione ab Ecclesia approbata." [9]

Terminologia quoque iuridica et distincta inducitur per Codicem Iuris Canonici ad determinandum effectum diversum. In antiquo iure terminus "exclaustrationis" nondum fuit canonizatus et ipsius loco terminus "saecularizationis temporaneae" adhibebatur tum in stylo Curiae Romanae tum etiam in usu communi. Haec saecularizatio proinde duplicis generis erat: alia perpetua, alia temporaria, prout perpetuo vel ad tempus quis solvebatur a sua Religione. Temporanea dabatur ad annum, ad biennium, durante infirmitate oratoris, durante munere, durante necessitate parentum, durante aliqua peculiari causa, vel ad nutum S. Sedis.[10]

Olim saecularizatio temporaria concessa ante Codicem a S. Sede, quosdam religiosos ab obedientia Superiorum religionis exemit et Episcopo benevolo receptori subiecit; [11] aliquando tamen subiiciebantur Apostolicae Sedi immediate, si erant regulares.[12] Saecularizatio olim vocata perpetua nunc iuxta Codicem vocatur simpliciter "saecularizatio." Antea omnia iura saecularizati ex solo indulto erui potuerunt; nunc autem Codex, distinctione facta exclaustrationem inter et saecularizationem, accurate exclaustrationis effectus determinat.[13]

[8] Comment. pro Rel. IV 99-100.

[9] Cfr. Appeltern I 93; Ferraris, v. Professio regularis, n. 1.

[10] Appeltern I 115-119.

[11] Appeltern 116, nota; Bouix II 489-491; Mocchegiani I 93-94.

[12] Biederlack-Führich 291; Bizzarri. 611.

[13] Can. 638, 639.

Olim saecularizationis indultum differebat a saecularizatione nunc post Codicis promulgationem concessa. Antea enim saecularizatus a votis solutus non fuit neque excidit simpliciter e statu religioso, quamvis a coetu religioso separatus esset. Regulis religionis particularibus non tenebatur, "firmis tamen manentibus votis essentialibus in professione religiosa emissis"; attamen aliquod signum habitus religiosi (communiter scapulare sui ordinis) debuit gestare et ratione voti obedientiae subiectus erat Episcopo, sicuti nunc exclaustratus. Antea professi votorum simplicium potius "dispensari a votis" quam saecularizari solebant. Professi autem votorum sollemnium fere nunquam dispensationem a votis accepere. Quamobrem illis in casu necessitatis concessum est potius indultum saecularizationis. Nunc autem talis differentia in modo tractandi religiosos votorum sollemnium et simplicium non amplius habet fundamentum.[14]

Breviter: Ante Codicem saecularizatio non concedebatur regulariter nisi firmis votis, nec saecularizatus censebatur prorsus a statu religioso excidisse, sed manebat regularis quamvis a sua Religione separatus. Professo simpliciter non concedebatur saecularizatio, sed dispensatio a votis.[15]

Iuridicus quoque sensus exclaustrationis nunc differt ab illa quae ante Codicis promulgationem olim concedebatur. Quae nunc iuxta Codicem vocatur licentia degendi extra claustra, olim vocabatur exclaustratio. Habebatur, quando aliquis religiosus per longius tempus manebat extra coetum religionis vel cum licentia Superiorum religionis suae vel ex indulto apostolico, v. g. si ob dementiam necessaria fuerit inclusio in peculiari hospitio, quod pro miseris istis destinatur, etiam deposito habitu de venia Superiorum; item aliquando designabat licentiam ad tempus concessam a legitimis Superioribus remanendi in saeculo, quatenus basim et fundamentum praeparabat ad saecularizationem primum temporariam, et deinde perpetuam; aliis verbis: terminologia olim nulla habebatur stabilis et uniformis quae distincte indicaret effectum, prout nunc habetur in Codice. Hodie eiusmodi licentia simpliciter vocatur "licentia manendi extra domum, vel absentia ad certum tempus cum dependentia tamen a suis Superioribus."[16] Exclaustrationis

[14] Wernz III n. 677; Mocchegiani I 93; Biederlack-Führich 290-292.

[15] Chelodi 448, nota 1.

[16] Can. 606, § 2.

terminus proinde nunc iuxta Codicem sensu stricto est sumendus et designat interruptam seu suspensam dependentiam a Superioribus propriae religionis facultate a competente Superiore ecclesiastico accepta manendi extra claustra.[17]

Saecularizationis nomen quoque mutatum est. Olim triplicis speciei erat: a) Saecularizatio *ad tempus,* seu temporaria; b) ad vitam seu *quoad vixerit,* seu perpetua; c) *ad nutum* seu beneplacitum *S. Sedis.*[18] Saecularizatio *ad tempus* seu temporalis concedebatur varias ob rationes: durante parentum necessitate, durante munere, durante actione creditorum quibus est satisfaciendum, perdurante infirmitate oratoris; concedebatur proinde vel ad statutum diem, ad annum, biennium, quinquennium.[19] Saecularizatio *perpetua* supra descripta[20] aliquando dabatur etiam per modum expulsionis, aut adnexam habebat perpetuam suspensionem a divinis.[21] Saecularizatio *ad nutum* seu beneplacitum S. Sedis quae aliquando etiam vocabatur *ad annum et interim,*[22] speciali mentione digna est. Eius ratio existendi olim ita describitur a Piat: "Solemniter professis, in sacris ordinibus constitutis, saecularizatio perpetua non conceditur nisi habeant Episcopum benevolum receptorem et ecclesiasticum patrimonium. Sed illis conditionibus ipsi plerumque statim satisfacere nequeunt. Unde S. C. ut claustris consulere posset et religiosis subvenire, induxit formulam *saecularizationis ad annum et interim,* vi cujus praefati religiosi fruuntur facultate manendi extra claustra *ad annum,* per quem, quin incidant in suspensionem a divinis, sacris ministeriis Episcopo auctorante in respectiva Dioecesi vacare possunt, ac *interim* sibi quaerendum habent Episcopum benevolum receptorem et ecclesiasticum patrimonium. Ac si utrique conditioni sit satisfactum, novo indulto *in perpetuum* saecularizantur; sin minus, tunc sub finem anni, vel repetenda sunt claustra vel obtinenda a S. C. indulti prorogatio."[23] Quae tamen species ultimae saecularizationis exeunte saeculo decimo nono ob multa incommoda abrogata est. Ad rem ita suo tempore scripsit Vermeersch: "Saeculari-

[17] Cfr. can. 639.

[18] Cfr. Acta Ordinis Minorum XIII 22-34; Anal. Eccl. II 412.

[19] Piat I 186; Vermeersch, De Religiosis, I 190.

[20] Vide pag 7.

[21] Piat I 185.

[22] Vermeersch, De Religiosis, I 190; Piat I 186.

[23] Piat I 186.

zatio ad *annum et interim* non iam concedi consuevit. Cum enim huiusmodi saecularizati difficile reperirent Episcopum qui ipsos reciperet, postulabant semper iterandas prorogationes Indulti, quibus fiebat ut non pauci sacerdotes in saeculo degerent in nullam dioecesim cooptati. Quae res visa est S. Congregationi plena periculorum et incommodorum." [24]

Quae triplex species saecularizationis sub disciplina superiori per Codicis promulgationem totaliter abrogata est; habetur solummodo exclaustratio et saecularizatio simpliciter.[25]

Notatu quoque digna est et haec antiqua S. Sedis praxis, quod noluerit usque ad initium saeculi undevicesimi concedere saecularizationem ad tempus religiosis, quando agebatur de necessitate subveniendi parentibus. Voluit potius S. Sedes, ut religiosus remaneret in claustris et ex stipendiis Missarum vel ex emolumentis praedicationis subsidium parentibus praestaretur.[26]

§ 3. *De divisione indulti exclaustrationis necnon saecularizationis.*

Quoniam exclaustratio nunc iuxta Codicem locum tenet antiquae saecularizationis ad tempus, ideo eius duratio ferme eodem modo determinatur ac antea saecularizatio temporaria concedebatur. Item eaedem causae praesentis exclaustrationis possunt influere ex parte oratoris ad postulandum tale indultum ac antea ad impetrandam saecularizationem ad tempus. Quamobrem exclaustrationis indultum potest esse:

1) Ad annum, biennium, durante infirmitate oratoris, durante munere, durante necessitate parentum, durante aliqua peculiari causa, vel ad nutum S. Sedis.[1]

2) Quoties religiosus aliquis, etiam de licentia legitimi sui Superioris et ob gravem et iustam causam, puta sanitatis recuperandae gratia, debet extra domum propriae religionis abesse ultra sex menses; semper tamen causa studiorum excipitur, etiamsi longius tempus intercedat quoad religiosi absentiam a propria religione.[2] Notandum tamen est, commorationem eiusmodi religiosi studiis operam navantis, speciali iuris dispositione nunc regi.[3]

[24] Vermeersch, Periodica, I 8.

[25] Cfr. can. 638.

[26] Vide pag. 62, nota 14.

[1] Vide pag. 8.

[2] Cfr. can. 606, § 2.

[3] Vide can. 587; 588.

Saecularizatio nunc obtenta potest esse:

1) *Ratione fontis* seu Superioris concedentis: iuris pontificii et iuris dioecesani. Prior est unicus fons pro saecularizatione obtinenda a professis in religione iuris pontificii. Altera pro professis votorum simplicium sive perpetuorum sive temporariorum iuris dioecesani, quamvis etiam ipsam obtinere valeant a Sede Apostolica.[4]

2) *Ratione modi:* est vel voluntaria vel involuntaria, prout conceditur professo postulante vel etiam invito, aut ipso inscio a Superioribus ei datur, puta ob iustas ac rationabiles causas ex parte religionis.[5]

3) *Ratione motivi:* est iusta vel iniusta, prout nititur causa iusta vel non ex parte oratoris. Quamobrem, in precibus ad saecularizationem valide obtinendam necesse est, ut exponatur causa vera et iusta, nam " in omnibus rescriptis intelligenda est, etsi non expressa, conditio: *Si preces veritate nitantur."* [6] Reticentia veri, seu subreptio, in precibus non obstat quominus rescriptum concedens saecularizationem vim habeat ratumque sit, " dummodo expressa fuerint quae de stylo Curiae sunt ad validitatem exprimenda. Nec obstat expositio falsi, seu obreptio, dummodo vel unica causa proposita vel ex pluribus propositis una saltem motiva vera sit." [7]

Quidquid sit de diversis motivis quoad egressum e religione ex parte religiosorum, certum est: perdurantibus votis in omni casu requiri " iustas ac rationabiles causas." [8] Admodum placet animadversio quam fecit, de Congregationibus religiosis mulierum scribens, Lanslots: " Quaelibet religiosa, sive cum votis temporariis sive perpetuis, obligatur ad perseverandum in sua vocatione. Valde graves rationes requiruntur ex parte religiosae ad impetrandam dispensationem a votis. Episcopi et Sancta Sedes sunt iudices motivorum illorum. Duae rationes generaliter censentur legitimae ad postulandam dispensationem, viz.: necessitas parentum et infirmitas. Quae tamen ultima, raro erit causa sufficiens." [9]

[4] Can. 638.

[5] Can. 637.

[6] Can. 40.

[7] Can. 42, § 1, § 2.

[8] Cfr. can. 637.

[9] Lanslots 89-90: " Each religious, under either temporary or perpetual

§ 4. *De fine utriusque indulti.*

Finis exclaustrationis est maius interdum bonum tum ex parte professi cum etiam ex parte religionis.

Ex parte professi: Si ad tempus non potest vivere in coetu suae religionis, puta: quia eae sunt circumstantiae personarum, ut cum ipsis pacifice cohabitare non possit sive culpabiliter sive inculpabiliter sua ex parte. Professio enim religiosa et habitus tempore emissorum votorum non mutant mores professi, sed spiritus abnegationis suiipsius et humilitas. Adest tamen spes fore, ut post experientiam miserabilis in saeculo vitae magis aestimet vocationem religiosam. Vel parentes in senectute constituti, indigent subsidio ad vitam honestam, neque aliunde possint adiuvari. Quamobrem durante causa ista, ob legis naturalis praecedentiam, possit religiosus impetrare exclaustrationis indultum.

Ex parte religionis: Eae enim sunt interdum temporis circumstantiae, ut, politica perturbatione exorta, religiosi persaepe non possint vitam communem ducere neque convenire in domos ipsis a legitimis Superioribus designatas. Quamobrem ad interim dispersi, remanere possunt sub legitimorum Superiorum dependentia, " obtento exclaustrationis indulto a S. Sede vel ab eius delegato " [1] Hoc modo, durantibus eiusmodi rerum adiunctis, consulitur quoque religionis bono, ut non amittat magnum religiosorum numerum vel provincias religiosas, donec Sedes Apostolica aliter decernat.[2]

Saecularizationis finis etiam potest esse vel bonum religiosi vel religionis. *Bonum* spirituale *religiosi:* si ob defectum vocationis vita religiosa ipsi professo potius detrimento esset. Qui enim aspirantes ducuntur ad religionem solummodo spirtu mundano vel spe vitae in statu religioso levioris et commodioris, sane melius faciunt, si obtento saecularizationis indulto, iterum in saeculum abeant. *Bonum religionis:* " Professio religiosa est contractus, quo idoneus homo fidelis instituto religioso legitime approbato libere sese tradit

vows, is obliged to persevere in her vocation. Very grave reasons are required for a religious to apply for a dispensation from her vows. The Bishops and the Holy See are the judges of these motives. Two reasons are generally conceded to be lawful to apply for a dispensation, to wit: need of parents and sickness. The last, however, will rarely be a sufficient cause."

[1] Appeltern 144 cum nota 2.

[2] Bizzari. 42-45.

cum emissione trium votorum substantialium . . . nomine Ecclesiae ab eodem instituto rite acceptata."[3] Quapropter vi huius religiosi contractus, religio suscipit in se onus providendi de omnibus professi necessitatibus, etiam tempore diuturnae infirmitatis, "nisi certo probetur eam ante professionem fuisse dolose reticitam aut dissimulatam."[4] Quodsi fortasse professus incapax fiat ad vitam religiosam ob infirmitatem vel aliam ob iustam causam, petito saecularizationis indulto eoque accepto, consuliter bono quoque religionis. Talia indulta saecularizationis pluries concessa sunt potius in favorem religiosorum nuper post ultimum bellum internationale a Sede Apostolica quoad religiosos servitio militari adstrictos.[5]

[3] Wernz III n. 640.

[4] Can. 637.

[5] S. C. Consist., decr. "*Redeuntibus e militia,*" 25 oct. 1918, A. A. S., X 481-486; S. C. de Rel., circa decr. "*Inter reliquas,*" 15 iul. 1919, A. A. S., XI 321-323; S. C. de Rel., decl. quoad decr. "*Inter reliquas,*" 30 nov. 1919, A. A. S., XII 73.

CAPUT I.

DE ORIGINE UTRIUSQUE INDULTI SUB SPECIE VAGI EGRESSUS.

Ab initio vitae asceticae usque ad Conc. Chalcedonense IV. (451).

Originem utriusque indulti, de quo in nostra Dissertatione, debemus quaerere eo in stadio, quando vita monastica iam perfectius evoluta erat sub forma coenobitica. Indultum enim est exceptio quaedam a regula generali. Regula autem generalis vitae Deo consecratae est, ut votum, quod personae Deo promisere, reddant sive id emissum fuit explicite sive implicite, sive privatim sive publice, testante Ecclesiaste: "Ne temere quid loquaris, neque cor tuum sit velox ad proferendum sermonem coram Deo. Deus enim in coelo, et tu super terram . . . si quid vovisti Deo, ne moreris reddere; displicet ei enim infidelis et stulta promissio; sed quodcumque voveris redde; multoque melius est non vovere, quam post votum promissa non reddere."[1] Indultum insuper saecularizationis seu regressus in mundum importat aliquid professionis religiosae contrarium. "Religiosa professio est contractus. . . ."[2] Vovens proinde promittit se vota Deo promissa adimpleturum per modum vivendi in ea societate, cuius fit membrum. Assumit quoque obligationes et iura respectivae societatis religiosae. Obligatur ergo vitam suam componere ita, ut possit Deo fideliter reddere vota quae promiserat. Quodsi id negligat, dissolvit sua ex parte hunc religiosum contractum et fit infidelis erga Deum in promissione adimplenda.

Indultum regresssus in saeculum concedebatur primis Ecclesiae temporibus auctoritate tantum solius Superioris societatis religiosae. Decursu tamen temporis, severiores quoque leges latae sunt ecclesiasticae ad vitam religiosam stabiliendam, tuendam et conservandam. Quae proinde genesis erat indulti exclaustrationis necnon saecularizationis possit tantum cognosi ex comparatione inter diversas regulas a vitae religiosae ducibus conscriptas.

Scopus hic ut obtineatur, praerequirit cognitionem imprimis vitae in communitate religiosa. Derelictio autem huius vitae religiosae semel electae sive ad tempus sive pro semper, profecto constituit pro nostra inquisitione argumentum intentum.

[1] Eccl. V, 1-4. [2] Wernz III n. 640.

Art. I. De diversis speciebus monachorum egressus sub diversis regulis viventium.

Genesis exclaustrationis necnon saecularizationis quaerenda est in eo stadio, quando vita ascetica iam in communitate statibili cum regula aliqua scripta observari debebat. Quonam autem praecise tempore vita ascetica in Communitate observari incepit, omnino in historiae tenebris est.

Testatur Eusebius, Narcissum Episcopum Hierosolymitanum iam ineunte saeculo tertio suam dereliquisse ecclesiam et plures per annos vitam duxisse eremiticam.[1] Utrum tamen ipse primus fuerit dux vitae eremiticae, item utrum necne alios secum habuerit asseclas qui aliquam efformarent communitatem: historicis non possit probari argumentis.[2]

Reperiuntur etiam in operibus Patrum admonitiones ad virgines.[3] Putant quidam virgines istas in Ecclesiae primordiis iam vixisse in communitatibus sub vigilantia Episcoporum.[4] Verumtamen huius vitae communis vestigia certe non inveniuntur nisi post longius intervallum.[5] Exorta enim persecutione sub Decio imperatore (c. 250), multi utriusque sexus fideles ad eam declinandam aufugerunt in solitudines ibique vitam agebant asceticam.[6] Idem permulti fecerunt postea sub Diocletiano et Licinio.[7] Erant tamen hi omnes potius eremitae, viventes iuxta proprium modum. Dux eorum celebratur S. Paulus, dictus per antonomasiam Eremita.[8] Alter, qui merito dicitur vitae anachoreticae patriarcha, fuit S. Antonius, cuius vitam admirabilem conscripsit S. Athanasius.[9] et S. Hieronymus.[10]

[1] Eus., H. E. VI, c. 9, M P G XX 558-559.

[2] Cfr. Heimbucher I 89.

[3] Tertull., de virg. vel., c. 3, 7, M P L II 891, 998; Orig., in Lev. Hom. I., M P G XII 411; Clemens Alex., Strom., VII 7, M P G IX 450; Pedag. III 11-12, M P G VII 626; S. Cyr., ep. 62, M P L IV 365.

[4] Cfr. Heimbucher I 90

[5] Cfr. Steiger, Periodica XIII (39).

[6] Eus., H. E. VI 42, M P G XX 613-616.

[7] Euseb., Vita Constantini, II 2, M P G XX 973-983; cfr. etiam Butler, Lausiac History I 230; Schiwietz I 48-49; Montalembert I 172-175.

[8] Cfr. S. Hieron., Vita S. Pauli, M P L XXIII 17; Acta SS I 662, 10 ian.; Schiwietz I 49-51.

[9] S. Athan., Vita S. Antonii, M P G XXVI 833-978.

[10] S. Hieron., Vita Pauli Monachi, M P L XXIII 18-23; cfr. etiam Acta S S II 471, 17 ian.

Qui eremitae, imitantes tantum formam vivendi eremiticam, nondum efformabant vitam communem. Neque alicui regulae communi subiiciebantur; vox abbatis erat praecipua norma ad consilia evangelica servanda. Quilibet ad libitum potuit regredi in saeculum, quia nulla ligabatur promissione perseverandi in vita suscepta.[11]

Art. II. De utriusque indulti genesi sub regula Pachomii.

Post mortem S. Antonii coloniae eremitarum paulatim in magnum excreverunt numerum. S. Athanasius[1] testatur, numerum discipulorum Antonii fuisse magnum. Rufinus[2] dicit ipsum quinquaginta millia comprehendisse. Praecipue in Nitria fuerunt monachorum permultae coloniae. Palladius[3] indicat septem millia monachorum nitrianorum. Ex quo liquet: vitam Deo consecratam in communitate fuisse jam satis evolutam. Attamen altera ex parte, egressum voluntarium quoque fuisse sat frequentem et absque culpa, testatur historia. Erant turbae monachorum vagantes in saeculo. S. Hieronymus ita scribit de his monachis vagabundis: " Apud hos affectata sunt omnia, laxae manicae, caligae follicantes, vestis crassior, crebra suspiria, visitatio virginum, detractio clericorum, et si quando dies festus venerit, saturabuntur ad vomitum."[4] S. Benedictus Abbas quoque mentionem fecit de diversis monachis circumvagantibus dicendo: ". . . qui nullo certo fixi per totam vitam vagabantur propriis voluptatibus, et gullae illecebris servientes. Hi omnes vitae monasticae propudia potius et opprobria, quam monachi fuere."[5] Huic malo remedium attulit forma coenobitica primitus introducta a Pachomio Aegyptio. Statim ab initio Pachomius intellexit: vitam in communitate meliorem esse eremitica pro iis, qui tendere volunt ad perfectionem et perserveran-

[11] Cfr. S. Hieron., Vita S. Hilarionis, n. 3, M P L XXIII 30: " Hilarion . . . audiens . . . celebre nomen Antonii . . . perrexit ad eremum. Et statim ut eum vidit, mutato pristino habitu, duobus (M S. tribus) fere mensibus iuxta eum mansit . . . postea reversus est cum quibusdam Monachis ad patriam. . . ."

[1] Vita S. Antonii, M P G XXVI 833.

[2] Historia monach., c. 3 et c. 21, M P L XXI 407, 443. Ladeuza 205; Heimbucher I 112.

[3] Butler, Lausiac History, II 210; Palladius, Hist. Laus., c. 38, M P L LXXIII 1138.

[4] Ep. 22 ad Eustoch., M P L XXII 419; Ferraris, v. Monachus.

[5] Reg. c. 1, M P L LXVI 245; Ferraris, v. Monachus.

tiam in vita monachali. Ipsius frater senior aetate nomine Joannes primus ipsi sese adiunxit. Statim ambo coepere aedificare coenobium eique circumdedere murum. (c. 328). Hic vitae modus initio causa fuit discordiarum inter hos duos fratres; post breve tamen tempus reconciliati sunt.[6] Mox ipsius institutum ita crevit, ut numeraret ante ipsius mortem novem coenobia pro viris et duo pro virginibus, quibus in altera praeerat ipsius soror Maria. Obiit die 9 mai 346.[7]

Regula Pachomii[8] accurate praescribit coenobitis modum vivendi et quidem intra claustra in vita communi; voluit ita abolere frequentes illas monachorum vagationes extra claustra. Quae sequuntur, praecipuae ipsius regulae sunt ad hunc finem obtinendum: Nullus solus foras mittatur ad aliquod negotium, nisi iuncto ei altero. (Regula 56.) In villam nullus vadat nisi missus, exceptis armentariis, et bubulis, et agricolis. (Reg. 108.) Qui absque commitione fratrum recesserit, et postea acta poenitentia venerit, non erit in ordine suo absque maioris imperio. (Reg. 136.) Praepositus domus et dispensator si una nocte absque fratribus dormierit: et postea poenitudine ad conventum venerit fratrum, non ei permittitur, ut introeat domum, aut stet in ordine suo absque maioris imperio. (Reg. 137.) Praepositus domus culpae et increpationi subiacebit, si ante tres dies non nuntiaverit Patri, sive in via, sive in agro, sive in monasterio quid perierit agetque publice poenitentiam iuxta ordinem constitutum. Et si homo fuerit, et ante tres horas non nuntiaverit Patri, reus erit perditionis eius: nisi tamen eum rursus invenerit. (Reg. 152.) Haec est ultio in eum qui fratrem de domo perdiderit: tribus diebus aget publicam poenitentiam, quod si eadem hora nuntiaverit Patri in qua fugit, reus non erit. (Reg. 153.) . . . Si contempserit, et obstinato animo in duritia perserveraverit, separabunt eum extra monasterium, et verberabitur ante foras: dabuntque ei ad vescendum foris panem et aquam, donec mundetur a sordibus. (Reg. 163.) Si quis promiserit se observare regulas monasterii et facere coeperit, *easque dimiserit;* postea autem reversus egerit poenitentiam, obtendens infirmitatem corpusculi, per quam non possit implere quod dix-

[6] Ladeuze 170.

[7] Heimbucher I 107; Montalembert I 179-180; Ladeuze 178.

[8] Regula Pachomii, MPL XXIII 61-86; Acta SS. (Maji) III 295; Grützmacher, Pachomius 33-141; Bardenhewer 231; Ladeuze 274-305.

erat, facient eum inter languentes commorari, et pascetur inter otiosos, donec acta poenitentia, impleat quod promisit. (Reg. 171.) Si unus e fratribus, vel duo vel tres scandalizati ab aliquo recesserint de domo, et postea venerint, ventilabitur inter eos et scandalizantem ante iudicium; et si reus inventus fuerit, monasterii regulis emendabitur. (Reg. 175.)

Haec praecepta Pachomius quoque tradidit monasteriis virginum, quae tempore ipsius obitus in duobus a se aedificatis claustris vivebant, attamen sat longe ab illis monachorum distantibus.[9] Ex his autem quae adduximus liquet: Pachomium permulta suis monachis tradidisse praecepta monitaque in regula a se conscripta. Attamen nulla adhuc extitit stabilitas proprie dicta neque perseverantia vitae coenobiticae vi professionis religiosae; neque adfuit votorum emissio explicita. Praecedebat quidem quaedam candidati interdum valde iuvenis praeparatio atque instructio in separata coenobii parte, quae vocabatur xenodochium.[10] Post paucos dies ibi transactos et edoctus Orationem Dominicam ac psalmos aliquos, subiiciebatur examini et admittebatur ad communitatem. Tota admissio ad vitam religiosam erat tonsura capillorum, mutatio saecularium vestimentorum in habitum monachorum et adductio in conspectum omnium fratrum.[11] Regressus monachorum in saeculum fuit sat frequens; item commoratio extra claustra; interdum ipse Pachomius hanc praescripsit ad aliquot dies.[12] Tota essentia proinde vitae monachalis consistebat in obedientia Superioribus praestita et renuntiatione saeculi. Imo dabatur libertas transeundi totaliter ad aliam communitatem ab ipso Superiore. Eo tempore, quo Theodorus praeerat Communitatibus pachomianis, quidam Ammonius certior factus est a suo amico, quod parentes eum abeuntem in monasterium diu quaererent, lugentes de ipsius subita fuga. Ubi primum hoc audierat Theordorus, iussit Ammonem derelinquere vitam coenobiticam apud Phbou, et licentiam ei dedit transeundi ad monachos nitrienses invisendi suos parentes gratia.[13] Aliquando ipsi

[9] Ladeuze 303, nota 6.

[10] Regula Pachomii a S. Hieron. (Reg. 49), M P L XXIII 70; Ladeuze 279, qui affert exemplum, ubi Theodorus 14 annos natus exceptus est.

[11] Reg. 49, M P L XXIII 70; Ladeuze 281; Heimbucher I 109; Grützmacher 140.

[12] Reg. 136, 149, 160, 163, 171, Regula S. Pachomii a S. Hieron., M P L XXIII 78-83. Ladeuze 285.

[13] Ladeuze 285; Grützmacher 140.

monachi pachomiani voluntarie dimittebant habitum religiosum et reversi sunt in saeculum.[14]

Art. III. De utroque indulto sub regula Schenute.

Eodem ferme tempore quando Pachomius iamiam bene organizatae ommunitati monachali praeerat et ad stabilitatem monachorum sibi subditorum leges perseverandi in Dei servitio promulgavit, duae aliae communitates monasticae vitae prodiere in eremo thebaitica. Altera florebat sub abbate quodam Pschai in monte Psou prope occidentalem ripam Nili apud hodiernum Schag. Vocabatur hoc monasterium *Der elahmar* vel *Der Amba Bischai* seu *Monasterium Rubrum,* ob exteriorem murum ex rubris lateribus aedificatum. Attamen admodum pauca nobis historia tradit de Pschai ejusque disciplina monastica.[1]

Alterum vocabatur *Monasterium Album,* quia murus externus fuit constructus ex lapidibus albis. Huic praefuit quidam Bgoul vel Pgol, qui usitatiori modo vocabatur Abbas Athribis vel Tabennisi. Post ipsius morten abbas hujus monasterii erat quidam Schenute vel Schenoudi qui una cum quodam Victore, archimandrita Tabennisensi interfuit Concilio Chalcedonensi. (451)[2]

Schenute (nat. c. an. 333 vel 340), orbatus parentibus ingressus est monasterium quod vocabatur Pgol. Post aliquot annos mortuo abbate, Schenute renuntiatus est abbas hujus Monasterii Albi; mortuus est die 1 iulii an. 451 vel 452, senex circiter annorum centum duodeviginti. In vita Schenutis fit mentio alterius quoque monasterii. illius scilicet apud Phbou (vel Pabou) cuius abbas nominabatur Mardorios vel Martyrios, qui videtur fuisse sub iurisdictione Schenutis.[3]

Quidquid sit, initio hisce duobus monasteriis praedominabat regula Pachomii.[4] Decursu tamen temporis, praesertim sub Schenute, strictioris observantiae leges fuere adiunctae ita, ut merito Schenute possit vocari alter regulae monasticae institutor. Permulta quoque alia pachomianae regulae monasteria transiere sub Schenutis iurisdictionem.[5] Praeter monasteria virorum, alia quoque pro mulieribus fundata sunt a Schenute. Tempore ipsius obitus, censetur pater fuisse 2,200 monachorum et 1,800 monacharum.[6]

[14] Ladeuze 285.
[1] Leipoldt 36-37; Grützmacher 113.
[2] Heimbucher I 113; Grützmacher 113.
[3] Grützmacher 113.
[4] Ladeuze 209-211.
[5] Grützmacher 114; Leipoldt 158.
[6] Leipoldt 93.

Quamvis in monasteriis Schenutis velut fundamentum constitueret regula pachomiana, nihilominus quaedam sunt formaliter distincta.

Nullus admittebatur postulans in monasterium, nisi antea in xenodochio vitam degeret per unum mensem vel per longius tempus. Hoc tempore probationis peracto, debebat subire examen quoddam de anteacta vita et motivo amplectendi vitam monasticam.[7] Nemo admittebatur vel incorporabatur communitati, qui antea non renuntiavit omnibus quae possidebat. Attamen non amplius sufficiebat professio implicita et vota coram Deo obligantia, sed promissionem seu professionem suam debuit quilibet novus vitae monastiae initiator emittere coram altari, et quidem viva voce et ex integro iuxta formulam, qua usi sunt omnes fratres emittendo votum (διαθήκη).[8] In formula hac habebatur quoque explicita mentio verbi "voveo" (graece ὁμολογεῖν); insuper praeter paupertatem, coelibatum, obedientiam in regulis pachomianis implicite a quolibet postulante assumptis, Schenute postulabat per oralem voventis professionem primo loco obedientiam.[9] Quaelibet communicatio et visitatio consanguineorum videtur fuisse prohibita. Monachus quilibet prohibebatur visitare etiam propriam sororem, etsi fortasse et ipsa foret monacha in aliquo monasterio non prope distanti; neque ipsa permittebatur invisere suum fratrem, etiamsi is foret in periculo mortis. Neque monachus alterum potuit adire monasterium, nisi de licentia sui abbatis. Si necessitatis causa plures extra claustra iter aliquod susceperint, primus eorum non debuit amittere conspectum ultimi.

Per transenam adnotare volumus, in monasteriis sub iurisdictione Schenutis fuisse quoque scholas pro pueris. Item in monasteriis mulierum, scholas pro puellis instituendis. Utrum necne alumni hi etiam pro futura vita monastica ad instar nostrorum Collegiorum instituti fuerint, vel utrum etiam hi postea ante admissionem ad vitam monasticam aspirantes adhuc probationem ante portam monasterii seu in xenodochio debuerint peragere, non liquet.[10]

[7] Leipoldt 112-113; Ladeuze 320.

[8] Leipoldt 106; Ladeuze 313-316.

[9] Leipoldt 108-109, ubi totam formulam professionis invenies traditam lingua germanica; item Johann Georg 19-26.

[10] Ladeuze 31, cum nota 1.

Quidquid sit, in normis Schenutis habemus vestigia primi novitiatus (quamvis nondum ad certum tempus stabilitum), prima vestigia votorum professionis explicitae, et maiorem vitae monasticae stabilitatem;[11] attamen haec omnia nondum erant perfecta undequaque. Multum desiderabatur adhuc ad vitam religiosam sensu canonico hodie accepto.

Verum quidem est: leges pachomianas fuisse suppletas per Schenutis severiorem vivendi modum monachis inculcatum; id fiebat statim per votorum coram altari pronuntiationem; imo permultas normas fuisse totaliter novas per Abbatem " Albi Monasterii " ad vitam monachalem promulgatas. Nihilominus sat vagam adhuc invenimus etiam in hoc systemate monachorum commorationem extra claustra. Persaepe enim quidam monachi, de consensu Schenutis egressi sunt e monasteriis ad vitam solitariam in eremo agendam. Item ipse Schenute interdum ad longius etiam tempus quosdam monachos exclaustravit, quibus tamen fas erat revertendi ad vitam communem.[12] Notanda quoque sunt praecepta imposita ab ipso omnibus sic exclaustratis monachis, vi quorum omnes omnino debebant quâter in anno convenire ad capitulum in monasterio celebrandum, exceptis aegrotis;[13] neque permittebatur ipsis a reguala Patrum discedere. Quodsi forsitan aliqui huic mandato non obedierint, expellendi erant etiam vi, si ipsorum mansiuncula foret propre monasterium; attamen absque verberibus, ne fortasse effusio sanguinis vel homicidium sequeretur.[14]

Leipoldt sequentes statuit conclusiones quoad vota sub regula Schenutis, necnon quoad monachorum regressum in saeculum: " Notatu dignum est, votum non expresse ligare in perpetuum. Sed potuit in omni casu aliquis includere ligamen perpetuum. Re ipsa considerabat Schenute egressum de coenobio ceu apostasiam. Imo, praecipit ut pro iis qui claustro dorsa verterunt, nulla lacrima fundatur, sed potius ostendendatur iis contemptus, etiamsi hi essent monachi vel monachae praestantiores, imo proprii filii: ' Jesus eos persequitur;' peccatum est eos adhuc amare." [15]

[11] Ladeuze 315.

[12] Ladeuze 212; Leipoldt 104.

[13] Leipoldt 105; Ladeuze 213.

[14] Leipoldt 105.

[15] Leipoldt 110, n. III: "Es ist beachtenswert, dass das Gelübde nicht ausdrücklich ewig bündet. Aber man konnte allenfalls eine ewige Bindung hineinlegen. In der Tat empfand Schenute den Austritt aus dem Kloster

Quae tamen opinio a Leipoldt adducta non est tenenda, sed potius contrarium affirmandum. Et quidem: 1) Vota coram altari emissa, *implicite* agnoscebantur ut perpetua et proinde merito expectabatur perseverantia in statu monachali. Quare Schenute considerabat egressum monachi in mundum maximam infidelitatem erga Deum? Si enim vota coram altari facta non essent Deo implite emissa et non perpetua, tunc essent ad arbitrium emittentis, et proinde potuit quovis tempore iuxta proprium arbitrium egredi e coenobio absque ulla culpa et reluctantia Schenutis. 2) Leipoldt dicit: " Sed potuit in omni casu aliquis includere ligamen perpetuum."—Si implicite proinde exspectaretur perseverantia, unde haec sumpsit suam sanctionem? Aut ex aliqua alia promissione votis adiecta, aut ex ipsis votis. Atqui non ex distincta aliqua promissione, nam de hac nulla fit mentio ab emittente vota; ergo erat vi votorum, quae proinde implicite erant perpetua. 3) Autumat Leipoldt, Schenute dixisse: " Jesus tales persequitur; peccatum est eos adhuc amare." Unde talis culpa? Si vota perpetua non essent, tunc essent temporaria. Temporaneitas autem votorum non includit perseverantiam usque ad mortem professi, sed aliquando debet cessare. Si autum cessassent iuxta arbitrium egredientis in saeculum, tunc utique nulla esset culpa coram Deo, ut " Jesus tales persequeretur." Nulla pariter ratio adesset, ut Schenute suam ostenderet reluctantiam erga egredientem; cessantibus enim votis tempore egressus, sublata etiam fuit perseverantia, quae nonnisi vi votorum potuit habere rationem existendi.

Quas ob rationes recte concluditur: vota emissa coram altari fuisse *implicite perpetua ex parte voventis.* Quae conclusio eo magis corroboratur ex iis, quae leguntur de S. Joanne Chalybita, qui, juxta consuetudinem monachorum tunc temporis vigentem, ipsa habitus assumptione factus est eadem die verus monachus: . . . " obsecutus est monasterii Antistes: . . . ut eodem die Joannes et ad monasterium venerit, et monachus sit factus, non veste solum, sed re quoque ipsa." [16] Regressus proinde voventis in sae-

als Verleugnung. Ja, er befiehlt sogar, solchen, die dem Kloster den Rücken kehren, keine Träne nachzuweinen, sondern nur Verachtung zu bezeigen, auch wenn es angesehene Mönche und Nonnen, auch wenn es Kinder sind: 'Jesus verfolgt sie'; also ist es Sünde, sie noch zu lieben."

[16] Vita S. Joannis Chalybitae Acta S S., (15 Jan.) II 314, n., 7; item M P L LXVI 816.

culum fuit quid contrarium vitae ita semel institutae juxta regulam Schenutis. Insuper ille regressus monachi in saeculum fuit vera saecularizatio, quamvis de reluctantia solius Schenutis tantum. Prohibuit Schenute ceteris monachis, ne in memoriam revocarent huiusmodi egredientem neque pro eo funderent lacrimas, ut alii monachi ita agnoscerent perpetuitatem votorum et sic ad vitae monachalis perseverantiam excitarentur.

Art. IV. De exclaustratione et saecularizatione sub regula S. Basilii.

Quando vita coenobitica Pachomii perfectior evasit per novas normas a Schenute traditas, et iamiam altas egit radices in Aegypto, elegit sibi Divina Providentia virum, qui institutum vitae monasticae introduceret in Pontum. Fuit ille vir S. Basilius Magnus (nat. c. 331,† 379) qui merito vocatur "Pater Monachismi Orientalis."[1]

Vitam initio instauravit eremiticam; mox autem aliis circa ipsum congregatis viris, qui monachalem cupiebant vitam cum ipso agere, do communi cogitavit quodam modo vivendi. Quamobrem regulas conscripsit duas sub titulo "Regulae Fusius Tractatae"[2] et "Regulae Brevius Tractatae."[3] Altera 55 paragraphis, altera 313 brevis comprehenditur capitulis. Basilius ita factus est verus patriarcha monachorum in Oriente. Supervixit quoque a Basilio opus instauratum ad hodiernum usque diem, et non obstantibus temporum variis procellis, nostris etiam diebus permulta sunt utriusque sexus instituta praesertim in Oriente, in quibusdam Europae regionibus atque in ditione Canadensi, ubi filii filiaeque S. Basilii has regulas ab ipso conscriptas sequuntur.[4]

Regulae ambae qua tales, non efficiunt proprie dictum iuris monachalis corpus; potius sunt suggestiones atque animadversiones ad vitam monachalem sequendam. Forma tamen vivendi erat ex toto coenobitica ulterius evoluta ac illa a Pachomio et Schenute iam tradita. Sub duabus prioribus enim regulis vita coenobitica nondum erat undequaque perfecta; monachi vivebant in monas-

[1] Bardenhewer 239; Heimbucher I 121; Vitae Patrum, M P L LXXIII 294; Montalembert I 201; Herder's Konversations Lexicon I 1122.

[2] M P G XXXI 890-1052.

[3] M P G XXXI 1051-1319.

[4] Cfr. Herder's Konversations Lexicon I 1119-1122; Montalembert I 201-205.

teriis ab invicem independentibus; item plures seorsim vitam eremiticam agebant; solummodo in solemnioribus festis omnes monachi ex diversis istis monasteriis Pachomii debebant in unum convenire et ita unam quamdam communitatem magnam sub iurisdictione Pachomii constituebant. Basilii econtra regula postulabat commune tectum, mensam communem, laborem communem atque preces quotidie in communi. Quamobrem regula Basilii est prima, quae monasticae vitae ideam perfectam continet; item prima est, quae maiorem stabilitatem vitae communis postulat atque basim constituit pro omnibus legislationibus Ecclesiae futuris quoad indultum exclaustrationis et saecularizationis.

In tota sua legislatione Basilius speciali modo postulat obedientiam Superioribus praestandam.[5] Urget observantiam paupertatis in individuo.[6] Nulli monachi licet asportare aliquid in monasterium.[7] Urget quoque castitatis custodiam.[8] Inculcat communem orationem,[9] laborem,[10] et charitatem fraternam.[11] Commendat maxime Basilius vitam communem potius quam eremiticam, quia communis magis conducit ad fraternam stabilitatem, atque fovet perseverantiam in vita monachali.[12]

In regula tamen S. Basilii, aliunde maiorem vitae communis stabilitatem promulgante, nihilominus patebat commorationis indultum extra claustra. De Superioribus enim venia quilibet monachus potuit eligere vitam solitariam extra claustra.[13] Permittitur quoque monacho ad longius tempus commoratio extra monasterium ad cognatos redeundi causa.[14]

Regula S. Basilii postulat professionem votorum explicitam verbis prolatam et quidem post interrogationem. Quae emissio votorum debet esse libera atque coram communitatis Superioribus facta.[15] Considerabatur haec votorum pronuntiatio obligatoria,[16]

[5] Reg. fus. tract. 31, 41; Reg. brev. tract. 9, 115, 116, 117, 118, 119, 121, 125, 131, 136.

[6] Reg. brev. tract. 85, 87, 89, 90, 91, 93, 205.

[7] Reg. brev. tract. 92, 93, 94.

[8] Reg. fus. tract. 12, 16, 19; Reg. brev. tract. 22, 30, 53, 67.

[9] Reg. fus. tract. 15; Reg. brev. tract. 221.

[10] Reg. fus. tract. 29, 31, 37, 42.

[11] Reg. fus. tract. 3; Reg. brev. tract. 115, 162, 242.

[12] Reg. fus. tract. 7.

[13] Reg. fus. tract. 6; Reg. brev. tract. 74.

[14] Reg. fus. tract. 32; Reg. brev. tract. 10.

[15] Reg. fus. tract. 15; Reg. brev. tract. 2.

a qua nonnisi ob iustas causas recedere licet.[17] Qui autem monachus regressum a S. Basilio postulavit, "aspici debuit ut qui in Deum peccaverit . . . Qui enim seipsum dicavit Deo, deinde ad aliud vitae genus transiit, factus est sacrilegus, cum ipse suiipsius fur fuerit, donariumque Deo consecratum abstulerit . . . Quibus aequum est non amplius fores fratrum aperiri . . ."[18] Nihilominus voluit S. Basilius quosdam admittere postulantes, qui postea post aliquod tempus potuerunt redire in saeculum.[19] Qui autem fortasse vellet ad saeculum redire, "nihil non adbibendum est ad curandum infirmum, atque danda est sedula opera, ut luxatum membrum, ut ita dicam, in suum locum restituatur."[20]

E quibus hucusque allatis constat: S. Basilium in sua regula admisisse sat latam permissionem commorandi extra claustra; item regressus in saeculum potuisse monachos obtinere de sola Superiorum venia. Qui tamen monachi egressus debuit fieri nonnisi ob iustas causas et auctoritate Superiorum probatas.

Art. V. De utroque indulto sub aliis regulis tunc existentibus.

Vita monastica juxta regulam S. Basilii florebat in toto Oriente atque mox altas egit radices etiam in Europa orientali. In Palestina etiam praevalebat saeculo quinto regula S. Basilii quamvis etiam vita semi-eremitica introduceretur in monachorum coloniis, quas vocabant lauras.

Praeter haec monachorum instituta eodem tempore aliae quoque novae formae monachorum habebantur in Oriente. Imprimis erant Acoimetae[1] (Ἀικοίμητοι = insomnii), quorum fundator fuit Alexander Canstantinop. (c. 430). Formam vivendi pro suis monachis desumpsit a monachis Syriae, ubi per aliquod tempus degebat in quodam monasterio et postea in eremo. Quamobrem Acoimetarum vita erat semi-eremitica; efformabant illam magnam lauram[2] prope Constantinopolim.

[16] Ib.

[17] Reg. brev. tract. 102, 255.

[18] Reg. fus. tract. 14.

[19] Reg. fus. tract. 32; Reg. brev. tract. 107, 97.

[20] Reg. brev. tract. 102.

[1] Heimbucher I 142.

[2] Laura: a graeco verbo λαῦρα = recessus. "Laura a monasterio dif-

Alia item praeclara laura prope Constantinopolim fuit illa, quae a consule Flavio Studio fuit aedificata ac proinde vocata "Studium." Initium huic laurae dedit Joannes Abbas (c. 425) eiusque successor S. Marcellus. (484) Postea autem ambarum laurarum permulti monachi Nestorianismo adhaerentes, a Concilio Chalcedonensi (451) damnati sunt; aliqui initio vagabantur extra claustra, alii ad saeculum proprio motu reversi sunt.[3]

Alia forma monachorum eodem tempore fuit illa Gyrovagorum, qui nullum superiorem agnoscentes, continuo habitacula mutabant. Erant hoc primitus eremitae e coenobiis egressi; postea autem et eremum derelinquentes, visitabant monasteria iam bene formata hospitalitatis causa. S. Benedictus Abbas de hisce ita loquitur: "Qui tota vita sua per diversas provincias ternis aut quaternis diebus per diversorum cellas hospitantur, semper vagi, et numquam stabiles, et propriis voluptatibus, et gulae illecebris servientes." . . .[4]

Sarabaitae (a haebraico verbo "Sarab" = contradicere) genus monachorum teterrimum, "qui nulla regula approbati, experientia magistri, sicut aurum fornacis; sed in plumbi natura moliti, adhuc operibus servantes saeculo fidem, mentiri Deo per tonsuram noscuntur. Qui bini, aut terni, aut certe singuli, sine pastore, non dominicis, sed suis inclusi ovilibus, pro lege eis est desideriorum voluptas: cum quidquid putaverint vel elegerint, hoc dicunt sanctum; et quod noluerint, hoc putant non licere."[5] Hisce similes erant Boskoi vel Pabulatores, qui pariter nulla habitacula stabilia habentes, ad instar animalium, herbis agrorum vivebant. Ad libitum circumvagabantur per totum orbem terrarum, nullo monasterio adscripti nullamque regulam servantes.[6]

Ultimae hae monachorum formae potius dedecus erant vitae monachalis. Ob defectum tamen severioris legislationis ecclesiasticae impune grassabantur praecipue in Oriente; erant hi potius monachi nomine et habitu tantum viventes in saeculo. Malo suo

ferebat, quod ut ait Cyrillus in Vita S. Sabae, in coenobiis illi viverent, qui exercebant vitam communem; in Lauris vero, qui a congressu separatam et quietam. In Laura igitur vitam exigebant anachoretae." Du Cange, v. Laura.

[3] Heimbucher I 142.

[4] Reg. cap. 1, M P L LXVI 246; Heimbucher I 149.

[5] S. Benedicti Reg. c. 1, M P L LXVI 245; Heimbucher I 148.

[6] Heimbucher I 149.

exemplo alios quoque monachos, regulam aliquam profitentes, alliciebant ad deserenda monasteria et similes vagationes per mundum.

Cum talis vitae monachalis conditio esset in Oriente, eodem tempore permulta monasteria utriusque sexus aedificata sunt Romae et in aliis maioribus Italiae urbibus. Rufinus Aquileiensis (†c. 400) versionem fecit latinam regulae S. Basilii, et ita haec quoque mox recepta est in multis Italiae monasteriis. Notandum tamen est, prima vitae monasticae semina sparsa fuisse a S. Athanasio Episcopo, quando profugus Roman (c. 339) secum asportavit Vitam S. Antonii Abbatis una cum regula Pachomii.[7]

In Gallia multum propagavit monachismum Joannes Cassianus (360-415). Iuvenis adhuc monachus factus est in quodam monasterio prope Bethlehem in Palaestina. Reversus in Galliam, celebre illud aedificavit monasterium Marsiliae, ubi abbas regulam introduxit monachorum aegyptiorum cum quibusdam tamen mitigationibus.[8] Mox aliud etiam aedificavit monasterium pro mulieribus. Duo pro vita monastica conscripsit opera: alterum "De institutis coenobitarum" libros XII continens, quorum quattuor priores agunt de coenobitarum in Aegypto et Palaestina modo vivendi.[9] Alterum opus, cui titulis "Collationes Patrum in eremo commorantium,"[10] continet libros XXIV, in quibus altiori modo commendat Dei amorem et vitam coenobiticam. Ostendit etiam periculum iis, "qui coenobialibus disciplinam tenuiter instituti . . . habitationem solitudinis affectare coeperunt."[11] Commendat quam maxime vitam coenobiticam sequendam: "Et idcirco Dominus noster atque Salvator ut nobis amputandarum voluntatum nostrarum formam traderet. . . . Quam virtutem illi specialiter exercent, qui in coenobiis commorantes, senioris reguntur imperio, qui nihil omnino arbitrio suo agunt, sed voluntas eorum ex voluntate pendet abbatis."[12] Ex quo patet: Cassianum multum contulisse ad vitam in communitate instaurandam, neque exclaustrationem monachis ad vitam in eremo solitariam agendam commendasse nisi

[7] Butler, Benedictine Mônachism 17.
[8] Heimbucher I 175-176; Montalembert I 279-280.
[9] M P L XLIX 53-475; M P L L 9-272.
[10] M P L XLIX 477-1328.
[11] Coll. 19, c. 11, M P L XLIX 1141.
[12] Coll. 24, c. 26, M P L XLIX 1327.

iis, qui iamiam in vita coenobitica bene instituti essent. Voluit quoque Cassianus ita avertere a monachis periculum derelinquendi vitam eremiticam et occasionem regressus in saeculum.

Aliae quoque sat notae fundationes monasticae in Gallia fuerunt illae a S. Martino Turonensi. (†397) Hic vir Dei duo fundavit monasteria virorum; alterum prope Poitiers, quod vocabatur Monasterium Locociagense; alterum prope Turonem, quod vocabatur "Martini" vel "Magnum Monasterium."[13] Duo millia monachorum adfuerunt funeri istius vitae monasticae propagatoris. Illud praecipue historia nobis testatur, quod ex hoc monasterio permulti prodierint episcopi et Galliae missionarii. Qua de causa hi omnes vi muneris sui sat ampla gaudebant exclaustratione. Modus vivendi in istis S. Martini monasteriis fuit mutuatus ab hucusque existentibus regulis. Monachis proinde his patebat electio vitae solitariae in eremo, seu indultum manendi extra claustra. Quamobrem multi quoque postea vitam eremiticam derelinquentes, ad instar Gyrovagorum vagabantur per mundum.

Multa etiam monasteria fuerunt in Hibernia et Britania, quorum praecipuus fundator erat S. Columbanus (540-615). Regula[14] quae ipsi adscribitur novem capitibus constat; huic adiungitur "Liber S. Columbani de poenitentiarum mensura taxanda."[15] In hac regula inculcatur vita communis in monasterio: "Monachus in monasterio vivat sub unius disciplina Patris, consortioque multorum. . . .[16] Attamen modus vivendi etiam extra claustra in eremo permittebatur iuxta conceptum monachismi S. Antonii.[17]

Legislator proprie dictus in Occidente primus fuit Caesarius Arelatensis (470-542).[18] Duas conscripsit regulas: alteram pro monachis capitulis viginti sex constantem;[19] alteram pro virginibus quadraginta tribus capitibus comprehensa, quae postea evasit celebrior.[20] Huic posterio addidit opusculum cui titulus "Recapitulatio."[21] Duo alia capitula brevia nonnisi a manu posteriori

[13] Montalembert I 265; Heimbucher I 169-172.

[14] S. Columbani Regula Coenobialis, M P L LXXX 209-224.

[15] M P L LXXX 223-230.

[16] Cap. IX, De perfectione monachi, M P L LXXX 216.

[17] Butler, Benedictine Monachism 19.

[18] Montalembert I 277-278; Heimbucher I 200-202.

[19] M P L LXVII 1099-1104; Heimbucher I 179.

[20] M P L LXVII 1103-1116; Heimbucher I 200.

[21] M P L LXVII 1115-1120.

adiecta fuere ex regula S. Benedicti.[22] Regulas suas Caesarius desumpsit atque ampliavit iuxta modum vivendi monachorum Lerinensium, qui duces agnoverunt S. Honoratum (†c. 429) et Hilarium Arelatensem (†c. 450-455). Modus vivendi erat ad instar monachorum aegyptiacorum; attamen Caesarius urgebat vitam communem iuxta regulam S. Basilii.[22a] Confirmationem regularum ambarum obtinuit ab Hormisda Papa, in qua prima vice fit mentio de exemptione ab episcopi iurisdictione.[23] Virginum monasterio a se aedificato praefecit sororem suam Caesariam abbatissam. Primus monachis suis praescripsit religiosae vitae perseverantiam: "Imprimis si quis ad conversionem venerit, ea conditione excipiatur, ut usque ad mortem perseveret. Vestimenta vero laica non ei mutentur, nisi antea de facultate sua cartas venditionis faciat. . . ."[24] In regula sua ad Virgines omnino postulat ut de monasterio usque ad mortem suam nulla egrediatur: "Si qua, relictis parentibus suis saeculo renuntiaret et sanctum ovile voluerit introire, ut spiritualium luporum fauces Deo adjuvante possit evadere, usque ad mortem suam de monasterio non egrediatur, nec de basilica, ubi ostium esse videtur."[25] "Ei ergo quae Deo inspirante convertitur, non licet statim habitum religionis assumere, nisi antea in multis experimentis fuerit voluntas illius approbata. . . ."[26]

Quamobrem in regula Caesarii Arelatensis iam invenimus magis evolutam votorum stabilitatem et perseverantiam in vita semel instituta. Non amplius patet professis ad libitum electio vitae solitariae in eremo, sed excluditur indultum commorandi extra claustra; item in hac Caesarii legislatione excluditur egressus ad libitum in saeculum seu saecularizatio, quia post unius anni experimentum "ea conditione excipiatur ut usque ad mortem perseveret" in vita monachali.[27]

[22] M P L LXVII 1121-1122.

[22a] Heimbucher I 172; Butler, Benedictine Monachism 19; Montalembert I 272, 277-279.

[23] Montalembert I 278.

[24] Cap. I, M P L LXVII 1099.

[25] Cap. I, M P L LXVII 1107; item Recap. I, M P L LXVII 1117.

[26] Regula ad Virgines, III, M P L LXVII 1107.

[27] Regula, c. I, M P L LXVII 1099; Regula ad Virgines I, M P L LXVII 1107.

Art. VI. De utriusque indulti vestigiis sub regula S. Augustini.

Specialem mentionem meretur regula S. Augustini, quia ex regulis hucusque promulgatis pro monachis haec etiam una est ex iis, quae post plura deinde saecula sollemni Apostolicae Sedis auctoritate adprobata est et recensetur inter quatuor istas praecipuas nunc in Ecclesia vigentes. S. Augustinus [1] (354-430) merito habetur legislator vitae monasticae et promulgator regulae maioris, nunc Ecclesiae legibus sancitae, quia multum exemplo suo et scriptis contulit ad vitam religiosam propagandam in diversis Africae regionibus.[2] Etiamsi ipse non esset monachus, nihilominus ad instar monachi vivebat post suam conversionem, et etiam ante suam ad presbyteratus Hippone promotionem. Probabilius enim est, ipsum non fuisse monachum.[3] Certum tamen omnino est, ipsum statim post suam ad episcopatus promotionem (394 vel 395). vitam clericalem degisse communem una cum presbyteris Hipponensibus. Mortuo autem Valerio episcopo suo Ordinario, ipse Hipponensis renuntiatus episcopus, statim duas alias domos pro clericis fundavit, quibuscum abhinc vivebat et apud quos etiam mortuus est. Praeter has tres domos clericorum aedificavit quoque quartam in sua urbe episcopali pro mulieribus, cui soror sua Perpetua praeerat. S. Augustinus erat promotor in Ecclesia vitae communis clericalis, ex qua postea evoluta est decursu temporis Congregatio nova, quae choralis-clericalis nuncupatur.[4] Clerici cum ipso viventes nulla emittebant vota; merito tamen habentur praecursores Clericorum Regularium. Modus vivendi ab ipso commendatus decursu temporum uberrimos produxit fructus et Ordinem regularem efformavit. Paulatim enim exortae sunt familiae utriusque sexus religiosae, quae nomine S. Augustini gloriabantur non solummodo in Africa, verum etiam in omnibus Europae regionibus; etiam hodie exstant diversae sub regula Augustini categoriae religiosorum utrisque sexus.[5] Inde a saeculo duodecimo, approbante Ecclesia, vota sollemnia emittebantur in hisce congregationibus

[1] Vita S. Augustini, M P L XXXII 33-578; Bardenhewer 114; K L I, v. Augustinus.

[2] Heimbucher I 166; Montalembert I 254-264; Lechner XXXII.

[3] Thomassinus, pars I, lib. III, c. III, n. 9; Montalembert I 258, nota 95.

[4] Heimbucher I 167; Montalembert I 258; K L I, v. Augustiner.

[5] Cathol. Encyclop. II 87: v. Augustine; K L I, v. Augustiner.

atque distinctum ordinem efformabant, qui vocatur canonico-regularis.[6]

S. Augustinus non intendit ex professione conscribere aliquam regulam novam, sed potius vitam communem inter presbyteros in suo episcopatu introducere et promovere. Quamobrem neminem promovit ad presbyteratum, qui nollet hanc vitae communis sequi normam.[7] Praecipua S. Augustini opera hanc vitae communis formam suadentia sunt: "De opere monachorum"[8] qui liber usque ad saeculum nonum basim constituit pro profitentibus hanc "regulam S. Augustini." Pro virginum monasterio conscripsit (ad controversias inter Sorores dirimendas) suam Epistolam 211 (alias 109),[9] quae paulo post evasit "Regula pro Monialibus" atque circa finem saeculi octavi facta est etiam "regula viris adaptata."[10] Auctis decursu temporum diversis institutis, quae modum vivendi S. Augustini sibi vindicabant, utriusque sexus profitentes permulta quoque hauriebant ex duobus aliis S. Augustini scriptis, scilicet ex Oratione 355 et 356, quae agunt "De Moribus clericorum."[11] Accusatus a Petiliano Donatista, quod Augustinus novam invenisset formam monasticae vitae, eloquenter respondit: "novum esse quidem instituti nomen; attamen modum, quem sequuntur sui clerici fundatum esse supra exemplum Apostolorum et primorum Christianorum et tam antiquum esse sicuti Ecclesiam."[12] Mortuo tamen Augustino, ob persecutiones praesertim Vandalorum, domus ab ipso aedificatae dirutae sunt et religiosi utriusque sexus dispersi.[13] In aliis quoque Europae regionibus, clerici, S. Augustini regulam profitentes, persaepe eligebant vitam extra communitatem, accepta portione ex communi fundo ad vitam clericalem seorsim agendam.[14] Decursu tamen temporis, quidam episcopi iterum hanc vitam communem inter clericos suos resuscitabant. Aliae etiam

[6] Heimbucher I 167; K L 837-839; Chelodi 379.

[7] Kirchliches Hand Lexikon I 911; Heimbucher I 167.

[8] M P L XL 547-582.

[9] M P L XXXIII 958-965.

[10] Heimbucher I 167; Chelodi 379, nota 4.

[11] M P L XXXIX 1568-1581.

[12] Contra Litteras Petiliani, lib. 3, c. 40, M P L XLIII 371-372; Vita S. Augustini auctore Possidio, c. 5, c. 11, M P L XXXII 37, 42; Montalembert I 258, nota 98.

[13] K L II 1824.

[14] Ferraris, v. Canonicatus.

Communitates monasticae utriusque sexus exortae sunt, assumendo regulam S. Augustini; attamen nulla habebantur vota proprie dicta in his Communitatibus usque ad Synodum Lateranensem a. 1059.[15] Quamobrem nullus potest esse sermo de exclaustratione vel saecularizatione sensu canonico. Inde autem a saeculo undecimo multiplicabantur hae communitates et varios nunc distinctos ordines regulares constituunt sub regula S. Augustini.[16] Demum Concilium Lateranense IV. (1215) sub Innocentio III. sollemniter approbavit hanc S. Augustini regulam, recensendo ipsam inter regulas in Ecclesia existentes, atque ita evasit una ex quatuor istis regulis principalioribus.[17]

[15] Kirchliches Hand Lexikon I 911.
[16] K L II 1832-1835; Chelodi 379.
[17] C. 9, X, de religiosis domibus, III, 36; Hefele V 886.

CAPUT II.

DE RESTRICTIONE REGRESSUS MONACHORUM IN SAECULUM PER EXPLICITAS LEGISLATIONES.

Inde a saeculo V. usque ad S. Gregorium M. (590).

Saeculo quinto ineunte, permulta iamiam habebantur monasteria in Italia atque ingens quoque monachorum utriusque sexus numerus; status tamen quidam choaticus adhuc praevalebat. S. Basilii regula versa a Rufino in linguam latinam atque illa Pachomii, adornata latine quoque a S. Hieronymo iam fuse propagatae erant; attamen non exclusive in monasterio aliquo constituebant unicam monachorum vivendi formam. Monachismus in Italia fere tota fuit quidam ecclectismus ex omnibus hucusque regulis recensitis. Quamobrem haec omnia ad monasticam vitam—iuxta Butler [1]—influebant ita, ut multiplex evaderet modus vivendi monachorum italorum. Monasterium quodlibet regebatur iuxta uniuscuiusque abbatis libitum et "propriam regulam." Quibus omnibus prae oculis habitis, non mirandum, si tot monachorum haberentur circumvagationes et tot regressus in saeculum. Multum quoque ad id conferebant diversitas climatis atque temporum procellae, quo monachi in Italia degentes incapaces redderentur ad modum vivendi more monachorum aegyptiacorum. Necesse fuit proinde ut aliquis retunderet lexismum multis in monasteriis apparentem, et substitueret permanentem atque uniformem gubernandi regulam, non tamen eversis omnibus S. Basilii et aegyptiorum monachorum monumentis traditionis. Quae omnia maximo cum successu praestitit S. Benedictus Nursiensis.[2]

ART. I. DE STABILITATIS VOTO SUB REGULA S. BENEDICTI.

S. Benedictus a Nursia (485-543) merito celebratur "Patriarcha monachorum Occidentalium."[1] Regula[2] ab ipso conscripta eo tendebat, ut conservaret quidem nobilem illam vitae monasticae

[1] Butler, Benedictine Monachism 20; Cathol. Encyclop. X 473, v. Monasticism.

[2] Montalembert I 328.

[1] Bardenhewer 528; K L I 561.

[2] Regula S. Benedicti cum Commentariis invenitur M P L LXVI 215-952.

ideam una tamen cum moderamine severitatis vitae monachorum orientalium, quae ob Occidentis conditiones et obstacula difficilis fuit adimpletu. Regula S. Benedicti proinde praeclara evasit propter sapientem moderationem et organizationis completae efficacitatem, quibus hucusque ceterae carebant regulae. Quamobrem testimoniis quoque summis celebrabatur tum a diversis Conciliis particularibus cum etiam a scriptoribus ecclesiasticis temporum preateritorum.[3] Inter alia haec habentur a S. Gregorio Magno: "Hoc autem nolo te lateat, quod vir Dei (Benedictus) inter tot miracula quibus in mundo claruit, doctrinae quoque verbo non mediocriter fulsit. Nam scripsit monachorum regulam discretione praecipuam, sermone luculentam. Cuius si quis velit subtilius mores vitamque cognoscere, potest in eadem institutione Regulae omnes magisterii illius actus invenire; quia sanctus vir nullo modo potuit aliter docere quam vixit."[4] Qua de causa nihil mirum, quod S. Benedicti regula mox obtinuerit principatum atque paulatim reliquas hucusque existentes regulas vincendo unica praedominaverit usque ad Mendicantium Ordinum ortum.

Primo statim suae regulae capite, enumeratis quatuor generibus monachorum, S. Benedictus admonet de gyrovagorum et sarabaitorum "miserrima conversatione melius esse silere quam loqui. His ergo omissis, ad coenobitarum fortissimum genus disponendum, adjuvante Domino veniamus"—aliis verbis: admonet regulam esse intentam pro iis tantum monachis, qui duce regula et obedientia sub abbate permanenter vellent vivere.[5] Approbat quidem excellentiam et sanctitatem anachoretarum, qui "bene instructi in fraterna ex acie ad singularem pugnam, eremi, securi jam sine consolatione alterius, sola manu vel brachio contra vitia carnis vel cogitationum, Deo auxiliante, sufficiunt pugnare."[6] Attamen praefert vitam coenobitarum qui non "suo arbitrio viventes, vel desideriis suis et voluptatibus obedientes, sed ambulantes alieno judicio et imperio, in coenobiis degentes, abbatem sibi praeesse desiderant. Sine dubio hi tales illam Domini imitantur sententiam, qua dicit: *Non veni facere voluntatem meam, sed ejus qui misit*

Versio huius lingua anglica una cum Commentariis apud Delatte; translated by Dom Justin McCann, London 1921.

[3] Horum testimonia inveniuntur M P L LXVI 214-216.

[4] Greg. Mag., Dialog. lib. II, c. 36, M P L LXVI 200.

[5] Reg. c. 1, M P L LXVI 246.

[6] *Ibid.*

me. (Joan. V.)"[7] Imo ad removendum quodlibet periculum derelinquendi vitam monasticam semel a monachis suis electam, tamquam fundamentum ponit votum stabilitatis loci, vi cujus "suscipiendus autem, in oratoria coram omnibus promittat de stabilitate sua et conversione morum suorum, et obedientia coram Deo et sanctis ejus, ut si quando aliter fecerit, ab eo se damnandum sciat quem irridet. De qua promissione sua faciat petitionem ad nomen sanctorum quorum reliquiae ibi sunt, et abbatis praesentis. Quam petitionem manu sua scribat. . . ."[8] Noluit S. Benedictus recipere ad vitam monasticam agendam nisi talem, qui statim tempore ingressus ostenderet signa perseverantiae: "Noviter veniens quis ad conversionem, non ei facilis tribuatur ingressus, sed, . . . si veniens perseveraverit pulsans, et illatas sibi injurias, et difficultatem ingresus, post quatuor aut quinque dies visus fuerit patienter portare."[9]

S. Benedictus primus legislatorum vitae monasticae explicite praescripsit integrum probationis annum praecipue hanc ob rationem, ut bene edocti de obligationibus vitae monasticae, firmiter postea tenerent statum semel a se electum post annum probationis. Tali modo voluit monachos suos impedire primario a temeraria votorum emissione, et secundario a regressu in saeculum. Antea solummodo pauci vitae monasticae legislatores tale temporis spatium ad probandos tirones postulaverunt.[10] Interdum enim postulantes eadem die qua ad monasterium venerant, monachi facti sunt per simplicem habitus assumptionem.[11] Primus quoque praescripsit, ut monachi sui viva voce pronuntiarent et explicite tria vota, quae constituunt formam et essentiam vitae religiosae, et quidem non simpliciter, sed secundum regulam praecipientem stabilitatem loci.[12] Noluit tamen S. Benedictus ante emissam professionem indui monasticis vestimentis novitium, sed integro anno probationis in habitu saeculari remanere. Et haec erat praxis quorumdam veterum monachorum, maxime in Occidente.[13]

Ab adultorum receptione transit S. Benedictus ad oblationem

[7] Reg. c. 5, M P L LXVI 350.

[8] Reg. c. 58, M P L LXVI 805.

[9] Reg. c. 58, M P L LXVI 803.

[10] S. Benedicti Reg. Comentata, M P L LXVI 816-819.

[11] Cfr. pag. 21; item exempla allata in M P L LXVI 816-819.

[12] Regula Commentata, c. 58, M P L LXVI 823; Delatte 374-390.

[13] *Ibid.* c. 58, M P L LXVI 836; Delatte 375.

infantium, quos olim in monasteriis admissos fuisse et enutritos constat ex omnibus monachorum regulis antiquis, non solius educationis gratia, sed regularibus disciplinis instituendos et in perpetuo Dei servitio ibidem permansuros.[14] S. Benedictus videtur admissise oblatos etiam ante annum decimum quartum completum; nam annum decimum quartum completum nonnisi postea Concilium Toletanum sancivit per canonem.[15] Voluit autem S. Benedictus et hos oblatos spoliare spe redeundi in saeculum quia loco oblati, parentes debuerunt " de rebus suis, aut in praesenti petitione promittere sub jurejurando: qui numquam per suffectam personam, nec quomodolibet ei aliquando aliquid dare, aut tribuere occasionem haberent." [16] Debuerunt parentes exhaereditare filios suos oblatos ita, ut hoc modo in monasteriis forent in perpetuum adstricti, et resilire ad saeculum postmodum, etiam cum ad pubertatis annos pervenissent, eis integrum non foret. Tunc temporis enim adhuc erat in usu, quod nonnisi postea Concilium Toletanum IV. definivit: " Monachum aut paterna devotio, aut propria professio facit: quidquid horum fuerit alligatum, tenebit. Proinde his ad mundum reverti intercludimus, et omnem ad saeculum interdicimus ingressum." [17]

Quoad monachos, qui egressi sunt e monasterio in saeculum, et postea iterum voluerunt recipi magnam tamen exhibet clementiam simul cum circumspectione: " Frater qui proprio vitio egreditur aut projicitur de monasterio, si reverti voluerit, spondeat prius omnem emendationem vitii pro quo egressus est: et sic in ultimo gradu recipiatur, ut ex hoc ejus humilitas comprobetur. Quod si denuo exierit, usque tertio ita recipiatur. Jam postea sciens omnem sibi reversionis aditum denegari." [18]

Neque inconsiderate disposuit de monachis peregrinis, qui post aliquod hospitalitatis tempus vellent remanere in monasteriis sui ordinis. " Si quis monachus peregrinus de longinquis provinciis supervenerit, si pro hospite voluerit habitare in monasterio et contentus fuerit consuetudine loci quam invenerit . . . suscipiatur quanto tempore cupit. . . . Quod si superfluus aut vitiosus inventus fuerit tempore hospitalitatis, non solum non debet sociari

[14] Reg. c. 59, M P L LXVI 839-840.
[15] Conc. Toletanum X (694), can. 16, Mansi XI 36.
[16] Reg. c. 69, M P L LXVI 839.
[17] Conc. Toletanum IV (633), can. 49, Mansi X 629.
[18] Reg. c. 29, M P L LXVI 523-524.

corpori monasterii, verum etiam dicatur ei honeste ut discedat, ne ejus miseria etiam alii vitientur." [19] Idem valebat quoque de sacerdotibus et clericis.

Quae dispositiones omnes a S. Benedicto in sua regula positae profecto eo tendebant, ut omnibus quidem aditus ad ordinem suum pateret, cum implicita tamen voluntate remanendi in monasterio in perpetuum. Procul dubio haec S. Benedicti regula omnium hucusque existentium perfectissima erat simulque veluti fundamentum evasit futurae ecclesiasticae legislationis. Desiderabatur tamen adhuc amplior quoad egressum e monasterio restrictio pro monachis. Quae tamen non potuit obtineri privatorum legislatorum studio. Opus erat, ut etiam Ecclesiae auctoritas succurreret ad leges quasdam efficaciores ferendas. Quod revera factum est per varia Concilia in hac monachismi epocha celebrata.

Art. II. De explicata legislatione ecclesiastica quoad monachos vagantes.

Ex hucusque allatis apparet: multas extitisse monachorum regulas a diversis monasticae vitae ducibus introductas. Spiritu enim Dei ducti homines multum etiam contulerunt ad monachismi propagationem. Quamobrem circa finem saeculi quinti ubique terrarum multa habebantur monasteria cum magno interdum numero monachorum; item permulta aedificata sunt monasteria mulierum. Vitae monasticae promotores proculdubio habuerunt prae oculis nobilissimum illum finem a Christo in Evangelio propositum, inducendi homines ad Ejus consilia sequenda. Ast privata haec erant hominum studia cum tacita tantum Ecclesiae adprobatione. Monasteria erant sub vigilantia episcoporum. Deerat proinde aliqua uniformis Ecclesiae legislatio, quae e medio tolleret abusus et quidem iam multos in vita monastica saeculo quinto vigentes, qui conducebant ad monachorum regressum in saeculum.

Imprimis monachi ad libitum poterant transire de uno monasterio ad aliud iuxta proprium arbitrium. Quidam mundano potius spiritu ducti, monasteria ingressi sunt et hoc privilegio transeundi ad aliud monasterium abusi sunt, quia frequenter mutabant monasteria commodioris vitae causa. Alii iterum abire poterant in eremum ad vitam eremiticam agendam; persaepe haec erat solummodo occasio sese subtrahendi ab obedientia legitimi Superioris.

[19] Reg. c. 61, M P L LXVI 853.

Quas ob rationes impune poterant multi monachi indulgere etiam longioribus vagationibus absque culpa. Causae hae erant absque dubio occasiones pro multis monachis, ut, deposito habitu monachali, redirent in saeculum. Tempus proinde iam advenit, ut Ecclesia explicite aliquas normas statueret ad coercendas hasce monachorum frequentes vagationes et regressus in saeculum.

Primum omnium fuit Conc. Chalcedonense Oecumenicum IV. (451), quod explicite in utriusque sexus personas Deo consecratas excommunicationis pronuntiavit poenam ob derelictionem temerariam vitae religiosae. " Virginem, quae se Domino Deo dedicavit, similiter et monachos non licere matrimonio conjungi. Sin autem hoc fecisse inventi fuerint, sint excommunicati. Ostendendae autem in eos humanitatis auctoritatem habere statuimus episcopum ejus loci." [1] In ulterioribus autem definitionibus idem Concilium contra hos vagabundos progressum est monachos, qui Constantinopoli grassabantur atque mandavit, ut hi ex urbe expellerentur: " Pervenit ad aures sanctae synodi, quod clerici quidam et monachi, quibus nihil a proprio episcopo mandatum est, et sunt etiam nonnumquam ab ipso communione segregati, ad imperatoriam Constantinopolis urbem se conferunt; et in ea diu morantur, turbas excitantes, et statum ecclesiasticum perturbantes, aliquorum domos subvertunt. Statuit ergo sancta synodus, ut ii prius a sanctissimae Constantinopolitanae ecclesiae defensore admoneantur, ut ex imperatoria urbe excedant; si autem in iisdem negotiis impudenter perseverent, ut per proprium defensorem ejiciantur, et in propria loca revertantur." [2]

Concilii Chalcedonensis contra vagabundos monachos proceduram mox secuta sunt complura in Occidente Concilia particularia. Etenim iam anno subsequenti (452) fuit celebre in ecclesiastica historia illud Conc. Arelatense II. quod inter alia haec quoque de monachis decrevit: " Hi qui post sanctam religionis professionem . . . ad saeculum redeunt, et postmodum poenitentiae remedia non requirunt, sine poenitentia communionem penitus non accipiunt: quos etiam jubemus ad clericatus officium non admitti. Et quicumque ille, post poenitentiam habitum saecularem non praesumat: quos si praesumpserit, ab ecclesia alienus habeatur." [3]

[1] Conc. Chalcedonense (451) can. 16, Mansi VII 366.

[2] *Id.*, can. 23, Mansi VII 367.

[3] Conc. Arelatense II (452), can. 25, Mansi VII 881. Canonem hunc

Ast fatendum, tristitia haec fuisse monachismi tempora. Cum enim in Oriente fanaticae monachorum turbae Monophysitismo imbutae grassarentur, imo a synodo Nestoriana Persica,[4] sub Babaeo Nestorianorum patriarcha post annos aliquot (499) explicitum acceperint indultum contrahendi matrimonia, eadem contagione quoque vexabantur monachi et monachae occidentales. Regressi in saeculum, multi eorum matrimonia contrahebant contra praescriptum Ecclesiae, testante Conc. Turonico I.: "Qui vero se sacratis virginibus per conjunctionem nefandam miscuerint, vel propositum professae religionis dereliquerint, utrique a communione habeantur alieni: quia si quis templum Dei violaverit, disperdet illum Deus: donec resipiscentes a laqueo diaboli, a quo capti tenentur ad ipsius voluntatem, ad auxilium poenitentiae revertantur."[5] Eodem ferme tempore sat plures fuere monachorum vagationes una cum nationum migrationibus in Italia. Etenim Conc. Veneticum[6] conqueritur de monachorum vagationibus atque decrevit: "Clericis sine commendatitiis epistolis episcopi sui licentia non pateat vagandi; et in omni loco, ad quem sine epistolis episcopi sui ut dictum est, venerint, a communione habeantur alieni." Et alio canone statuit: "In monachis quoque par sententiae forma servetur, quos si verborum increpatio non emendaverit, etiam verberibus statuimus coerceri."[7]

Remedium etiam maximum idem Concilium (et quidem primum contra hucusque vigentem usum) praescribit, ne etiam sub praetextu altioris asceseos gradus monachi amplius extra claustra degant: "Servandum quoque de monachis, ne eis ad solitarias cellulas liceat a congregatione discedere, nisi forte probatis post emeritos labores, aut propter infirmitatis necessitatem asperior ab abbatibus regula remittatur. Quod ita demum fiet, ut intra eadem monasterii septa manentes, tamen sub abbatis potestate separatas habere cellulas permittantur."[8]

Cum Concilia particularia in diversis locis celebrata per canones

postea iterum inculcavit Conc. Aurelianense (490), can. 16, Mansi VIII 355.

[4] Synod. Nestoriana Persica (499), Mansi VIII 239.

[5] Conc. Turonicum I (461), can. 6, Mansi VII 946.

[6] Conc. Veneticum (465), can. 5, Mansi VII 954.

[7] *Id.*, can. 6.

[8] *Id.*, can. 7. Eundem canonem repetivit Conc. Aurelianense I (490), can. 22, Mansi VIII 355.

a se latas praecipiebant monachis ut vitam monasticam instaurarent, alii abusus iterum irrepserunt conducentes ad monachorum vitam degendam extra claustra, imo ad totalem vitae monasticae derelictionem. Quidam enim episcopi promovebant ad presbyteratum et committebant ipsis curam animarum etiam reluctante abbate; imo aliquando monachos vagantes clero suo adscribebant. Qui modus agendi episcoporum iterum debuit coerceri. Huic malo occurit Concilium Agathense, quod decrevit: "Monachi etiam vagantes ad officium clericatus, nisi eis testimonium abbas suus dederit, nec in civitatibus, nec in paroeciis ordinentur. Monachum, nisi abbatis sui aut permissu, aut voluntate, ad alterum monasterium commigrantem nullus abbas suscipere aut retinere praesumat: sed ubicumque fuerit, abbati suo auctoritate canonum revocetur. Si necesse fuerit clericum de monachis ordinari, cum consensu et voluntate abbatis praesumat episcopus."[9] Alio autem canone eadem repetiit verbis fere eisdem,[10] quae statuta jam fuere quoad monachos vagos a Conc. Venetico can. 5 et can. 6 atque can. 7; item incorporavit hoc canone ea omnia, quae Conc. Aurelianense I. triginta duorum episcoporum (490) statuit de monachis per loca vagantibus.[11] Ex hisce ergo patet, Concilia particularia strenue adlaborasse, ut vitae monasticae consulerent atque impedirent monachorum vagationes et regressum in saeculum.

Quamvis Concilia modo citata inculcaverint optimas hasce dispositiones, nihilominus per subsequens adhuc saeculum sextum monachi solitariam extra claustra vitam degebant per modum exclaustrationis necnon saecularizationis hodierno sensu acceptae, imo variis officiis tum ecclesiasticis tum etiam civilibus fungebantur. Quamobrem Concilium Tarraconense sub Hormisda Papa iterum haec quae sequuntur promulgavit: "Monachis a monasterio foras egredientes, ne aliquod ministerium ecclesiasticum praesumant agere prohibemus, nisi forte cum abbatis imperio. Similiter ut nullus eorum (id est monachorum) forensis negotiis susceptor vel executor existat, nisi id quod monasterii exposcit utilitas: abbate sibi nihilo minus imperante, canonum ante omnia Gallicanorum de eis constitutione servata."[12]

[9] Conc. Agathense (506), Can. 27, Mansi VIII 329.
[10] *Id.*, can. 28, Mansi VIII 331.
[11] Conc. Aurelianense I (490), can. 19, Mansi VIII 354.
[12] Conc. Tarraconense (516), can. 11, Mansi VIII 543.

Per plures adhuc annorum decades videtur praevaluisse quoque episcoporum praxis, ut assumerent monachos ad pastoralia officia, testante Conc. Ilerdensi "De monachis id observari placuit, quod Synodus Agathensis vel Aurelianensis noscitur decrevisse: hoc tantummodo adjiciendum, ut pro Ecclesiae utilitate, quos episcopus probaverit in clericatus officio, cum abbatis voluntate debeant ordinari. . . ."[13]

Neque tristis ille monasticae vitae status apud solos monachos reperitur; hae exclaustrationes et saecularizationes quoque inter monachas erant, de quibus frequenter etiam Concilia particularia conqueruntur.[14]

Quae legislatio ecclesiastica non potuit modo sufficienti cohibere monachos ab illegitimis matrimoniis contrahendis, advocavit brachium saeculare. Concilium Turonense primum id fecit statuendo: "Si qui in monasterio conversi sunt, aut converti voluerint, nullatenus exinde habeant licentiam evagandi, nec, quod absit, ullus eorum conjugem ducere, aut extranearum mulierum familiaritatem habere. Nam si, ut supra dictum est, uxorem duxerit excommunicetur, et de uxoris male sociatae consortio etiam judicis auxilio separetur. Quod si judex ad hoc solatium dare noluerit, excommunicetur. Qui infelix monachus tali conjunctione foedatus, si per cujuscumque patrocinium se conatus fuerit defensare, et is qui in hac pertinacitate perdurat, et illi qui eum exceperint ad defensandum, ab Ecclesia segregentur, donec revertatur ad septa monasterii, et indictam ab abbate, quamdiu ei praeceptum fuerit, agat poenitentiam, et post satisfactionem revertatur ad gratiam."[15]

Ergo Concilia particularia omnia conamina adhibuerunt ad eliminandas monachorum vagationes et derelictionem vitae monasticae. Desiderabatur tamen et cooperatio potestatis civilis, ut eo efficacius praecluderetur via monachis volentibus regredi in saeculum. Quod revera praestitit ius romanum tunc temporis auctoritate Iustiniani imperatoris denuo recognitum, legibus Ecclesiae accomodatum, et per totum imperium romanum promulgatum.

[13] Conc. Ilerdense (524), can. 3, Mansi IX 612.

[14] Conc. Aurelianense I (549), can. 19, Mansi IX 702.
Conc. Aurelianense V (554), can. 5, Mansi IX 702.
Conc. Matisconense I (581), can. 12, et can. 19, Mansi IX 935.
Conc. Lugdunense III (583), can. 3, Mansi IX 942-943.

[15] Conc. Turonense II (567), can. 15, Mansi IX 795-796.

Art. III. De legislatione civili directe iura egredientis restringente.

Ius romanum plures alias quoque continet dispositiones quae olim conducebant ad rectam monachorum institutionem hunc ob finem, ut retinerent statum semel a se electum. Sapiens legislator civilis bono Ecclesiae providens statuit, ne monachi statim habitum monachalem reciperent: "Sancimus igitur sacros canones secuti, ut qui monachicam vitam profitentur non temere ilico a religiosissimis praesulibus venerabilium monasteriorum habitum monachicum accipiant, sed per integrum triennium, sive liberi forte sive servi sint, perdurent, habitu monachico nondum digni habiti, sed tonsura et veste utantur eorum, qui laici vocantur, et maneant sacras litteras discentes. . . . Neque enim facilis est vitae mutatio nisi quae fit cum animi contentione."[1]

Vitam communem etiam iuxta ius civile debebant monachi agere, ne spiritum vocationis amitterent et monasteria derelinquerent: "Cogitandum vero, quomodo ipsos habitantes et degentes monasticae philosophiae certatores dignos esse ostendamus. Volumus enim nullum monasterium sub dictione nostra constitutum sive plurimorum hominum est sive paucorum, monachos, qui ibi sunt . . . propriis habitationibus uti, sed communiter quidem eos comedere sancimus, dormire vero omnes in communi . . . in his, quae vocantur coenobia (id est communi vita) esse volumus."[2]

Aliae dispositiones eiusdem iuris etiam coarctabant transitum monachorum ad aliud monasterium: "Si vero relinquens monasterium, in quo conversationem habuit, ad aliud transeat monasterium, etiam sic quidem eius substantia maneat, et vindicetur a priori monasterio, ubi abrenuntians hanc reliquit. . . . Erronea namque talis est vita monachica, nullatenus tollerantiae proxima, neque constantis et persistentis animae, sed indicium habens circumlatae et aliunde alia requirentis. Quapropter etiam hoc prohibeant Deo amabiles episcopi et archimandritae nuncupati, monachicam honestatem secundum regulas sacras conservantes."[3]

Tandem legislatio civilis prohibuit, ne monachi uxorem ducant seu concubinam: "Si quis autem monachicam profitentium

[1] Nov. 5. 2.—Cfr. etiam: Nov. 132. 33; h. t. 34, 35, 36, 37, 38, 39, 40, 41, 42.

[2] Nov. 5. 3.

[3] Nov. 5. 7.

conversationem meruit clerici ordinationem, maneat etiam sic puram servans conversationem . . . aliis enim omnibus nuptias secundum sacras regulas penitus interdicimus, aut concubinas habere, aut luxuriis tradere vitam . . . ad militiam quidem aut ad aliud officium venire non praesumens, nisi voluerit dudum interminatis a nobis subiacere poenis, ipse autem apud semetipsum degens, et agnoscens, qualem pro hoc daturus sit magno Deo satisfactionem."[4] Alia lex adhuc severiorem modum procedendi praescripsit in monachos egressos: "Si monachus reliquerit monasterium et ad saecularem vitam migraverit, hunc militia et honore, si quem habet, prius spoliatum ab episcopo locorum et provinciae iudice in monasterium mitti, et res, quas postea habuisse probatus fuerit, monasterio in quod mittitur competere. Si vero rursus reliquerit monasterium, tunc eum iudex provinciae in qua inventus fuerit teneat et subdito sibi officio connummeret."[5]

Quae leges iuris civilis proculdubio hunc ob finem latae sunt, ut coercerent monachos ab egressu et adducerent ad vitam communem atque perseverantiam in statu monachali. Verumtamen leges hae civiles, utpote natura sua potius coercitivae per se, nondum producerent effectum desideratum; nececesse etiam fuit, ut accederet Apostolicae Sedis auctoritas, quae aliqua explicita legislatione inculcaret monachis vitam stabilem in communitate religiosa. Quod revera fecit zelosus vitae monasticae propagator iuxta regulam S. Benedicti eiusdem alumnus, postea renuntiatus Summus Pontifex, S. Gregorius Magnus.

Art. IV. De legislationibus Gregorii Magni particularibus.

Gregorius Magnus[1] recte dicitur vitae monasticae reformator. Fuit ipse ante suam ad Petri cathedram evectionem monachus benedictinus Romae in uno ex monasteriis a se fundatis; postea S. R. E. diaconus factus, apocrisarii legatione functus est Constantinopoli. Circa annum 585 Romam reversus, abbas renuntiatus est, quod munus adimplevit usque ad annum 590, quando electus est Romanus Pontifex.

[4] Nov. 5. 8.

[5] Nov. 123. 42.

[1] Vita S. Gregorii Magni auctore Paulo diacono monacho Cassiensi, M P L LXXV 42-60; S. Gregorii Magni Vita a Joanne diacono scripta libris quatuor, M P L LXXV 59-242; Heimbucher I 224.

Ubi primum renuntiatus est Summus Pontifex statim intellexit opportunum nunc tempus esse, ut Apostolica sua auctoritate praestaret, quod hucusque Concilia particularia efficere non poterant. Praeclara est ipsius epistola ad Venantium monachum, qui deposito habitu monachali, Cancellarii munere fungebatur. Paterno admonuit eum affectu, ne sequeretur Ananiae exemplum et, ut renuntiato officio Cancellarii, ad monasterium reverteretur.[2] Maioris momenti est adhuc ipsius epistola ad Petrum diaconum, in qua Apostolica sua auctoritate praecipit, ut monachos per totam Siciliam occasione barbaricae invasionis dispersos atque iamdiu vagantes perquirat atque in monasterio S. Theodori in civitate Messanensi collocet.[3] Item aliam ad Anthemium subdiaconum direxit epistolam "De monachis circumvagantibus," vi cuius Anthemio imponit obligationem requirendo monachos illos qui nefario modo essent uxores sortiti;[4] idem praecepit in alia epistola ad Romanum Exarcham quoad monachos apostatas.[5] Permultae adhuc aliae sunt epistolae[6] a S. Gregorio ad diversos episcopos et officiales missae, vi quorum iubet, ut monachi in saeculo vagantes ad monasticam instituendam vitam compellantur. Invigilavit quoque Gregorius in abbatum nominationes. Constantii monachi electionem in abbatem noluit confirmare, non obstante monachorum legatione et petitione, hanc ob rationem praecipue, quia ille Constantius solus iter ex monasterio fecerit in Piceni provincia ad monasterium quoddam Claudii; quamobrem S. Gregorius concludit: "Ex qua eius actione cognovimus, quia qui sine teste ambulat, recte non vivit."[7]

Perspexit quoque idem Pontifex, episcoporum in monasteria iurisdictionem monachis esse potius detrimento quam utilitati. Qua de causa reprehendit Fortunatum Episcopum Neapolitanum,

[2] Ep. 33 ad Venantium, Mansi IX 1053.

[3] Ep. 39 ad Petrum Diac., Mansi IX 1058.

[4] Ep. 40 ad Anthemium Subdiac., Mansi IX 1058.

[5] Ep. 15 ad Rom. Exarcham, Mansi IX 1197.

[6] Ep. 27 ad Candidum Ep., Mansi X 19; ep. ad Cyprianum Diac., Mansi IX 1203; item ep. 38 ad eundem, Mansi X 27; ep. 32 ad Dominicum Ep., Mansi X 76; ep. 36 ad Chrysanthum, Mansi X 131; ep. 119 ad Virgilium et Syagrium Episcopos, Mansi X 192, 193; ep. 8 ad Marianum Ep. Ravennae, Mansi X 208; ep. 47 ad Joannem Ep. Syracus., Mansi X 242; ep. 54 ad Joannem Defensorem "De monachis Capricanae insulae, Mansi X 375; ep. 20 ad Stephanum Chartularium, Mansi X 397.

[7] Ep. 22 ad Joannem Subdiac., Mansi X 320, 321.

quod erga monasteria sibi subiecta minus studeret esse solicitus, et quod ipsius culpa potissimum Mauritius quidam cum aliis monachis a monasterio discesserit; redarguit quoque episcopum illum, quod saecularem hominem e monasterio Barbaciani nondum probatum tonsuraverit; praecepitque, ne ante biennium in conversione elapsum ullum audeat tonsurare.[8] In alia epistola ad Lucidum Ep. Leontinum Apostolica auctoritate statuit, ut solummodo in presbyteratum ordinet eum, quem Joannes abbas pro sua congregatione delegerit.[9] Alibi [10] laudatus Pontifex iura monasteriorum vindicavit, atque libertati monachorum in electione abbatis consuluit.

Primus proinde fuit Pontifex Romanus, qui episcoporum iurisdictionem in monasteria amplissimam restrinxit hunc ob finem, ne episcopi solitariam monachorum vitam turbarent.[11] Primus quoque Gregorius Magnus fuit Romanus Pontifex qui Apostolicae Sedis auctoritate coercuit monachorum regressum in saeculum atque statuit, ut quam primum ad monasteria redirent.

[8] Ep. 23 ad Fortunatam Ep. Neapolit., Mansi X 223.
[9] Ep. 54 ad Lucidum Ep. Leont., Mansi X 339.
[10] Ep. 43 ad Marinianum Ravenn., M P L LXXVII 902.
[11] Mocchegiani I 430; Bouix II 99; Charles Augustine III 24.

CAPUT III.

De ulteriori restrictione regressus monachorum in saeculum.

A S. Gregorio M. usque ad Conc. Lateranense IV (1215).

Historia ecclesiastica teste, periodus haec fuit aurea pro catholicae religionis diffusione inter varias Europae nationes. Una cum religionis catholicae diffusione intime etiam connectitur monachismi in Europa propagatio. Evangelii praedicatio cuiusvis nationis europeae exhibet quoque praeclara gesta monachorum, qui zelo indefesso adlaboravere in evangelizandis nationibus. Missionarii enim erant maxima ex parte monachi. Centra evangelizationis fuere monasteria.

Eadem tamen historia teste, praeter monachos iuxta regulam aliquam viventes, erant etiam in Occidente turbae monachorum per mundum vagantium. Desiderabatur adhuc vita monachorum stabilis, vi cuius essent certis monasteriis pro semper adscripti. Praeter vagationes, habebantur etiam monachorum regressus in saeculum sat frequentes, ut patebit ex quibusdam saltem allegationibus in expositione huius capitis. Remedia ab Ecclesia adhibita triplicis erant generis: 1) propagatio regulae S. Benedicti; 2) decreta Conciliorum particularium; 3) Ecclesiastica legislatio coercitiva contra monachos et monachas vitam monachalem derelinquentes; 4) Reformationes vitae monasticae probante S. Sede; 5) Ecclesiastica legislatio pro universa Ecclesia.

Art. I. De promulgatione regulae S. Benedicti.

Eodem fere tempore quando in Oriente dira schismata et haereses Nestorianismi, Eutychianismi et Monotheletismi diruerunt multa monachorum monasteria et efficiebant etiam monachismi orientalis ruinam,[1] excepto ordine S. Basilii, qui adhuc perseverat inter

[1] Cfr. Fortescue, in Catholic Encyclop., v. Monasticism: "Lastly, during this period the monks play a very important part in theological controversies. The Patriarch of Alexandria, for instance, in his disputes with Constantinople and Antioch could always count on the fanatical loyalty of the great crowd of monks who swarmed up from the desert in his defense. Often we hear of monks fighting, leading tumults, boldly attacking the soldiers. In all the Monophysite troubles the monks of Egypt, Syria,

orientales ritus cum Apostolica Sede unitos,[2] Divina Providentia sibi elegit regulam S. Benedicti uti aptissimum medium ad vitam monasticam conservandam propagandamque.

Saeculum enim sextum, septimum et octavum ob continua bella et migrationes nationum favebant etiam monachorum aliarum regularum vagationibus et regressibus in saeculum. Econtra, *per votum stabilitatis loci iuxta regulam S. Benedicti* monachus ligabatur per totam vitam illi particulari monasterio, pro quo emisit vota. Qui modus vivendi revera fuit nova evolutio in vita monastica et quidem res maximi momenti. Imprimis per hoc votum auferebatur libertas personalis a monacho. Deinde haec stabilitas loci protexit illam durationem, quae est elementum essentiale ad aliquam veram familiam stabiliendam cum in theoria tum in praxi iuxta desiderium S. Benedicti. Abbas vices patris debuit adimplere et monachus filiifamilias. Neque debuit posterior magis considerari capax ad eligendum sibi alium patrem et novam familiam sicut et aliunde filiusfamilias. Fuit enim S. Benedictus cives romanus et suboles familiae patriciae, et ideo introduxit in vitam monasticam illam absolutam dependentiam omnium membrorum familiae a patre, quae etiam essentialis est in iure romano et usu.[3]

Talis monachorum stabilitas iamdiu desiderabatur. Nihil mirum igitur si mox eadem regula S. Benedicti principatum obtinuerit inter illas triginta tres principaliores regulas, quae in Codice Regularum S. Benedicti Anianensis enumerantur.[4] Propagatio haec effecta est duplici modo: 1) per multiplicationem monasteriorum Benedictinorum mediantibus missionariis Benedictinis; 2) mediantibus Conciliis particularibus observantiam regulae S. Benedicti inculcantibus.

§ 1. *De propagatione regulae S. Benedicti mediantibus missionariis Benedictinis.*

Qui primi missionarii missi sunt in globo ex ordine S. Benedicti, fuerunt S. Augustinus Abbas S. Andreae Romae cum aliis

Palestine, and the capital were able to throw the great weight of their united influence on the one side or the other."—Cfr. also Adeney 102-131; 147-152.

[2] Cfr. K L, v. Basilianer; Fortescue, The Uniate Eastern Churches 124-134; Heimbucher I 127-141.

[3] Cfr. Catholic Encyclop., v. Monasticism, n. IV.

[4] Codex Regularum S. Benedicti Anianensis, M P L CIII 416-417.

triginta novem sociis. Augustinus sedem suam fixit Doroberniae seu Cantuariae ibique statim magnum monasterium fundavit. Sequenti anno Augustinus consecratus est episcopus atque a S. Gregorio accepit mandatum erigendi duas provincias ecclesiasticas, quarum quaelibet duodecim episcopos suffraganeos haberet. Ad hoc opus perficiendum, S. Gregorius M. iterum alios monachos ei in auxilium misit. Ad rem dicit Heimbucher: "Hinc factum est, ut ibidem initio tot essent monasteria quod sedes episcopales, in quibus certissime observabatur regula S. Benedicti." [5] Res monasticae enim, et praesertim monachorum vita iuxta S. Benedicti regulam, S. Gregorii semper cordi erant. Quamobrem etiam persaepe S. Augustinum per litteras suas admonuit, ut per omnia ad monachorum regulariter vivendum provideret.[6]

Ex Anglia haec regula Benedictina propagata est in Hiberniam et quidem initio saeculi octavi.[7]

Eodem saeculo octavo incepit regula S. Benedicti praevalere ceteris monachorum regulis in reliquis Europae regionibus. Animadversionem rectam facit Montalembert: "A saeculo septimo usque ad nonum, Benedictini erant qui dederunt Ecclesiae, Belgiae, Angliae, Germaniae, et Scandanaviae, et providerunt fundatoribus omnium regionum in Occidente, auxiliarios pro fundatione christianae civilizationis necessarios." [8]

Praecipui missionarii, praeter Evangelium secum etiam asportaverunt regulam S. Benedicti. Cunabulae monachorum atque centrum civilizationis facta sunt initio statim octavi saeculi duo principaliora monasteria, alterum fundatum a S. Pirmino apud Reichenau, alterum a S. Bonifacio extructum Fuldae; brevi illud Fuldae numerabat quandringentos monachos; monasterium hoc factum est concentratio et hortus transplantationis missionariorum per totam Germaniam.[9]

[5] Heimbucher I 225; Helyot V 16.

[6] S. Gregorii M. Vita ex eius scriptis adornata, lib. III, cap. 6, 7, M P L LXXV 374-391.

[7] Heimbucher I 226.

[8] Montalembert I 8-9: "From the seventh to the ninth century, it was the Benedictines who gave to the Church, Belgium, England, Germany, and Scandinavia, and who furnished to the founders of all kingdoms of the West, auxiliaries indispensable to the establishment of a Christian civilization.—Cfr. etiam Montalembert II 605: "From Wilfrid to Bede, all the popular saints, Cuthbert, Egwin, Benedict Biscop, Botulph, and Aldhelm, distinguished themselves by their zeal for the Benedictine rule. . . ."

[9] Helyot V 125-126; Heimbucher I 229.

Neque praetereundi sunt missionarii Frisiae, S. Willibrordus et S. Wilfridus, qui praeter laborem Evangelii etiam permulta monasteria fundaverunt iuxta regulam S. Benedicti.[10]

Ex quibus omnibus hucusque allatis concludendum est: regulam S. Benedicti per Europae varias regiones a missionariis Benedictinis propagatam, multum contulisse ad monachorum vitam stabilem instaurandam atque medium optimum Divinae Providentiae evasisse ad cohibendos monachos a vagationibus et vitae monasticae derelictionem.

§ 2. *De propagatione regulae S. Benedicti a variis Conciliis particularibus in Occidente.*

Alterum efficax medium ad vitae monasticae stabilitatem conservandam in Occidente fuerunt legislationes Conciliorum particularium *vitam stabilem* monachis iuxta regulam S. Benedicti inculcantes.

Concilium Augustodunense sub S. Leodegario decrevit: "De abbatibus vel monachis ita observare convenit, ut quidquid Canonicus Ordo vel Regula S. Benedicti docet, et implere, et custodire in omnibus debeant. Si enim haec omnia fuerint legitime apud abbates vel monasteria conservata, et numerus monachorum Deo propitio augebitur, et mundus omnis per eorum orationes assiduas malis carebit contagiis."[11]

Praesertim inculcata fuit introductio et observantia regulae S. Benedicti in olim existenti regno Francorum. Praesidente S. Bonifacio, Conc. Germanicum statuit: "Monachi et Monachae debent regulam S. Benedicti introducere et observare."[12] Idem Acta

[10] Cfr. KL XII, v. Wilfrid von York; Willibrord, der hl. Apostel der Friesen und erster Bishof von Utrecht; Marx 261; Helyot V 16-17; "Ce n'est pas seulement l'Angleterre que les Benedictins ont éclairée de la lumiere de la foy; la Frise eut aussi le même avantage par le moïen de saint Willibrord ou Wilbrod. . . . Saint Boniface Archevêque de Mayence étoit aussi Benedictin. . . . *Enfin il n'y eut point de Provinces où la Regle de saint Benoît ne fût connuë dans la suite, et le Monastercs de cet Ordre étoient en si grand nombre* l'an 1336 que le Pape Benoît XII voulant reformer l'Orde de saint Benoît, lui praescrivit les Reglements par se Bulle appellée Benedictine, où il le divise en 37 Province, comme le Roïaumes d'Ecosse, de Bohême, de Dannemark, de Suede etc. ce qui fait comprendre l'étendue prodigieuse de cet Ordre et le nombre de ces Monasteres."

[11] Conc. Augustodunense (670), can. 15, M P L LXVI 213.

[12] Conc. Germanicum (742), can. 7, Hefele III 501.

Conc. Liftinenis testantur: "Abbates vero et monachi receperunt regulam S. Benedicti ad instaurandam vitam monasticam."[13]

Concilium Francofurdiense mentionem quoque facit de vita communi servanda iuxta regulam S. Benedicti.[14] Conc. Aquisgranense (802) inter alia iussit perlegi regulam S. Benedicti, et postea decrevit: "Monachi debent vivere iuxta regulam S. Benedicti."[15] Idem repetitum fuit in Conc. Moguntino. (813).[16]

Eodem ferme tempore (813) celebrata sunt Concilia particularia Arelatense, Rhemense, Turonense III et Cabillonense.[17] Concilia haec dum reformationem disciplinae ecclesiasticae inculcant, etiam monachorum vitae stabilitatem iuxta regulam S. Benedicti contemplantur.[18] Hinc factum est, ut Conc. Cabillonense recte potuerit promulgare canonem: "Fere omnia monasteria huius regionis receperunt regulam S. Benedicti."[19]

Art. II. De ecclesiastica legislatione coercitiva monachos et monachas vitam monachalem derelinquentes.

Eodem tempore quando concilia particularia praesertim in Germania, Francia, Frisia, Anglia et Hibernia vitae monasticae stabilitatem monachis inculcaverunt iuxta regulam S. Benedicti, alia Concilia statuerunt poenas contra monachos vagantes. Conc. Augustodunense decrevit: "Statuimus atque decernimus, ut nullus monachum alterius, absque permissu sui abbatis praesumat retinere: sed cum inventus fuerit vagus, ad cellam propriam revocetur, ibi juxta culparum meritum coercendus."[20] Alio autem canone, idem Conc. poenas statuit: "Quisquis haec a nobis Deo praecipiente dictata in confirmationem regularem monachorum tentaverit aliqua transgressione cassare, si abbas est, anno uno ei

[13] Conc. Liftinense (743 vel 745), can. 1, Hefele III 502: "Die Äbte und die Mönche nahmen die Regel des hl. Benedict an zur Wiederherstellung des Klosterlebens."

[14] Conc. Francofordiense (794), can. 11, 13, 24, Hefele III 690-691.

[15] Conc. Aquisgranense (802), Hefele, III 744.

[16] Conc. Moguntinum (813), c. 11, Hefele III 760-761.

[17] Cabillonensis civitas, vulgo Châlon-sur-Saône non confundenda cum Châlon-sur-Marne; cfr. Annuario Pontificio, Per L'Anno 1924, Romae 1924. verbo Châlon, Autun.

[18] Cfr. Hefele III 756-768.

[19] Conc. Cabillonense (813), can. 22, Hefele III, 765.

[20] Conc. Augustodunense, (670) can. 10, Mansi XI 123.

communionis potestas suspendatur; si praepositus, annos duos; si monachus, aut fustibus verberetur, aut a communione, et missa et caritate, annos tres suspendatur.[21] Fere similem etiam prohibitionem statuit quoad monachorum vagationes per mundum Conc. Herudfordiae in Anglia.[22]

Ulterius progressum est conc. Toletanum XIII (683), dum poenam excommunicationem statuit in receptores monachorum fugitivorum vel vagantium: "Placuit ergo, ut nullus . . . etiam monachum fugentem, vagumque suscipiat, non ad fugam suadet, non fugae latibulum praebeat. . . . Quicumque ergo ex-pontificibus, seu sacerdotibus, vel ministris, ceterisque religiosis hujus institutionis nostrae violaverit sanctionem; si hujusmodi susceptor episcopus est, et eum quem suscepit, cum his quae habere potuit, et ei a quo evagatus est, sine dilatione restituet; et insuper, ut vere sacrilegus et transgressor institutionis paternae, tanto tempore excommunicatum, et remotum se a suis officiis noverit esse, quanto eum qui fugit sub sua potestate contigerit remorasse. Si autem hujus constitutionis nostrae praevaricator presbyter, diaconus vel quilibet ex religiosis videatur haberi, cum rebus sibi debitis, quem suscepit, ipse solus apud eum anno integro sub poenitentiae censura deputatus tenebitur, cujus fugitivum suscepisse monstratur. Quicumque talibus tamen humanitatem impendunt, eadem et simili censura legum exquirendos et obstringendos se noverint, quae suceptores fugitivorum legum sanctione praemonentur adstringi. . . ." [23] Canones Hibernici directe ferunt poenam in monachum vagantem: "Monachus inconsulto abbate vagans ambulans in plebe debet excommunicari." [24]

Non obstantibus hisce legislationibus, inveniuntur tamen adhuc saeculo subsequente monachi vagantes, sicuiti elucet ex Conc. Cloveshoviae (747) celebrato: "Vicesimo nono decreverunt regulari edicto, quod post hanc synodum non licet . . . monachos vel sanctimoniales ulterius apud laicos habitare in domibus saecularium, sed repetant monasteria ubi primitus habitum sanctae professionis sumpserant. . . ." [25]

[21] *Ibid.*, can. 15.

[22] Conc. Herudfordiae (673), can. 4, Mansi XI 129.

[23] Conc. Toletanum XIII (638), can. 11, Mansi 1074.

[24] Canones Hibernici, c. 11, Mansi XII 133-134; vide etiam can. 7, 10, 15, *Ibid.*

[25] Conc. Cloveshoviae (747), can. 29, Mansi XIII 407.

Cum in Occidente varia Concilia particularia vitae monasticae stabilitati adlaborarent, in Oriente ob praevalentem hucusque ideam eremiticam, Conc. Quinisextum voluit monachis praecludere ansam vagandi, statuendo plures severiores cautiones.[26] Verumtamen ob perturbationes iconoclastarum, controversias Ecclesiae orientalis cum occidentali, necnon Mahumetanismi expugnationes turbae monachorum grassabantur ita, ut vix pauca monasteria sub regula S. Basilii usque ad Conc. Lateranense IV remanserint.[27]

In hac monachismi epocha invenimus etiam poenam excommunicationis contra eos, qui auderent matrimonium contrahere cum aliqua monacha: "Si quis monacham, quam Dei ancillam appellamus, in conjugium duxerit, anathema sit."[28] Item Zacharias I contra monachos statum monachalem derelinquentes decrevit: "De clericis et monachis non manentibus in suo proposito . . . statuimus neque ad militiam, neque ad dignitatem aliquam venire mundanam: sed hoc tentantes, et non agentes poenitentiam, quo minus redeant ad id quod propter Deum primitus elegerant, anathematizari."[29]

Quae omnia hucusque allegata demonstrant monachorum vagationes et regressus in saeculum fuisse sat frequentes. Varia tamen media adhibita fuisse, probante S. Sede ad conservandam vitam monasticam, praecipue tamen stabilitatem loci iuxta S. Benedicti regulam utpote apprime conformem vitae religiosae sensu canonico.

ART. III. DE REFORMATIONE QUOAD RELIGIOSOS ORDINES.

Saeculum nonum, decimum et undecimum constituit epocham reformationum vitae monasticae. Aliae peractae sunt in ipso gremio Ordinis S. Benedicti ducibus quibusdam Abbatitus, zelo speciali ad regularis disciplinae observantiam. Aliae tamen factae sunt ab Apostolica Sede ob circumstantias illis temporibus peculiares.

§ 1. *De reformatione vitae monasticae in ipso Ordine S. Benedicti.*

Basim reformationum constituit regula S. Benedicti, duce S.

[26] Conc. Quinisextum (691), can. 41, 42, 46, Mansi XI 963-966.

[27] Cfr. Heimbucher I 128-155; Fortescue, The Uniate Eastern Churches 24-32.

[28] Conc. Romanum I (721), capitulum III, Mansi XII 263.

[29] Zachariae Papae I, Epist. ad Pipinum Majorem Domus itemque ad Episcopos, Abbates et proceros Francorum, Mansi XII 330; cfr. etiam Hefele III 549, n. 9.

Benedicto Ananiensi.[30] Ut recte animadvertit Steiger: "Ipse auctor fuit, ut in Syn. Aquisgran. 817, conderetur statutum (80 artic.) pro monachis, nec illi defuit Imperator Ludovicus Pius, ut reformationem efficaciter promoveret. Omnibus tamquam typus perfecti ad mentem S. Fundatoris, monasterii praelucebat coenobium Anianense, 300 continens monachos." [31]

Decursu temporum usque ad Conc. generale Lateranense IV (1215) plures aliae factae sunt eiusmodi reformationes, quae multum contulerunt ad vitam monachorum stabiliendam, retrahendo monachos a regressu in saeculum.

Principaliores sunt: *Cluniacensis,* cuius abbates zelosi in historia celebrantur: Berno (c. 910), S. Odo, S. Maiolus, S. Odilo, S. Hugo, sub cuius ultimi regimine ultra 2000 monasteria per totam fere Europam posita erant.[32] *Congregatio Hirsaugiensis,* duce B. Gulielmo Abbate (1091), qui reformationem propagavit monasteriorum in Germania ad instar Cluniacensis, et 100 monasteria sibi subdita numeravit.[33] *Congregatio Einsidlensis,* quae instauravit vitam monasticam ob incursiones Normanorum collapsam, per totam fere Helvetiam.[34] *Congregatio Cavensis* in campo Salernitano, incepta per monachum cluniacensem (980), quae 300 monasteria numeravit. *Congregatio Casae Dei,* (Chaise-Dieu) quam erexit Robertus Auriliacensis (1046); numeravit 300 monasteria in Gallia, Hispania et Italia. *Congregatio Clusarum* (Cluse sur l'Arve) auctore Hugone De Scousat, instituta a. 966; ineunte saeculo decimotertio continebat 145 monasteria. *Congregatio Saxi Vivi* prope Fulginiam vel Fulginium (Foligno) a B. Mainardo circ. 1085 inchoata, 140 monasteria numerans. *Congregatio Silvae Maioris* (Grande Suave Guyenne) auctore B. Gerardo (1078), 70 coenobia gubernans. *Congregatio Becci* in Normandia, ab Herluino a. 1034 fundata, 18 coenobia sibi vindicans.[35]

[30] S. Benedicti Ananiensis vita, labores scriptaque inveniuntur in M P L CIII 351-1420.

[31] Steiger, Periodica XIII (80)-(81).

[32] Cfr. Mabillonius, in saec. V, n. 52, n. 53, 55, 56; Consuetudines Cluniacensis Monasterii, M P L CXLIX 635-778; Herder's Konversation-Lexikon, v. Benediktiner.

[33] Cfr. Steiger, Periodica XIII (82); K L, v. Hirschau.

[34] Marx 329-330.

[35] Cfr. Steiger, Periodica XIII (82); Marx 329-330; Heimbucher I 242-261.

Non solum in monasteriis monachorum Benedictinorum inculcata fuit vita monastica una cum stabilitate loci, verum etiam in monasteriis monialium.[36]

Reformationes hae non solum effectum produxerunt in monasteriis S. Benedicti, verum etiam viam sternebant pro Ecclesiae legislatione universali, ut paulatim *stabilitas loci* eveniret medium efficax ad eliminandas monachorum vagationes et regressus in saeculum.

§ 2. *De novis Ordinibus e stirpe benedictina exortis.*

Non pertinet ad nostrum scopum describere directe historiam novarum religionum hac epocha natarum. Quod attinet nostrum finem, iuvat solummodo indicare: regulam S. Benedicti praevaluisse in Occidente atque cum ipsa etiam monachis sub aliis regulis viventibus constituisse optimam normam ad vitam stabilem in communitate instaurandam. Nati enim sunt in hac epocha plures ordines regulares, imitantes vitam monachorum Benedictinorum, approbati a Rom. Pontificibus. Fuerant autem praecipui:

Ordo Camaldulensium, approbatus ab Alexandro II (1070). *Ordo Vallis Umbrosae* in Tuscia. *Ordo Grandi-Montis,* Mureti in pago Lemovicensi, probante Gregorio VII fundatus. *Ordo Fontis Ebraldi,* approbatus a Paschali II a. 1106 et iterum a. 1113. *Ordo Cisterciensium,* approbatus a Callixto II a. 1119. *Ordo Montis Virginis* in dioecesi antiqua Avellinensi in Campania fundatus. *Ordo Humiliatorum,* confirmatus ab Innocentio III. a 1201.[37]

[36] Cfr. Helyot V 17-21: Peu a peu l'on s'accoûtuma a suivre la Regle de Saint Benoît seule, soit que les Monasteres l'eussent demandée, ou que l'on les y contraignît; car le Concile d'Allemagne tenu l'an 742 ou 743 ordonna que les Religieux et Religieuses . . . se conduiroient selon la Regle de Saint Benoît; . . . le Concile d'Aix la Chapelle l'an 817 ou l'on établit une discipline uniform par de Constitutions qui expliquerent la Regle, ce qui n'a pas empêché que le relâchement ne se soit encore introduit dans les Monasteres de l'un et de l'autre sex . . . la plupart de Chanoinesses Seculieres ont secoüé le joug de la Regle de Saint Benoît.— Cfr. etiam vol. VI 307-397; Heimbucher I 390: "Ähnlich wie in den Mönchsklöstern führten auch in den Frauenklöstern manigfache Umstände nach und nach einen Verfall der klösterlichen Disziplin herbei. Diesem Einhalt zu tun, war das Bestreben zahlreicher Synoden, welche vom zehnten Jahrh. an eine Reihe Bestimmungen über das reguläre Leben der Nonnen erliessen. . . ."

[37] Cfr. Steiger, Periodica XIII (83)-(86); Heimbucher I 404-494; Helyot V 263-401; Mabillonius, in VI saec. Benedictinum, n. 79-91.

Quorum ordinum professi, utpote stabilitatem loci iuxta regulam S. Benedicti promittentes, certe non potuerunt tam facile derelinquere vitam monasticam semel a se electam. Idea vitae communis late propagata est per totum Occidentem; basim quoque constituit pro legislatione universali ab Apostolica Sede tempore opportuno promulganda.

Art. IV. De S. Sedis interventu ad vitam monasticam stabiliendam.

Cum varia Concilia particularia inculcaverint vitae monasticae stabilitatem iuxta regulam S. Benedicti, et cum plures etiam reformationes in ipso ordine S. Benedicti hunc finem habuerint ut vitae religiosae stabilitatem promulgarent, tempus quoque iam advenit, ut Sedes Apostolica sua ex parte legislationem ederet explicitam quoad stabilitatem vitae religiosae per promulgationem vitae communis.

Saeculo iam ineunte undecimo, synodus Lateranensis (1059) sub Nicolao II statuit canonem quoad vitam communem: "Et praecipientes statuimus, ut . . . iuxta ecclesias quibus ordinati sunt, sicut oportet religiosos clericos, simul manducent et dormiant: et quidquid eis ab ecclesiis venit, communiter habeant. Et rogantes monemus, ut apostolicam, communem, scilicet vitam summopere pervenire studeant." [38] Altera Synodus Romae (1063) sub eodem Pontifice celebrata eundem canonem denuo inculcavit.[39] Vita communis abhinc incepit etiam penes ecclesias cathedrales reviviscere et quidem iuxta modum commendatum suo tempore a S. Augustino clero Hipponensi.[40] Ad rem ita scribit Wernz: "Quodsi ordines religiosi huc usque recensiti potissimum *vitae monasticae sive monachali* fuerunt addicti, paulatim ex antiquis Capitulis canonicorum ecclesiarum cathedralium vel collegiatarum, qui vitam quandam communem, non stricte religiosam agebant, novae religiones vel congregationes *canonicorum regularium* ortae sunt. Nam dissoluta illa vita communi alia Capitula simpliciter mutata sunt in collegia canonicorum, qui absque tribus votis religiosis suas distinctas haberent praebendas atque simpliciter viverent more clericorum saecularium; alia vero Capitula aucto rigore quoad sub-

[38] Synod. Lateran. (1059), can. 4, Mansi XIX 897-898; Hefele IV 824.

[39] Hefele IV 857; Heimbucher II 7.

[40] Vide supra pag. 29-31.

stantiam adoptarunt statum religiosum atque ex saeculo duodecimo *canonici regulares* facti sunt. Ex ordinibus canonicorum regularium, qui usque ad nostram aetatem existunt, principem locum etiam nunc occupant ordo canonicorum Lateranensium atque ordo Praemonstratensis a S. Norberto (a. 1120.) institutus et ab Honorio II. 17 Febr. 1126, atque 1131. approbatus." [41]

Maioris momenti sunt etiam legislationes plurium Conciliorum particularium inde a saeculo undecimo [42] statuentes impedimentum dirimens quoad matrimonia contracta a clericis in sacris ordinibus et a monachis. Quae legislatio Conciliorum particularium viam sternebant Concilio Oecumenico IX (Lateranensi I a. 1123) et Cocilio Oecumenico X (Lateranensi II a. 1139) ad ferendam legem universalem pro Ecclesia occidentali, quae mox recepta est etiam in Corpus Iuris Canonici: "Presbiteris, diaconibus, subdiaconibus et monachis concubinas habere, seu matrimonium contrahere penitus interdicimus; contracta quoque matrimonia ab huiusmodi personis disiungi, et personas ad poenitentiam debere redigi, iuxta sacrorum canonum diffinitionem iudicamus." [43]

Notatu quoque digna sunt verba. Concilii Oecumenici XI (Lateranensis III a. 1179) prohibentia monasteriis receptionem pecuniae ab ingrediente; item prohibitum fuit monachis peculium et solitaria commoratio.[44]

Venit tandem Conc. Oecumenicum XII (Lateranense IV. a. 1215) quod coronidis instar reiteravit sanctiones hucusque emanatas a variis Conciliis sive particularibus sive Oecumenicis quoad vitam monasticam stabili modo adhinc ab omnibus servandam. Sanctiones huius Concilii revera constituunt leges universales ad reformandam vitam monasticam atque ad eliminandas monachorum vagationes extra claustra et regressus in saeculum. Receptae in Decretales, basim constituebant pro ulteriori evolutione iuris regu-

[41] Wernz III. n. 604.—Cfr. etiam K L II, v. Canonica sive communis vita, —Canonici regulares; Catholic Encyclop., III, v. Canon; Heimbucher II 6-306; Helyot II 11-309.

[42] Melphiense (1089), can. 2, Hefele V 194; Trecense, vulgo Troyes, (1107), can. 4, Hefele V 289; Londonense (1108), can. 1-10, Hefele V 291-292; Rhemense (1119), can. 5, Hefele V 356.

[43] Cfr. Conc. Oecum. IX., Lateranense I (1123), can. 7, Hefele V 380; Conc. Oecum. X, Lateranense II (1139), can. 7; can. 8, Hefele V 441; c. 8, Dist. XXVII.

[44] Cfr. Conc. Oecum. XI, Lateranense III (1179), can. 10, Hefele V 713.

larium usque ad Codicis promulgationem. Celeberrimum est huius Concilii statutum de obligatione celebrandi quolibet triennio capitulum in qualibet religione "iuxta morem Cisterciensis ordinis . . . in quo diligens habeatur tractatus de reformatione ordinis et observantia regulari."[45] Item aliud huius Concilii statutum providit, ne ex nimio religionum numero regularis observantia detrimentum capiat, et iterum relaxetur vita communis: "Ne nimia religionum diversitas gravem in ecclesiam Dei confusionem inducat, firmiter prohibemus, ne quis de cetero novam religionem inveniat, sed quicumque ad religionem converti voluerit, unam de probatis assumat. . . . Illud etiam prohibemus, ne quis in diversis monasteriis locum monachi habere praesumat, nec unus abbas pluribus monasteriis praesidere."[46]

Ad elimandas prorsus monachorum vagationes per mundum, item ad removendum periculum transgrediendi vota religiosa, idem Concilium prohibuit, ne monachi singuli ponerentur per parochias.[47] Item Innocentius III eodem ferme tempore plura edidit decreta, quae in Corpus Iuris recepta constituebant normas ad vitam religiosam stabiliendam sub iurisdictione episcopi et hoc modo ad retrahendos monachos a regressu in saeculum.[48]

[45] C. 7, X, de statu monachorum et canonicorum regularium, III, 35.

[46] C. 9, X, de religiosis domibus, ut episcopo sint subiectae, III, 36.

[47] *Ibid.*, c. 2.

[48] *Ibid.*, c. 5, 6; c. 7, 8, X, de religiosis domibus, III, 36.

CAPUT IV.

DE UNIFORMITATE DISCIPLINAE ECCLESIASTICAE QUOAD RELIGIOSORUM REGRESSUM IN SAECULUM.

A Conc. Lateranensi IV. (1215) usque ad Codicis promulgationem.

Leges a Conc. Lateranensi IV. promulgatae procul dubio medebantur malis praecipuis quae alliciebant religiosos ad vitae monasticae derelictionem. Expeditiones tamen Crucigerorum ad recuperandam Terram Sanctam, perturbationes politicae, bella continua, et morum relaxatio, en causae precipuae quae impediebant effectum obtinendum ad auferendas omnes religiosorum vagationes extra claustra necnon totalem regressum in saeculum. Verumtamen historia teste, Apostolica Sedes abhinc vigilantiori modo suos direxit oculos ad religiosos. Legislationes frequentes quoad vitam religiosam stabiliendam in hac epocha promulgatae demonstrant: S. Sedem conatam esse reformationes a Conc. Lateranensi IV. inchoatas urgere et pedetentim stabilire normas certas iuxta quas concedendae essent exceptiones quoad religiosorum commorationem extra claustra necnon quoad saecularizationem sive ad tempus sive in perpetuum.

Praecipuae legislationes in nostro casu suadent iterum attendere ad distinctas periodos scilicet: 1) A Conc. Lateranensi IV. usque ad Conc. Tridentinum; 2) A Conc. Tridentino usque ad Pium VII; 3) A Pio VII usque ad Codicem.

Quoniam maxima ex parte praecipuae mutationes hae in disciplina canonica adducentur in Parte II. et Parte III. huius Dissertationis, ideo solummodo breviter attingentur in hoc capite distincta facta historica quoad exclaustrationem et saecularizationem iuxta normas nunc in Codice statutas.

Art. I. De mutatione disciplinae ecclesiasticae a Conc. Lateranensi IV usque ad Conc. Tridentinum.

Prohibitio Conc. Lateranensis IV.: "ne quis de cetero novam religionem inveniat, sed quicumque ad religionem converti voluerit, unam de probatis assumat" hunc effectum obtinuit, quod abhinc approbatio Apostolicae Sedis explicita necessaria evaserit ad novam religionem condendam.

Qui proinde nati sunt brevi post Conc. Lateranense ordines mendicantes,[1] utpote iam approbati a Romanis Pontificibus, qua tales etiam postea recogniti sunt a Conc. Lugdunensi II. (1274); reliqui vero cuidam extinctioni destinati sunt: "qui nullam confirmationem sedis apostolicae meruerunt, perpetuae prohibitioni subiicimus. . . . Ad haec personis ordinum, ad quos constitutio praesens extenditur, transeundi ad reliquos ordines approbatos licentiam cedimus generalem. . . ."[2]

Notae characteristicae proinde abhinc vitae religiosae erant: a) stabilis vivendi modus in communi; b) emissio votorum sollemnium; c) in religione ab Apostolica Sede approbata. Verum quidem est, etiam ante et post Conc. Lugdunense II. multas communitates religiosas exortas esse, attamen ipsas non fuisse agnitas a S. Sede, si uno ex hisce tribus elementis carerent. Deducitur hoc iterum ex severiori adhuc legislatione Conc. Viennensis: "Quum de quibusdam mulieribus, Beguinabus vulgaliter nuncupatis, (quae, quum nulli promittant obedientiam, nec propriis renuncient, neque profiteantur aliquam regulam approbatam, religiosae nequaquam existunt, quanquam habitum, qui Beguinarum dicitur, deferant, et adhaereant religiosis aliquibus, ad quos specialiter trahitur affectio earundem) . . . statum earundem sacro approbante concilio per-

[1] Quatuor ordines mendicantes numerantur: *Ordo Fratrum Minorum*, a S. Francisco Assis. institutus, quem Innocentium III approbavit tantum vivae vocis oraculo.—Cfr. Waddingus, Annales Minorum, I 239-240. Sollemni autem forma idem ordo fuit approbatus ab Honorio III; const. "*Cum dilecti,*" III Idus Junii 1219; cfr. Bullarium Franciscanum, I 2; deinde const. "*Solet annuere,*" 29 nov. 1223; cfr. Bullarium Franciscanum, I 15-19; Bullarum . . . Taurinensis editio, III 309-311. *Ordo Fratrum Praedicatorum*, a S. Dominico institutus; adprobatus initio ut religio canonicorum regularium ab Honorio III, const. "*Religiosam,*" 22 dec. 1216; cfr. Bullarum . . . Taurinensis editio, III 309-311; Bullarium Ordinis Praedicatorum, I 2; post mortem S. Dominici in religionem mendicantium commutatus; cfr. Gregorius IX, const. "*Cum paupertatem,*" 25 mai 1227, Bullarium Ordinis Praedicatorum, tom. I, Gregorius IX, sub hac die.

Carmelitani, attento tempore approbationis Apostolicae Sedis, tertio loco inter ordines mendicantes recensendi sunt; confirmati ab Honorio III, const. "*Ut vivendi,*" 30 ian. 1226; cfr. Bullarum . . . Taurinensis editio, III 415.

Eremitae S. Augustini, quos adprobavit Alexander IV, const. "*Iis quae,*" 31 iul. 1225; cfr. Bullarum . . . Taurinensis editio, III 617-618; const. "*Licet Ecclesiae Catholicae,*" 4 mai 1256, *ibid.*, III 635-636.

[2] Cap. unic., *de religiosis domibus*, III, 17, in VI°.

petuo duximus prohibendum et a Dei ecclesia penitus abolendum, eisdem et aliis mulieribus quibuscumque sub poena excommunicationis, quam in contrarium facientes incurrere volumus ipso facto, iniungentes expresse, ne statum huiusmodi, dudum forte ab ipsis assumptum, quoquo modo sectentur ulterius, vel ipsum aliquatenus de novo assumant. . . . Sane per praedicta prohibere nequaquam intendimus, quin, si fuerint fideles aliquae mulieres, quae promissa continentia vel etiam non promissa, honeste in suis conversantes hospitiis poenitentiam agere voluerint et virtutum Domino in humilitatis spiritu deservire, hoc eisdem liceat, prout Dominus ipsis inspirabit." [3] Qui proinde, etiamsi in communitate viventes, aliquam ex probatis regulis non sunt secuti, non sunt agniti religiosi. Verum quidem est, motivum principale ad prohibendas eiusmodi societates fuisse haereticas doctrinas et immoralitatem, quae notae erant penes Petrobrusianos, Catharos, Albigenses, Waldenses, etc.; attamen altera ex parte, noluit S. Sedes agnoscere etiam eiusmodi communitates religiosas, sed solummodo ipsas toleravit, uti constat iterum ex declaratione Joannis XXII: "Ceterum statum Beguinarum huiusmodi, quas esse permittimus, (nisi de his per sedem apostolicam aliter ordinatum extiterit), nullatenus ex praemissis intendimus approbare. Locorum autem ordinarios et alios, ad quos praedicta spectabunt, curam pervigilem et sollicitudinem debitam praecipimus adhibere, ne praemissarum sequentes invia, et ipsarum actus temerarios imitando, praemissis erroribus et disputationum et praedicationum temeritatibus se involvant, eas, quae contra praedicta praesumpserint, per censuram ecclesiasticam appellatio postposita compescendo." [4] Qui modus tractandi societates pias et communitates religiosas, quae non adoptaverant aliquam ex regulis ab Apostolica Sede approbatis perduravit usque ad Conc. Tridentinum. Tolerabantur quidem, attamen debebant existere sub vigilantia Episcoporum; neque considerabantur ordines sensu canonico.

Art. II. De disciplinae ecclesiasticae rigore quoad exclaustrationem et saecularizationem a Conc. Tridentino usque ad Pium VII.

Usque ad Conc. Tridentinum, ut recte adnimadvertit Freriks, "pauca exempla inveniuntur ubi vita communis vovebatur sine

[3] C. 1, *de religiosis domibus, ut episcopo sint subiectae,* III, 11, in Clem.
[4] Cap. un., *de religiosis domibus,* III, 9, in Extravag. com.

votis sollemnibus. Sed intra saeculum duodecimum et decimum sextum multi novi ordines approbati sunt a S. Sede. . . . Isti autem spoponderunt modum vivendi ab Ecclesia probatum per plura saecula in forma strictorum ordinum cum votis sollemnibus." [5]

Conc. Tridentinum incepit reformationem ordinum in Ecclesia existentium ab his praeclaris verbis: " Quoniam non ignorat sancta synodus, quantum ex monasteriis pie institutis et recte administratis in Ecclesia Dei splendoris atque utilitatis oriatur, . . . hoc decreto praecipit, ut omnes regulares, tam viri quam mulieres, ad regulae, quam professi sunt, praescriptum vitae constituant et componant, atque inprimis quae ad suae professionis perfectionem, ut obedientiae, paupertatis et castitatis, ac si quae alia sunt alicuius regulae et ordinis pecularia vota et praecepta, ad eorum respective essentiam, necnon ad vitam communem, victum et vestitum conservanda pertinentia fideliter observent." [6] Ad eliminandas omnes monachorum vagationes, idem Conc. Tridentinum instituit Episcopos Apostolicae Sedis delegatos cum potestate procedendi contra eos qui vitam religiosam non observarent: " Propterea commendata monasteria, etiam abbatiae, prioratus et praepositurae nuncupatae, in quibus non viget regularis observantia, . . . ab episcopis, etiam tanquam apostolicae sedis delegatis, annis singulis visitentur. . . . Et, si in eis vigeret observantia regularis, provideant episcopi paternis admonitionibus, ut eorum regularium superiores iuxta eorum regularia instituta debitam vivendi rationem observent et observari faciant. . . ." [7]

Idem Conc. Tridentinum novam inchoavit methodum pro ordinibus mulierum. Quae iam statuta fuerunt quoad clausuram servandam a religiosis mulieribus,[8] in Conc. Tridentino fuerunt renovata, pressius determinata et sub poena excommunicationis ipso

[5] Freriks 19: " Prior to the sixteenth century, however, comparatively few instances are found where Community life was professed without solemn vows. But between the twelfth and sixteenth centuries many new Orders were authorized by the Holy See. . . . These, however, espoused the mode of life sanctioned by the Church for many centuries in the form of strict Orders with solemn vows."

[6] Conc. Trident., sess. XXV, *de regularibus*, c. 1, Richter 394.

[7] Conc. Trident., sess., XXI, *de ref.*, c. 7, Richter 122.

[8] Cfr. Bonifacius VIII, const. " *Periculoso*," cap. un., *de statu regularium*, III, 16, in VI°.

facto incurrenda munita his verbis: "Nemini autem sanctimonialium liceat post professionem exire a monasterio, etiam ad breve tempus, quocunque praetextu, nisi ex aliqua legitima causa ab episcopo approbanda, indultis quibuscumque et privilegiis non obstantibus." [9]

Quae leges a Conc. Tridentino statutae revera saepius reiteratae fuerunt brevi post Conc. Tridentinum. Inter alia Pius V statuit: "Mulieres quoque quae Tertiariae, seu de Poenitentia dicuntur, cujuscumque fuerint Ordinis in congregatione viventes, si et ipsae professae fuerint, ita ut solemme votum emiserint, ad clausuram praecise, ut praemittitur, et ipsae teneantur; quod si votum solemne non emiserint, Ordinarii una cum superioribus earum hortentur et persuadere studeant, ut illud emittant et profiteantur . . . quod si recusaverint, et aliquae ex eis inventae fuerint scandalose vivere, severissime puniantur." [10]

Religiosis tamen qui nollent vivere in aliqua religione, non saecularizationem, sed potius transitum ad aliam religionem idem Conc. Tridentinum permisit, non tamen ad laxiorem religionem.[11] Imo idem Conc. Tridentinum cavit, ne forsitan in actu transitus alicuius religiosi, "vagandi et apostatandi occasio" tribuatur, quapropter decrevit: "Quia vero regulares, de uno ad alium ordinem translati, facile a suo superiore licentiam standi extra monasterium obtinere solent, ex quo vagandi et apostatandi occasio tribuitur, nemo cuiuscunque ordinis praelatus vel superior vigore cuiusvis facultatis aliquem ad habitum et professionem admittere possit, nisi ut in ordine ipso, ad quem transfertur, sub sui superioris obedientia in claustro perpetuo maneat, ac totaliter translatus, etiamsi canonicorum regularium fuerit, ad beneficia saecularia, etiam curata, omnino incapax exsistat." [12]

Quae omnes Conc. Tridentini dispositiones clare demonstrant: mentem Concilii fuisse inculcationem stabilitatis vitae religiosae per modum servandae vitae communis. Saecularizatio sive ad tempus sive in perpetuum non tam facile esset concedenda. Disciplina haec a Conc. Tridentino denuo inaugurata, persaepe fuit inculcata a pluribus Romanis Pontificibus.[13]

[9] Conc. Trident., sess. XXV, *de regularibus*, c. 5, Richter 402.

[10] Pius V, const. "*Circa pastoralis*," 29 maii 1566, § 3, Fontes n. 112.

[11] Cfr. Conc. Trident., sess. XXV, *de ref.*, c. 19, Richter 423.

[12] Conc. Trident., sess. XIV, *de ref.*, c. 11, Richter 97-98.

[13] Clemens VIII, decr. "*Nullus omnino*," 25 iul. 1599, § 11, Fontes n.

Inde a Conc. Tridentino usque ad tempora Pii VII (1815) praevalebat S. Sedis praxis, quod noluerit concedere saecularizationem ad tempus religiosis, quoties agebatur de necessitate subveniendi parentibus. Voluit potius S. Sedes, ut religiosus remaneret in claustris et, ut ex stipendiis Missarum vel ex emolumentis praedicationis subsidium parentibus praestaretur.[14] Totalis autem saecularizatio, sensu canonico prout exstat nunc in Codice fere numquam concessa est, nisi in casibus exceptis et gravissimis de causis.[15] Permittebatur frequentius potius transitus ad aliam religionem. Quodsi religiosus aliquis vellet abire in saeculum, concedebatur tantum suspensio vel commutatio votorum et solummodo sub quibusdam certis conditionibus.[16]

Art. III. De immutatione disciplinae canonicae quoad religiosorum regressum in saeculum inde a Pio VII usque ad Codicis promulgationem.

Inde a temporibus Pii VII (1800-1823) disciplina canonica quoad religiosorum commorationem extra claustra, item quoad indultum saecularizationis sive ad tempus sive in perpetuum debuit multum immutari in ferme tota Europa. Causae huius immutationis canonicae fuerunt imprimis innovationes factae per Iosephinismum in toto imperio Austriae. Ad rem scribit Jungmann:

187; Gregorius XV, const. "*Inscrutabili,*" 5 febr. 1622, § 2, Fontes n. 200; Innocentius XIII, const. "*Apostolici ministerii,*" 23 mai 1723, § 16, 17, 18, Fontes n. 280; Benedictus XIII, const. "*In supremo,*" 23 sept. 1724, § 13, 14, 15, 19, Fontes n. 283; Clemens XII, const. "*Admonet Nos,*" 11 aug. 1735, § 1, Fontes n. 297; Benedictus XIV, const. "*Regularis disciplinae,*" 3 ian. 1742, § 1, 3, 5, Fontes n. 322; Pius IX, ep. encycl. "*Nostis et Nobiscum,*" 8 dec. 1849, n. 26, Fontes n. 508; ep. encycl. "*Cum nuper,*" 20 ian. 1858, n. 2, 3, Fontes n. 523; Leo XIII, ep. "*Le religiose famiglie,*" 29 iun. 1901, Vermeersch, *De Relgiosis* II 57-65; versio gallica habetur: "*En tout temps.*" A. S. S., XXXIII 716-722.

[14] Cfr. Anal. Jur. Pont. XIV 184, n. 1083: "La sécularisation des religieux s'accordait rarement. Si les parents tombaient das l'indigence, on permettait au religieux de les secourir avec les honoraires des messes et des prédications, sans l'autoriser lui-même à sortir du cloître pour cela. Depuis 1815, la sécularisation *ad tempus* a été fréquemment accordée en pareil cas."—Cfr. similem casum: *ibid.* pag. 603, n. 1254 cum clausula: "Il devra garder l'habit monastique."

[15] Vide pag. 7.

[16] Vide pag. 192-194.

"Inde ab anno 1781 et deinceps plurima, scilicet usque ad septingenta monasteria utriusque sexus abolevit [Iosephus II.], imprimis vero illorum Ordinum, qui nonnisi vitae contemplativae dediti erant; superstitum exemptiones ab ipso abrogatae sunt, nexus cum Superioribus extraneis sublatus, constitutio atque vivendi ratio innovata." [17]

Maiorem adhuc cladem vitae religiosae intulit perturbatio politica in Gallia. Per decretum quod vocabatur *saecularizationis* (1792) religiosis utriusque sexus primum interdicta est gestatio habitus religiosi; deinde brevi post (1795) monasteria omnium ordinum suppressa, vita monastica totaliter obolita. Ob temporum et morum pessimas circumstantias, permulti religiosi apostatae facti sunt et ad partem revolutionis politicae transierunt.[18]

Brevi post (1802) eaedem leges iniquae per auctoritatem civilem latae sunt contra omnes ordines et congregationes religiosas in quatuor Germaniae provinciis citra Rhenum; omnia monasteria suppressa sunt.[19] Subsequenti anno (1803) in reliquis Germaniae territoriis suppressio monasteriorum peracta est eadem crudelitate et sacrilega desecratione quae adhibebatur a coryphaeis perturbationis gallicae.[20] Idem factum est in reliquis ferme Europae regnis.[21]

Notatu dignae quoque sunt innovationes introductae in Hetruria, vi quorum multa monasteria suppressa sunt et confraternitates spirituales abrogatae.[22] Neque praetermittenda est a pseudosynodo Pistoriensi (1811) statuta praepositio: "omnes ordines religiosos ad unam regulam unamque vestem esse reducendos." [23]

Quae leges iniquae, religionum extinctionem proclamantes, etiam

[17] Jungmann VII 419.

[18] Marx 747.

[19] Marx 756: "Am 9 Juni 1802 . . . erschien das Säkularisationsdekret für die vier rheinischen Departemente. Es bestimmte: 'Die Mönchsorden, die klösterlichen Kongregationem . . . sind aufgehoben.'"

[20] Marx 758-759: "Der angefertigte Plan . . . wurde der Reichsdepuatation . . . zu Regensburg vorgelegt, und sie nahm ihn . . . an in ihrem *Reichsdeputationshauptschlusse* vom 25. Februar 1803. . . . Die Aufhebung der Klöster wurde mit einer Roheit und sakrilegischen Verunehrung des Heiligen durchgeführt, welche jener der französischen Revolutionäre kaum nachstand."

[21] Cfr. Marx 759; Funk 557; 558; Wouters II 301; 312.

[22] Jungmann VII 420.

[23] Cfr. Jungmann VII 421.

durante saecula undevicesimo pluries reiteratae sunt in diversis Europae regnis, veluti in Italia (1861),[24] in imperio Germaniae (1872),[25] et brevi ante bellum internationale etiam in Gallia (1901-1903)[26] et nostra memoria etiam in ditione Mexicana.

Quod tamen attinet religiosorum violentam eiectionem e monasteriis et ipsorum commorationem in saeculo in hac epocha dicendum est: S. Sedem varia adhibuisse remedia ad restringendas religiosorum vagationes etiam durantibus illis temporum adiunctis. Non obstantibus religionum suppressionibus per leges civiles, Apostolica Sedes pro viribus semper curabat subvenire religiosis dispersis potius per dispensationes opportunas quoad vivendi modum in saeculo, servatis votis, quam concedere saecularizationem sive ad tempus sive in perptuum. Suo tempore exposuit Pius VI disciplinam canonicam quoad tales religiosos ad Episcopum Brunensem: " Sed nimis properasse te arbitramur ea Declaratione quae Monachos Carthusianos, tua in Dioecesi, statim a propriis Legibus Statutisque liberos solutosque renuntiat, ut conditionem statumque Presbyterorum saecularium illico inire valeant. . . . Curandum in primis est, ut omnes in vocatione sua permaneant, ideoque in alia vel proprii vel alterius Instituti Monasteria se recipiant, ubi vota sollemnia, quibus vitam Deo consecrarunt, rite recteque persolvant. . . . Haec sane verbis nostris dicito iis ad quos pertinet, eosque confirma, si a proposito declinare cognoscas. Ac si forte cuipiam accidat, ut Receptorem sibi nequeat invenire, in hoc tantum infortunio sinimus eum tamdiu in statu Presbyteri saecularis permanere, quamdiu vivere sola necessitate cogetur. Sed quisque debet versari in saeculo memor vocationis suae, eiusque tenax disciplinae et vitae Regularis, cui se pridem ascripserit. . . . Sacrilegium profecto esset, si quid a purissima castitatis obligatione detraheretur. Studio etiam paupertatis, quantum pro nova vivendi ratione fas erit, omnes addicti sunt, ut fallaci terrestrium cupiditati immunem laetumque animum prae se ferant. Obedientiam quoque praestent Episcopo, et sub veste signum aliquod gerant Regularis Professionis, ne ex hac re vera exiisse videantur."[27]

[24] Wouters II 329; Alzog III 790.

[25] Marx 788-789: *Preussischer Kulturkampf. Bismarck. Die Maigesetze.*

[26] Vermeersch, De Religiosis, II 298-302.

[27] Pius VI, litterae ad Episcopum Brunensem, pridie idus aprilis 1782, Vermeersch, De Religiosis, II 291.

Modo opportuno pro rerum adiunctis, Apostolica Sedes etiam concessit interdum Episcopis potestatem quoad moniales dispensandi, "Non quidem super castitatis voto, nec super substantialibus aliorum votorum, sed in aliqua quacumque re honeste et prudenter, pro ipsarum conscientiae quiete et securitate."[28] Quoad reliquos religiosos, qui ad claustra redire non potuerunt, lex ecclesiastica olim determinavit: "Religiosi vero, qui adhuc in claustra recipi non possunt, si Clerici sint, in habitu Presbyteri saecularis, si vero laici in habitu decenti et modesto tamdiu permaneant, quamdiu ita vivere, durante necessitate, cogentur."[29]

Voluit etiam Apostolica Sedes durante perturbatione gallica speciales dare facultates Episcopis Galliae ceu Apostolicae Sedis delegatis: "Concedendi facultatem religiosis cuiuscumque Ordinis aut Congregationis in aliud Institutum transeundi, quamvis Regula in hoc vigens minus foret austera quam in eo quo professionem emiserunt."[30]

Quae principia canonica adhibita sunt etiam in aliis religionum suppressionibus saeculo undevicesimo. Quodsi fortasse religiosi non potuerint transire ad alia monasteria, vel saltem aliquatenus vivere in communi, tali in casu S. Sedes indulsit, "ut religiosi manere valeant extra claustra sub oboedientia Ordinarii loci tamquam saecularizati ad tempus et ad nutum S. Sedis ac ipsius Superioris, et in habitu Religioso, ac etiam, quatenus ita ferat necessitas, in habitu Presbyteri saecularis quoad Sacerdotes et in habitu laicali modesti coloris quoad Laicos, seu Conversos, retento tamen interius aliquo signo habitus Religiosi, servatis quantum fieri potest substantialibus votorum, ac relaxatis regulis quae cum novo eorum statu minime fuerint compatibiles. . . . Si vero aliquae ex dictis [dispersis] Monialibus, iustis de causis per Ordinarium examinandis, in monasterium seu domum novae collocationis se recipere nequeant, Ordinarius iisdem Monialibus indulgere poterit, ut extra sui Monasterii claustra, in habitu decenti, retento tamen interius aliquo signo religiosi habitus, apud suos consanguineos vel honestas Matronas, firmo voto castitatis . . . sub obedientia Ordinarii in

[28] Pius VII, litt. in forma brevi ad Episcopum Tornacensem, 24 iun. 1810, Vermeersch, De Religiosis, II 292.

[29] S. C. Ep. et Reg., decr. "*Ubi primum,*" 22 aug. 1814, Bizzarri 44.

[30] Pius VI, Facultates annexae litt. "*In gravissimis,*" 19 martii 1792, n. 8, Vermeersch, De Religiosis, II 295.

cuius Dioecesi commorabuntur, ad beneplacitum S. Sedis vivere ac remanere licite valeant." [31]

Saecularizatio ad tempus sub disciplina superiori fuit veluti ultimum refugium, si aliter S. Sedes non potuerit religiosis dispersis providere. Recentioribus temporibus (1872) enim S. Sedes instituit pro dispersis religiosis speciales Superiores, qui vocabantur *Provinciales territoriales:* "Sacra Congregatio super Disciplina Regulari decrevit, ut universi omnes Religiosi, cuiuscumque Ordinis, Congregationis, Societatis, Instituti, cuiuscumque gradus aut conditionis professi . . . extra Regularis Provinciae fines, sive domi sive alibi degere illos contigerit, inspectioni et iurisdictioni subiiciantur territorialis Provincialis; qui de ipsorum moribus et consuetudine quotannis, et quandocumque rogatus, respectivo Provinciali referat, eosque delegata ac plena potestate in officio contineat. . . ." [32] Non tamen licebat religiosis in sacris constitutis ad libitum vagari, nisi ob probatam causam, et facta sibi in scriptis ad congruum tempus tum ab ipso Ordinario loci, tum a Superiore Regulari discedendi facultate; item quilibet eiusmodi religiosus debuit infra sex menses sedem stabilem ponere de licentia Ordinarii loci sub poena suspensionis ad beneplacitum Apostolicae Sedis.[33]

Decem annis tamen postea, S. Sedes multum mitigavit disciplinam quoad religiosorum regressum in saeculum. Cum enim leges religiosis inimicae iterum in Gallia promulgatae fuerint (1881), declarantes religionum suppressionem, Apostolica Sedes statuit: "Curandum nempe esse pro viribus ut Regulares expulsi a propriis conventibus in alios conventus collocentur ac recipiantur. Quatenus vero Regulares expulsi, praesertim ob defectum domorum, alibi collocari nequeant, concurrentibus gravibus iustisque causis, super quibus conscientia Superioris Generalis graviter onerata remaneat, ipse Superior Generalis Apostolica auctoritate iisdem indulgere poterit, ut manere valeant extra claustra sub obedientia Ordinarii loci, tamquam saecularizati ad tempus et ad nutum S. Sedis ac ipsius Superioris." [34]

[31] S. Poenitentiariae Instructiones, 28 iun. 1866, Vermeersch, De Religiosis, II 310-311.

[32] S. C. super Disciplina Regulari, decr. "*Ad aerumnas,*" 5 Aug. 1872, A. S. S., VII 407.

[33] S. C. super Disciplina Regulari, decr. "*Regularium Ordinum,*" 5 aug. 1872, A. S. S., VII 410.

[34] S. C. Ep. et Reg., decr. "*Cum Regulares,*" 30 iul. 1881, Vermeersch, De Religiosis, II 297.

Specialem tandem attentionem merentur *Instructiones et Facultates* missae a S. C. Ep. et Reg. ad Superiores Congregationum religiosarum in Gallia (1903). Apostolica Sedes quidem secuta est in concedenda saecularizatione ad tempus normas hucusque statutas in casibus similibus, attamen valituras tantum ad annum.[35] Adnotat tamen Vermeersch de ista religiosorum vexatione, exorta iam per duos annos antea (1901) in Gallia: "De eadem vexatione satis erit monuisse non paucis religiosis traditas esse litteras saecularizationis sive a S. Congregatione Episcoporum et Regularium, sive a proprii Ordinis Superiore Generali ex Instructione 30 iul. 1881 . . . vel ex speciali Indulto."[36]

Corollarium.

Ex omnibus factis historicis hucusque adductis nunc concludendum est: disciplinam canonicam quoad religiosorum exclaustrationem et saecularizationem, hodierno sensu canonico acceptam, valde diversam fuisse temporibus diversis. Ex fontibus hucusque adductis et exploratis, quae sequuntur deducendae sunt conclusiones:

Usque ad Conc. Lateranense IV (1215) religiones omnes conditas esse a respectivis religionum fundatoribus cum tacita Ecclesiae approbatione tantum. Nullam proinde usque ad hoc tempus inveniri explicitam *aliquam Ecclesiae legem* stabilem atque uniformem, vi cuius concederetur indultum degendi extra claustra sive ad tempus sive in perpetuum. Quamobrem talia indulta, occurrente necessitate, religiosis concessa fuisse de venia solius Superioris religiosi tantum, uti deduci possit ex verbis Honorii III approbantis ordinem S. Dominici: "Prohibemus insuper, ut nulli Fratrum vestrorum, post factam in Ecclesia vestra Professionem, fas sit sine Prioris sui licentia, de eodem loco, nisi arctioris Religionis obtentu discedere: Discedentem vero absque communi litterarum vestrarum cautione nullus audeat retinere."[37]

[35] Cfr. S. C. Ep. et Reg., "*Instructiones et Facultates*" missae ad religiosas Galliarum Congregationes, 24 mart. 1903, Vermeersch, De Religiosis, II 300-301.

[36] Vermeersch, De Religiosis, II 289, nota 1.

[37] Honorius III, const. "*Religiosam vitam,*" 22 dec. 1216, Bullarum . . . Taurinensis editio, I 2.—Simile privilegium fuit concessum Superioribus Ordinis Minorum: "Post factam vero Professionem nullus Fratrum

Alia quoque conclusio erui debet: quemlibet scilicet religiosum post emissa semel vota sive per professionem explicitam sive etiam implicitam [38] emisisse vota sollemnia cum implicita promissione perseverandi usque ad mortem in vita semel a se electa. Quod argumentum iterum deducitur ex verbis S. Francisci in sua regula "de iis qui volunt vitam istam accipere et qualiter recipi debeant: 'Finito vero anno probationis, recipiantur ad obedientiam, promittentes vitam istam semper et Regulam observare; et nullo modo licebit eis de ista Religione exire, iuxta mandatum Domini Papae; quia secundum sanctum Evangelium: *Nemo mittens manum ad aratrum et aspiciens retro aptus est Regno Dei.*'" [39]

Quodsi aliquis religiosus nollet perseverare in religione iam suscepta, non concedebatur indultum regressus in saeculum, sed indultum transeundi ad aliam religionem.[40] Quae S. Sedis eadem praxis perseveravit usque ad Pium VII. (1800). Conc. Tridentium enim adhuc loquitur explicite de Superiorum potestate permittendi religiosis transitum ad aliam religionem, "attamen strictiorem." [41]

Verumtamen iam saeculo decimo sexto, Sixtus V instituit specialem Cardinalium Congregationem "ad omnia et singula negotia, causas, et accidentia utriusque sexus, ac quorumvis ordinum regularium personas ecclesiasticas . . . nec non etiam ad omnes, et singulas religiosorum omnium, qui extra claustra monasteriorum

Ordinem vestrum relinquere audeat, nec relinquentem alicui sit licitum retinere. Inhibemus etiam, ne sub habitu vitae vestrae liceat alicui extra obedientiam evagari, et paupertatis vestrae corrumpere puritatem; quod si qui forte praesumpserint, liceat vobis in Fratres ipsos, donec resipuerint, censuram Ecclesiasticam exercere." Cfr. Honorius III, ep. "*Cum secundum,*" 22 sept. 1220, Bullarium Franciscanum, I 6.

[38] *De professione explicita* loquitur Conc. Trident., sess. XXV, *de regularibus*, c. 7, Richter 409; c. 15, Richter 416-417; c. 21, Richter 436.—Attamen *professio tacita* non fuit abolita per Conc. Trident., sed perduravit, uti patet ex diversis Apostolicae Sedis responsis. Cfr. S. C. C., *Cremonen.*, 1578; *Lucen.*, 6 aug. 1593; *Assisien.* 1612; *Pragen.*, 4 iul. 1739, Richter 417. Nulla amplius tacita professio agnita est inde a temporibus Pii IX pro viris; cfr. S. C. super Statu Regularium, decr. "*Regulari disciplinae,*" 25 ian. 1848; declar. 1 maii 1851, Bizzarri 832-843; 19 mart. 1857, Bizzarri 853-855.—Pro religionibus mulierum, tacita professio cessavit per decr. "*Perpensis*"; cfr. S. C. Ep. et Reg., decr. "*Perpensis,*" 3 maii 1902, A. S. S., XXXV 31-34.

[39] Regula O. F. M., cap. II, Bullarum . . . Taurinensis editio, III 394.

[40] Vide supra pag. 61; 64.

[41] Vide pag. 61.

suorum tum a suis superioribus eiecti, quam forsan ex propria temeritate, aut alias sine eorumdem Superiorum licentia vagantes. . . ."[42] Alia autem constitutione, idem Sixtus V etiam religiosorum transitum ad strictiorem religionem reservavit Congregationi Regularium; item haec Congregatio debuit " cognoscere causas apostatarum, et vagorum, eosque coercere."[43]

Item historice concludi possit: usque ad tempora Pii VII (1800) nullam fuisse concessam religiosis saecularizationem perpetuam sensu hodierno acceptam. Quae conclusio etiam deducitur ex silentio auctorum primae notae usque ad saeculum decimum nonum, qui opera conscripsere de religiosis. Loquuntur tantum de transitu ad aliam religionem, de perseverantia in religione, de apostatis, de eiectis, de potestate Romani Pontificis concedendi tantum saecularizationem " firmis votis."[44] Imo, in casu v. g. nullitatis professionis potuit propria auctoritate e religione discedere. Audiatur hac de re Reiffenstuel: " Si nulliter professus cognoscit, Religionem sibi minus convenientem, aut nimis difficilem, vel ex alia ratione manere non vult, nec hactenus Professionem suam ratificavit, non tenetur ratificare Professionem, nec manere in Religione, sed potest tuta conscientia in occulto discedere, ac etiam nubere, dummodo sine gravi scandalo, aut alio majore incommodo, ac praejudicio abire possit."[45]

Fontes iuris canonici usque ad tempora Pii VII potius inculcant religiosis votorum sollemnium vitam communem et perseverantiam in votis, a quibus nulla dabatur usque ad hoc tempus totalis dispensatio. Ad rem etiam, iam nostra memoria, scribit cl. Wernz: " Professis . . . votorum solemnium si opus sit, solummodo partialem concedere solet [S. Sedes] dispensationem vel commutationem ab obligationibus in statu religioso susceptis, imo ex praxi recepta, gratiam dispensationis restringit ad solam *saecularizationem religiosi,* si ita incommodis sufficienter occurratur."[46] Verum

[42] Sixtus V, litt. apost. "*Romanus Pontifex,*" 17 mai 1586, Bizzarri, Prologus IX.

[43] Sixtus V, const. " *Immensa,*" 23 mart. 1588, Bizzarri, Prologus XI.

[44] Cfr. Pirhing, tom. III, tit. XXXI; Suarez, de religionis virtute et statu, parte II, tom. XII, lib. VI, cap. 15, 16, 17, 18; Reiffenstuel, lib. III, tit. XXXI; praesertim vero: Pignatelli, tom. I, consult. 87, 88, 89; Santi-Leitner, lib. III, tit. XXXI-XXXV; Wernz, III, n. 674-680.

[45] Reiffenstuel, lib. III, tit. XXXI, n. 206.

[46] Wernz III, n. 677.

quidem est: ob peculiares rerum circumstantias, tempore perturbationis gallicae usque ad pacem in Europa restitutam (1789-1815) monasteria fuisse suppressa in fere tota Europa et religiosos dispersos. Nihilominus Apostolica Sedes illis tunc temporibus noluit concedere, quam olim vocabant, saecularizationem in perpetuum, sed succurrit eiusmodi religiosis per *saecularizationem ad tempus*, "firmis tamen manentibus votis." [47] Pace tamen restituta (1815), Apostolica Sedes iterum per plura decreta revocavit omnes religiosos ad vitam communem inculcavitque ipsis perseverantiam in votis semel emissis.[48]

Severitatem tamen huius rigorosae disciplinae canonicae voluit S. Sedes mitigare, ob novas perturbationes politicas in Europa et ob reiteratas religionum suppressiones.[49]

Novam disciplinam quoad religiosorum saecularizationem introduxit, per modum dispensationis a votis, Apostolica Sedes saeculo decimo nono, statuendo quoad ordines regulares: "Peracta probatione et novitiatu . . . novitii vota simplicia emittant." [50] Quae tamen vota simplicia, ut postea iterum declaravit Pius IX "perpetua erunt ex parte voventis. . . . Eorumden votorum simplicium dispensatio reservata est Romano Pontifici, cui professi gravibus urgentibus causis preces porrigere poterunt. . . . Verum eadem simplicia vota solvi etiam possunt ex parte Ordinis in actu dismissionis professorum, ita ut data dismissione professi ab omni dictorum votorum vinculo et obligatione eo ipso liberi fiant." [51]

Ulteriorem gressum adhuc fecit Leo XIII, quando specialem concessit Episcopis Americae Septentrionalis facultatem dispensandi religiosos a votis simplicibus, excepto voto "*colendae perpetuo castitatis.*" Quae facultas postea evasit lex generalis; dum enim

[47] Vide pag. 64.

[48] Cfr. S. C. super Reformatione, decr. "*Ubi primum*," 22 aug. 1814, Bizzarri 42-45; decr. "*Pervenit*," 28 nov. 1814, Vermeersch, De Religiosis, II 337-338; decr. "*La Santa Cattolica Chiesa*," . . . sept. 1815, Bizzarri 45-47; *Ordinis Minorum Capucin.*, 1 iul. 1816, Vermeersch, De Religiosis, II 338; S. C. Ep. et Reg., *ep. ad Card Gonsalvi*, 23 mai 1818, Anal. Jur. Pont. XVI 839-840, n. 1472.

[49] Cfr. pag. 66-67.

[50] S. C. super Statu Regularium, litt. encycl. "*Neminem latet*," 19 mart. 1857, Bizzarri 855.

[51] S. C. super Statu Regularium, decl. Pii IX, 12 iun. 1858, Bizzarri 856-857.

idem Leo XIII diversas stabiliret normas quoad religiosos cum votis simplicibus tantum, agnoscendo religiosas congregationes sive iuris pontificii sive iuris dioecesani, inter alia haec statuit quoad sodales congregationum dioecesanarum: "Episcopo alumnas sodalitatum dioecesanarum professas dimittendi potestas est, votis perpetuis aeque ac temporariis remissis, uno dempto (ex auctoritate saltem propria) colendae perpetuo castitatis." [52]

Tempore tandem Pii X eousque progressus disciplinae canonicae hac in re factus est, ut Apostolica Sedes totaliter immutaret hucusque existentem agendi modum quoad religiosorum exclaustrationem et saecularizationem. Abolita est imprimis quae olim vocabatur, "*saecularizatio ad annum et interim.*" [53] Deinde multum mitigatae sunt conditiones pro petentibus saecularizationem perpetuam, quamvis quaedam clausulae adiicerentur, arcentes saecularizatos sive ad tempus sive in perpetuum a quibusdam officiis et beneficiis.[54] Tandem regnante eodem Pio X, cum omnes leges hucusque in iure canonico deberent in unum redigi, abbreviari et reformari iuxta praesentes temporum circumstantias, etiam disciplina canonica debuit immutari quoad religiosorum regressum in saeculum. Hinc factum est, ut perspicuitatis gratia fieret distinctio inter exclaustrationem et saecularizationem proprie dictam. Legislator Ecclesiae supremus proinde uno brevi canone hanc innovationem ita determinat: "Indultum manendi extra claustra, sive temporarium, idest indultum *exclaustrationis,* sive perpetuum, idest indultum *saecularizationis,* sola Sedes Apostolica in religionibus iuris pontificii dare potest; in religionibus iuris dioecesani etiam loci Ordinarius." [55]

Quas omnes mutationes in iure canonico factas, necnon disciplinam canonicam nunc vigentem inde a Codicis promulgatione (19 mai 1918) quoad religiosorum exclaustrationem necnon saecularizationem demonstrandas aggredimur per duos tractatus distinctos.

[52] Leo XIII, const. "*Conditae a Christo,*" 8 dec. 1900, § 1, n. VIII, A. S. S., XXXIII 343.

[53] Vide pag. 8; cfr. etiam Vermeersch, De Religiosis, II 261-263.

[54] Vide pag. 237; 240, nota 10; 241-242.

[55] Can. 638.

PARS II.

DE EXCLAUSTRATIONIS INDULTO.

CAPUT I.

DE EXCLAUSTRATIONIS FONTE.

Professio religiosa est vinculum spirituale quod contrahit religiosus cum sua religione. Quilibet professus efficitur membrum religionis; professio ligat professum ita ut nec solius professi nec solius religionis voluntate neque mutuo utriusque consensu dissolvi possit ante tempus expirationis votorum. Quamobrem professus habet ius ut alatur et sustentetur a religione, et ista ut facultates suas omnes ipsi dovoveat professus. Ut proinde contractus hic adimpleri valeat, religiosis omnibus incumbit stricta obligatio vivendi in communitate per totum tempus ad quod vota fuerunt emissa. Deficiente enim hac vita communi, neque status religiosus concipi potest. Est etenim religio "stabilis in communi vivendi modus, quo fideles, praeter communia praecepta, evangelica quoque consilia servanda per vota obedentiae, castitatis et paupertatis suscipiunt. . . ."[1]

Stabilitas proinde haec pertinet ad essentiam tum status religiosi, tum votorum, tum regulae. Quapropter etiam legislatio ecclesiastica inde a Concilio Tridentino semper inculcavit religiosis vitam communem in claustris.[2] Rationem autem huius vitae stabilis in communitate a religiosis servandae ita explicat Bączkowicz: "Non licet absque approbatione Ecclesiae institutere congregationes vel ordines ideo, quia agitur de salute multorum hominum. Absque vita communi, seu extra instituta religiosa, Ecclesia non amplius agnoscit statum religiosum. Quamobrem vita eremitica, etsi esset votis roborata, non amplius venit in Ecclesia sub nomine status religiosi."[3] Quam vitam stabilem et communem in claustris agendam, legislator omnibus religiosis inculcat atque

[1] Can. 487.

[2] Cfr. Conc. Trident., sess. XXVI, *de ref.*, c. 1, Richter 394.

[3] Bączkowicz I 518 : "Nie wolno bez zbadania ze strony Kościoła zakładać zgromadzeń i zakonów, dlatego, że rozchodzi się tutaj o zbawienie wielu ludzi. Poza życiem wspólnem, czyli poza instytutami zakonnymi nie uznaje obecnie Kościół stanu zakonnego. Dlatego żywot pustelniczy, chociażby był ślubami umocniony, nie uchodzi obecnie w Kościele za stan zakonny."

gravem hanc obligationem ita in Codice statuit: "Superioribus fas non est . . . permittere ut subditi extra domum propriae religionis degant, nisi gravi et iusta de causa atque ad tempus quo fieri potest brevius secundum constitutiones; pro absentia vero quae sex menses excedat, nisi causa studiorum intercedat, semper Apostolicae Sedis venia requiritur."[4]

Quibus verbis etiam luculentur demonstratur: Ecclesiam quam maxime desiderare ut religiosi permaneant in statu quem semel amplexi sunt, nisi graves et iustae causae adsint ad vivendum extra claustra atque accedat venia legitimae potestatis ecclesiasticae. Vi iuris nunc vigentis duplex habetur fons seu potestas a qua procedit exclaustrationis privilegium: a) Sedes Apostolica; b) Ordinarius loci. Agendum nobis proinde erit seorsim de hisce duobus fontibus. Corollarii instar adiicientur aliqua de licentia degendi extra clausta, prout in Codice restrictio etiam huic apponitur et interdum valde similis est exclaustrationi, quamvis post Codicem haec duo iuridice distincta sint et distingui debeant.

Art. I. De Apostolica Sede uti fonte exclaustrationis primario.

Codicis Iuris Canonici legislatio proculdio magnam ex una parte induxit mutationem quoad indultum exclaustrationis, altera autem ex parte maximam etiam uniformitatem desiderat abhinc servandam ab omnibus religiosis viventibus extra claustra. Abolita enim quoad exclaustrationem distinctione Ordines regulares inter et simplices Congregationes, item inter vota sollemnia et simplicia quoad exclaustrationis effectum, uniformis nunc assignatur fons seu potestas concedendi indultum exclaustrationis: "Indultum manendi extra claustra, . . . temporarium id est indultum *exclaustrationis* . . . sola Sedes Apostolica in religionibus iuris pontificii dare potest; in religionibus iuris dioecesani etiam loci Ordinarius."[4a] Quorum verborum vi Apostolica Sedes semper adiri potest uti fons primarius et immediatus a religiosis omnibus etiam iuris dioecesani. Ratio est, "quia Papa est omnium [religionum] caput et regularium omnium etiam praelatorum generalis, ac supremus praelatus et superior, cui principaliter religiosae obedentiae professio concipitur, et nomine ac concessione illius a superioribus

[4] Can. 606, § 2.

[4a] Can. 638.

regularibus acceptatur."[5] Romanus Pontifex cum sic iurisdictionem supremam ac potestatem habeat in omnes religiosos, potest immediate dispensare cum religiosis quibuslibet, etiam iuris dioecesani, ad vitam agendam per tempus quoddam extra claustra.

Nomine Apostolicae Sedis nunc vi iuris in nostro casu intelligitur praeter Romanum Pontificem etiam Congregatio negotiis religiosorum sodalium praeposita, "quae ea sibi exclusive vindicat quae respicit regimen, disciplinam, studia, bona et privilegia religiosorum sodalium utriusque sexus tum sollemnibus tum simplicibus votis adstrictorum, eorumque qui, qamvis sine votis, in communi tamen vitam agunt more religiosorum, itemque tertiorum Ordinum saecularium, incolumi iure Congregationis de Prop. Fide."[5a]

Competentia huius Congregationis quoad concedendum exclaustrationis indultum pro religiosis iuris pontificii, ut indicat verbum "*sola*" in citato canone ita est exclusiva, ut, secluso speciali privilegio a Romano Pontifice vel ab Apostolica Sede alicui concesso, illud prorsus esset invalidum. Ratio est, quia vi iuris nunc vigentis, omnes omnino religiosi utriusque sexus iuris pontificii comprehenduntur hac iuris dispositione, sive ligantur votis sollemnibus, sive simplicibus; item nihil refert, utrum agatur de religiosis cum votis perpetuis vel temporariis tantum. Imo, sodales quoque comprehunduntur congregationis, quae solummodo obtinuit decretum laudis ab eadem Apostolica Sede. Ratio est, quia a momento obtenti decreti laudis, eiusmodi Congregatio religiosa subducitur ab Ordinarii loci iurisdictione et transit sub iurisdictionem Apostolicae Sedis.[6] *Dicitur secluso speciali privilegio a Romano Pontifice vel ab Apostolica Sede alicui concesso,* quia per se nihil obstat quominus alicui Praelato ecclesiastico eiusmodi privilegium concedatur per modum plenae iurisdictionis exercendae in aliquod monasterum vel aliquam Congregationem. Tali in casu tamen Praelatus ille exerceret potestatem illam qua delegatus nomine Romani Pontifici vel S. C. Religiosorum. Eiusmodi specialis iurisdictio, per modum peculiaris exemptionis, concessa est Cardinali Protectori Ordinis Fratrum Minorum a Leone XIII, sed quoad Proto-

[5] Ferraris, v. *Votum*, Art. III, n. 36.

[5a] Can. 251.

[6] Can. 251, 488, 3°.; cfr. etiam Leo XIII, const. "*Conditae a Christo*", 8 dec. 1900, § 1, n. VIII, § 2, n. II, A. S. S., XXXIII 341-347.

monasterium Assisiense sanctae Clarae tantum, ut constat ex sequentibus verbis: "Assisiense monasterium sanctae Clarae a quavis iurisdictione eximimus, ac tenore praesentium exemptum declaramus, illudque et moniales, aliasque personas omnes eodem in monasterio conviventes, cum omnibus eidem inhaerentibus, perpetuum in modum Nostrae ac successorum Nostrorum immediatae iurisdictioni subiicimus et subiectum decernimus atque edicimus. Huiusmodi autem iurisdictionem venerabili fratri Nostro Aloisio Cardinali Bilio, episcopo Sabino, uti apud Sanctam Sedem Protectori universae Fratrum Minorum sancti Francisci de Observantia familiae, eiusque hoc in munere Cardinalibus successoribus, perpetuis temporibus, delegamus."[7] Quod privilegium iterum fuit confirmatum atque ampliatum a Pio X: "Si quando accidat ut memoratum Clarae sanctae Proti-monasterium Cardinali Protectore careat, ut hodie contingit, eo quod Nobis ipsi, singularis benevolentiae causa, eiusmodi protectionem reservavimus, Cardinalis Legatus a Pontifice pro tempore existenti eligatur. Quoniam vero Cardinalis Legatus non poterit facile ac efficaciter suo munere fungi in iis quae frequenter occurrunt, ad Proto-monasterii gubernationem quod attinet, decernimus ut posthac habeatur tamquam Vicarius natus Cardinalis Protectoris vel Legati, Minister provincialis seraphicae provinciae a sancta Clara, incolumi Ministri generalis iure. Officium vero Legati pontificii committimus hisce Nostris litteris dilecto filio Nostro Diomedi Cardinali Falconio, titulo sanctae Mariae de Aracoeli."[8] Olim per plura saecula, Sedes Apostolica exercebat suam in religiones auctoritatem per Cardinalem Protectorem atque ipsi plenam iurisdictionem tum in respectivam religionem tum etiam in religiosus in individuo contulit. Hanc ob rem etiam S. Franciscus Assis. haec verba regulae suae inseruit: "Ad haec per obedientiam iniungo Ministris, ut petant a Domino Papa unum de sanctae Romanae Ecclesiae Cardinalibus, qui sit gubernator, protector et corrector istius Fraternitatis, ut semper subditi et subiecti pedibus eiudem sanctae Ecclesiae, stabiles in fide catholica, paupertatem et humilitatem, et sanctum Evangelium Domini Nostri Iesu Christi, quod firmiter promisimus, observemus . . ."[9] Verba haec designare veram iu-

[7] Leo XIII, litt. ap. "*Postquam Virgo*", 30 iul. 1880; cfr. A. A. S., IV 563.

[8] Pius X, litt. ap. "*Quamquam septimo,*" 9 aug. 1912, A. A. S., IV 564.

[9] Regula Fratrum Minorum, c. 12.

risdictionem, imo superiorem qua gaudet Minister Generalis, manifestum est.[10] Cardinalem Protectorem proinde potuisse concedere exclaustrationem, omnino evincitur ex iurisdictione ei concesso. Quae conclusio etiam magis corroboratur, ut refert Pellizzario, ex verbis Sixti IV, qui Cardinalem Protectorem pro Ordine Carmelitarum instituens, etiam ipsi plenam in hunc Ordinem iurisdictionem contulit: "In quibuscumque causis per eos (Carmelitas nempe) movendis quacumque ratione vel causa quae excogitari posset, eis ministrent iustitiae complementum." [11] Gradatim tamen Apostolica Sedes diminuit Cardinalis Protectoris iurisdictionem in respectivam religionem sibi commissam ita, ut ipsius officium evaderet solummodo honorificum.[12] Mutatio haec, teste Bizzarri, praesertim inducta est a Sixto V qui instituit Congregationem Regularium " . . . ad omnia et singula negotia, causas et accidentia utriusque sexus . . ." Brevi post idem pontifex eidem Congregationi concessit, "ut permittere possit transitus ad strictiorem Religionem, cognoscere causas apostatarum, et vagorum, eosque coercere . . ." [13] Codex haec omnia commemorat hisce verbis: " Cardinalis Protector cuiuslibet religionis, nisi aliud expresse cautum fuerit in peculiaribus casibus, iurisdictione in religionem aut in singulos sodales non pollet, nec potest se interiori disciplinae et bonorum administrationi immiscere, sed eius est tantummodo bonum religionis consilio et patrocinio promovere." [14] Item posset etiam nunc Sancta Sedes talem potestatem concedere Nuntiis Apostolicis, quemadmodum olim aliquando id fecit, ut exclaustrationis indultum communicaret religiosis sub quibusdam conditionibus et in certis casibus; [15] imo et Ordinariis loci, etiam ante Codicem, sat frequenter Apostolica Sedes talem potestatem de facto concedebat, ut agerent tamquam delegati eiusdem Sedis Sanctae.[16]

[10] Cfr. Testamentum S. P. N. Francisci, ubi iterum de iurisdictione Cardinalis quoad fratres qui non essent catholici.

[11] Pellizzario, Manuale Regularium, tract. 8, c. 8, n. 161.—Cfr. etiam Freriks 77.

[12] Cfr. Bouix. II 167.

[13] Cfr. Bizzarri, Prologus VII-XV, ubi breviter exhibetur historia evolutionis huius Congregationis.

[14] Can. 499, § 2.

[15] S. C. Epis. et Reg., *Viennen. et S. Hippolyti*, 20 sept. 1840, ad II, Bizzarri 453; 3 apr. 1848, Bizzarri 459-461.

[16] Cfr. S. C. Ep. et Reg., *Herbipolen.*, 9 iun. 1854, Bizzarri 133;

Talis facultas etiam ante Codicem concessa est Episcopis in Statibus Foederatis Americae Septentrionalis, sed solummodo quoad vota temporaria emissa in religionibus iuris diocesani, prouti Patres Conc. Plenarii Baltimorensis III enuntiarunt: "Quoad vota vero ad tempus in his diocesanis, de quibus agitur, institutis emissa, Episcopi facultate ordinaria, quoad vota autem (ratione voti perpetuae castitatis S. Sedi reservati) nonnisi potestate delegata, quae continetur in facultatibus a S. Congr. de Prop. Fide concedi solitis, Form. I., n. 4 dispensare possunt, si ipsi graves rationes ita exigere coram Deo iudicaverint, praehabita tamen petitione Superioris vel Superiorissae consentientibus eius consiliariis, ne scilicet dispensatio forte sit in praejudicium tertii." [17]

Quae praxis a Conc. Baltimoriensi enuntiata paucos post annos facta est lex universalis quoad instituta diocesana, utpote a Leone XIII pro tota Ecclesia promulgata: "Episcopo alumnas sodalitatum diocesanarum professas dimittendi potestas est, votis perpetuis aeque ac temporariis remissis, uno dempto (ex auctoritate saltem propria) colendae perpetuo castitatis. Cavendum tamen ne istiusmodi remissione ius alienum laedatur; laedetur autem, si insciis moderatoribus, id fiat iusteque dissentientibus." [18] Legislatio haec in Codice nunc paucis verbis continetur: "Indultum manendi extra claustra, . . . temporarium, id est indultum exclaustrationis . . . dare potest in religionibus iuris dioecesani etiam loci Ordinarius." [19] Attamen, seclusa speciali ab Apostolica Sede delegatione, nihil Episcopi facere possunt, etiam tempore perturbationis politicae, quoad religiosos iuris pontificii, uti constat ex declaratione Pii VI ad Brunensem Episcopum: "Hinc facile intelliges Nos minime iis assentiri, qui Dispensationem a Votis solemnibus postulant . . . Cave igitur ne Dispensatio huiusmodi, qua decor et pulchritudo domus Dei pollueretur, audiri contingat in Ecclesia. *Neque tu potes iure ordinario concedere,* ut recte cogitas, neque Nos tibi eius tribuendae ius vel potestatem delegamus.[20]

S. Poenit., 23 dec. 1835, ad III, Bizzarri 455; 21 apr. 1841, ad IV, Bizzarri 465.

[17] Conc. Plen. Balt. III, n. 93.

[18] Leo XIII, const. "*Conditae a Christo,*" 8 dec. 1900, § 1, n. VIII, A. S. S., XXXIII 343.

[19] Can. 638.

[20] Pius VI, breve ad Episcopum Brunensem, 12 apr. 1782, Vermeersch, De Religiosis, II 290-291; Bouix I 346-347.

Codex autem nunc normam generalem statuit: "Indultum manendi extra claustra . . . temporarium . . . sola Sedes Apostolica in religionibus iuris pontificii dare potest . . ."[21]

Per se nihil quoque obstat, quominus Apostolica Sedes hanc potestatem deleget in casu particulari Superioribus maioribus sive per modum specialis delegationis, sive vi constitutionum a se approbatarum. Ad rem ita cl. Bizzarri: "In aliquibus Institutis, seu Congregationibus votorum simplicium, iuxta earum Constitutiones vota ita emittuntur, ut illa perseverent donec professus in Instituto, seu Congregatione permanserit; quo fit ut Institutum seu Congregatio professos dimittere; et ipsi pro eorum libitu discedere possunt . . ."[22]

Non tamen amplius conceditur eiusmodi potestas Superiorissis. Ratio est, quia concessio manendi extra claustra importat iurisdictionis actum. Atqui "soli clerici possunt potestatem . . . iurisdictionis ecclesiasticae . . . obtinere."[23] Ergo merito Superiorissae ab eiusmodi potestatis communicatione excluduntur.[24]

Art. II. De exclaustrationis fonte secundario.

Quamvis Apostolica Sedes semper sit fons primarius quoad concedendum exclaustrationis indultum pro omnibus religiosis, nihilominus vi iuris nunc vigentis, etiam Ordinarius loci constituitur alter fons, et quidem immediatus pro religiosis iuris dioecesani: "Indultum manendi extra claustra . . . temporarium, id est indultum *exclaustrationis* . . . dare potest in religionibus iuris dioecesani etiam loci Ordinarius."[1]

[21] Can. 638. [22] Bizzarri 454. [23] Can. 118.

[24] Commentarium pro Rel I 260-261 : "Porro anteactis temporibus, tunc cum revera Monialium vota erant omnia sollemnia, communiter a Superioribus Regularibus pendebant Monasteria muliebria, praesertim illa quae ad Ordines Mendicantes pertinebant.....Diversimode tamen Apostolica Sedes in diversis locis providit exercendo per Episcopos regimini Monialium quae suis Regularibus Praelatis destituebantur. Ita v. g. in Hispania Romanus Pontifex peculiari indulto Monasteria Sanctimonialium Virginum, quae Praesidibus Regularibus suberant, iurisdictioni Antistitum seu Ordinariorum locorum, in quibus eadem Monasteria respective reperiebantur subiecit et subiecta esse decrevit; at vero temporanee dumtaxat, id est ad triennium, imo adiecta clausula *nisi interim a Sancta Sede aliter provideatur.* Quod indultm successive de trienno in triennium prorogatum est et adhuc prorogatur."—Cfr. etiam A. A. S., III 239.

[1] Can. 638.

Vi clausulae *etiam* proinde conceditur Ordinario loci similis potestas, et quidem non amplius delegata,[2] sed ordinaria et concurrens quoad religiosus iuris dioecesani hac in re; ergo etiam ipse potest illud licite et valide concedere. Quae legislatio notabilem mutationem quoque importat atque uniformitatem inducit quoad omnes Congregationes dioecesanas. Omnes enim nunc dependent a iurisdictione Ordinarii loci, nisi factae sunt iuris pontificii saltem per decretum laudis ab Apostolica Sede obtentum.[3]

Nomine Ordinarii loci hic veniunt omnes Praelati actu administrantes dioecesim vel territorium, et proinde praeter Episcopum residentialem etiam "Abbas vel Praelatus nullius eorumque Vicarius Generalis, Administrator, Vicarius et Praefectus Apostolicus, itemque ii qui praedictis deficientibus interim ex iuris praescripto aut ex probatis constitutionibus succedunt in regimine."[4] Sub hoc nomine veniunt et intelligi debent sensu iuridico, vi huius canonis, etiam ii qui Sede vacante dioecesis regimen assumunt eamque actu regunt sive vocantur Vicarius capitularis, Administrator dioecesis vel Administrator Apostolicus. Omnes hi enim "interim ex iuris praescripto aut ex probatis constitutionibus succedunt in regimine."

Quae potestas Ordinariis loci per Codicem concessa, quamvis primo intuitu videatur aequivalens illi qua gaudet Apostolica Sedes, de facto tamen talis non est. Discrimen iuridicum non quidem afficit concessionis validitatem, quia alteruter dispensator eam concedere potest iuxta naturam petitionis et ob rationes ab oratore allegatas, bene autem invenitur potestatis differentia quoad indulti liceitatem. Apostolica Sedes enim semper licite exclaustrationis indultum concedere potest, etiam dissentientibus Superioribus religiosis; econtra, Ordinarius loci quamvis valide, illicite tamen ageret, si, oratori tale indultum postulanti, illud concederet insciis et dissentientibus Moderatoribus; ageret enim in praeiudicium tertii, scilicet Superiorum religiosorum. Qua propter concessa in const. "Conditae a Christo" Episcopis facultate dimittendi professos, legislator statim adiecit clausulam: "Cavendum tamen ne istiusmodi remissione ius alienum laedatur; laedetur autem si in-

[2] Vide pag. 80.
[3] Can. 488, 3°.
[4] Can. 198, § 1.

sciis moderatoribus, id fiat iusteque dissentientibus." [5] Quae clausula, etsi formaliter non expressa, tamen implicite semper subintelligenda est ex mente legislatoris qui eadem verba adhibet limitando Ordinarii loci potestatem in casu dimissionis religiosi cum votis temporariis; ergo eadem iuris aequitas, imo probabiliter maior, militat in concedendo exclaustrationis indultum, si etiam fiat "insciis Moderatoribus . . . iusteque dissentientibus." [6] Romanus Pontifex tamen, cum sit supremus administrator omnium bonorum et iurium communitatum religiosarum, semper licite concedere potest exclaustrationis indultum non obstante Superiorum reluctantia. Ad rem ita cl. Bouix: "In iis congregationibus tenentur religiosi perservare, non tantum ob triplex votum perpetuum, sed insuper vi contractus utrinque onerosi, congregationem inter et religiosum . . . Adest proinde, traditio illa, . . . qua se vovens religioni donat in perpetuum atque mancipat; atque eam traditionem et promissionem congregatio rite acceptans, vicissim sese obligat ad providendum ei quoad spirituales et temporales necessitates et non ad eiiciendum ipsum absque iusta causa. Intervenit proinde contractus utrinque onerosus, religiosum erga congregationem obligans ita ut, abstrahendo etiam a votis laedatur ius congregationi acquisitum, si religiosus, ipsa invita, eam derelinquat. Quia nempe hoc modo ligant ex natura sua contractus onerosi quilibet." [7]

Principium generale est, Ordinarium loci non posse licite uti potestate sibi a iure concessa, nisi accedat consensus Congregationis respectivae mediantibus Moderatoribus, qui ius habent ut professus adimpleat promissionem per vota in religione nuncupata factam. Neque obstat, quominus etiam talis promissio exoriatur per vota temporaria, vel per votum solius perseverantiae, vel per iuramentum tantum. Omnes enim isti modi sufficientes sunt ad urgendam religiosi perseverentiam in religione respectiva iuxta promissionis naturam et tenorem. Audiatur iterum cl. Bouix: "Quoties intervenit promissio perseverantiae a congregatione accepta, nisi congregatio ipsa consentiat, nemo praeter Summum Pontificem potest ullum congregationis membrum liberum facere, sive a dicta promissione, sive a iuramento aut votis eam firmantibus." [8] Dicitur:

[5] Leo XIII, const. "*Conditae a Christo*", § 1, n. VIII, A. S. S., XXXIII 343.

[6] Cfr. Can. 647 et 638; ambo fontem iuridicum desumunt ex const. "*Conditae a Christo*", § 1 n. VIII.

[7] Bouix II 462.

[8] Bouix II 466.

praeter Romanum Pontificem, quia ipse solus est supremus iurium omnium et bonorum ecclesiasticorum administrator; ergo ipse solus etiam disponere potest de iuribus et bonis cuiuslibet Congregationis in membra sua acquisitis. Talem autem potestatem non habet Ordinarius neque alius Praelatus Papa inferior; ergo ea uti non potest licite ultra limites sibi concessos.

Nullum quoque dubium est: posse Ordinarium delegare iurisdictionem hanc sive ex parte sive ex toto alicui clerico, qui nomine Ordinarii religioso concederet exclaustrationis indultum, et quidem vi iuris quod statuit: "Qui iurisdictionis potestatem habet ordinariam, potest eam alteri ex toto vel ex parte delegare." [9] Quamobrem potest Ordinarius loci concedere hanc delegationem vel ipsi Superiori religioso pro sua communitate, vel alicui clerico pro tota sua dioecesi. Nihilominus ad validitatem delegatus necessario debet esse clericus; a fortiori non posset delegari ad hoc Superiorissa, quae ex iure incapax est iurisdictionis. In iure enim expresse cavetur: "Soli clerici possunt potestatem . . . iurisdictionis ecclesiasticae . . . obtinere." [10]

Ordinarius loci in casu intelligitur ille, in cuius territorio persona religiosa actu commoratur, etsi domus princeps in alterius Ordinarii territorio sita sit, uti Sedes Apostolica declaravit: "Dispensatio votorum pro monialibus domorum filialium in dioecesi existentium diversa ab illa in qua degit domus princeps, competit Ordinario domus filialis." [11] Nequit ergo Ordinarius loci, ubi domus princeps habetur, hanc facultatem sibi exclusive reservare. Ratio est, quia omnes Ordinarii loci aequali iurisdictione gaudent in religiosos iuris dioecesani in alias dioeceses propagatos; ratione tamen commorationis in aliqua dioecesi quilibet suum sortitur Ordinarium.[12] Ergo etiam Ordinarius loci, in cuius territorio exstat domus filialis, ad normam iuris et valide et licite exercet in religiosos actu commorantes suam iurisdictionem.

Casus tamen perplexus videtur adesse, si religiosus aliquis iuris dioecesani ratione studiorum in alterius Ordinarii territorio degat, et quidem non in domo propriae, sed prorsus diversae religionis,

[9] Can. 199, § 1.

[10] Can. 118.

[11] S. C. Ep. et Rel., Bellovac., 21 apr. 1903, Vermeersch, De Religiosis, II 641.

[12] Can. 92; 94; 495.

puta Soror aliqua votorum perpetuorum, cuius religio domum principem habet in dioecesi *A*, domum filialem in dioecesi *B*, cui etiam per ultimum annum respectiva Soror fuit adscripta, et, de mandato Superiorissae maioris, missa fuit ad studia per biennium in dioecesim *C*. Quaeri nunc possit, quisnam in casu sit Ordinarius loci competens ad concedendum huic Sorori exclaustrationis indultum? Iamvero omissis diversis de domicilio religiosorum distinctionibus atque hypothesibus, quas auctores post Codicis promulgationem proposuerunt et per longum et latum solvere conati sunt,[13] certum est, Ordinarium loci competentem esse tum dioeceseos *B* tum etiam *C*. Et quidem non Ordinarium *A* per se, quia eadem rationis aequitas contra ipsum militat de qua iam supra dictum est, nisi fortase Superiorissa maior statim respectivam Sororem, accepta eiusdem petitione, in domum principem revocaverit cum intentione eam in hac domo retinendi sive indulto non concesso sive etiam Sorore suum propositum mutante. Ratio est, quia vi iuris: "Professus a votis perpetuis sive sollemnibus sive simplicibus amittit ipso iure propriam quam in saeculo habebat dioecesim."[14] Quoniam religiosi non amplius habent suum velle et nolle, non possunt amplius eligere sibi domicilium, sed tale accipiunt ex voluntate Superioris maioris, qui in casu representat personam moralem, seu respectivam religionis provinciam. Ad rem ita cl. Vermeersch: "Hac ratione redit dispositio iuris antiqui, qua professi domicilium necessarium obtinebant in loco conventus cui adscripti erant; idque vi adscriptionis, ante commorationem.[15] Ergo vi revocationis Sororis in domum principem et per Superiorissae antecedentem adscriptionem, Ordinarius *A* per accidens evaderet Sororis Ordinarius loci proprius.

Si autem Soror in casu remanserit in domo studiorum, duos haberet Ordinarios loci competentes ad exclaustrationis indultum concedendum, et quidem aequali iure: Ordinarius dioecesis *B* ratione domilicilii ob domum cui Soror ultimo ex voluntate Superiorissae adscripta fuit et de facto per annum commorata est; Ordinarius dioecesis *C* ratione quasi-domicilii, quod Soror acqui-

[13] Cfr. Comment. pro Rel. V 167-178; Vermeersch, Epit. I 120 (n. 188); Periodica IX (7)-(8); XII (18)-(19); Toso, Comment. Minora, III 21. Item: Chelodi 152-156; Wernz-Vidal II 12, nota 10; Maroto 472, nota 2.

[14] Can. 585.

[15] Vermeersch-Creusen, Epit. I 120 (n. 188).

sivit studiorum gratia permanens in dicto territorio ex voluntate Superiorissae maioris. Et quidem duplicem ob rationem: ex extensione iuris assignando illud dependentibus ab aliis curatoribus,[16] tum etiam ex iuris dispositione quoad factum actualis commorationis in hac dioecesi "cum animo ibi manendi saltem ad maiorem anni partem, si nihil inde avocet, vel sit reapse protracta ad maiorem anni partem." [17] Alteruter proinde et valide et licite exclaustrationis indultum concedere potest.[18]

Art. III. De religiosi licentia degendi extra claustra.

Quaestio haec de licentia degendi extra claustra, etsi primo intuitu non videatur directe pertinere ad nostram thesim de exclaustratione, nihilominus saltem breviter attingenda est, in quantum indirecte confert ad nostrum obiectum elucidandum.

Licentia degendi extra claustra, utpote vitae religiosae repugnans, a iure communi reprobatur et expresse coarctatur: "Superioribus fas non est, salvis praescriptis in can. 621-624, permittere ut subditi extra domum propriae religionis degant, nisi gravi et iusta de causa atque ad tempus quo fieri potest brevius secundum constitutiones; pro absentia vero quae sex menses excedat, nisi causa studiorum intercedat, semper Apostolicae Sedis venia requiritur." [1]

Distinctio iuridica exclaustrationem inter et licentiam degendi extra claustra consistit in eo, quod per priorem religiosus totaliter subducitur ab obedientia proprii Superioris; per posteriorem autem modum, religiosus adhuc manet sub proprii Superioris obedientia vel saltem vigilantia. Placet animadversio a Prümmer proposita: "Hoc indultum . . . distinguitur a licentia remanendi extra claustrum per aliquod tempus, cum intentione tamen postea revertendi." [2]

Duplici autem iterum modo religiosus potest legitime commorari extra claustra: coacte vel voluntarie, prout citra suam voluntatem per longius tempus commoratur extra propriam religionem, ut militaris servitii gratia, vel de venia legitimi Superioris eccle-

[16] Cfr. Can. 93.

[17] Can. 92, § 2.

[18] Cfr. Periodica, XII (18)-(19); Chelodi 153, nota 1 et 5; Wernz-Vidal II 13, nota 10.

[1] Can. 606, § 2.

[2] Prümmer 336.

siastici talem statum assumit qui ad interim non sinit religiosum agere vitam communem in claustris, puta, quia utilitatis causa renuntiatur capellanus militaris ad plures annos.

Quidquid sit de casibus particularibus, per se legislator Ecclesiae summus non approbat longiorem religiosi absentiam a propria religione. Eruitur hoc ex verbis sat emphaticis: " Superioribus fas non est . . . nisi gravi et iusta de causa . . ; pro absentia vero quae sex menses excedat. . . ." Canoni huic iamdudum praecesserat decretum Innocentii III ad Ausitanum Archiepiscopum, receptum in Corpus Iuris: "Ad audientiam siquidem nostram noveris pervenisse, quod monachi, canonici et alii regulares tuae provinciae, cum deberent potius in claustro iuxta regularia constituta divinis obsequiis vigilare, de obedientiis et reditibus, quorum curam gesserunt, pecunia congregata, claustrum abhorrentes, per curias principum et potentum discurrere non verentur: . . . Mandamus, quatenus, quoscunque tales inveneris, nisi ad commonitionem tuam resipuerint: ut proprium suum in manibus praelatorum suorum sine difficultate resignent, convertendum in utilitatem domus secundum abbatis consilium, et regularem vitam observent, si praelati eorum post tuam commonitionem id exsequi negligenter omiserint, per suspensionem officii et beneficii appellatione remota compellas." [2a] Idem postea sancivit Clemens VIII: " Degentes extra conventum ad eum quamprimum revocentur, sublatis licentiis ac facultatibus hactenus quibuscumque concessis, nec de cetero nisi ex gravissima causa a Sede Apostolica probanda huiusmodi facultates concedi possint." [3] Quamobrem etiamsi nunc iuxta Codicem subditus extra claustra aliquando commorari possit, nihilominus requiritur: a) licentia Superioris; b) iusta ac rationabilis causa; c) non ultra sex menses absque licentia S. Sedis.

Licentia in casu intelligitur Superioris maioris, qui est diversus iuxta constitutiones cuiuslibet religionis. Constitutiones Fratrum Minorum haec declarant: " Ministri provinciales ad summum ad duos menses . . . et quidem ex gravi causa, possunt, licentiam morandi extra claustra suis subditis concedere. Quam licentiam Minister Generalis concedere nequit ultra sex menses, absque spe-

[2a] C. 7, X, *de officio iudicis ordinarii*, I, 31.

[3] Clem. VIII, decr. "*Nullus omnino*", 25 iul. 1599, § 19, § 32, Mon. Selecta Iuris Reg. 134-135; item S. C. C., decr. 21 sept. 1624, § 1, *ibid.* 173-174; Vermeersch, de Religiosis, II 142-145.

ciali S. Sedis facultate, nisi causa intercedat studiorum."[4] Quae tamen licentia semper intelligitur cum subditi depentia a propriis Superioribus. Ad rem recte animadvertit Raus: ". . . ipsam obedientiae promissionem, quam emittunt religiosi *in favorem Superiorum suorum legitimorum* et qua hi acquirunt potestatem dominativam proprie dictam, religionis voto superaddito corroborari ac sanciri. Ex tali vero obedientiae voto enascitur Superioribus competentibus jus strictum exigendi debitum promissionis etiam Deo factae, exercendo quasi potestatem vicariam nomine Dei; quae potestas sui generis vocatur a quibusdam nec immerito: potestas voti, seu ex voto."[5] Illicita proinde esset eiusmodi concessio ex parte religiosi Superioris, si illam praestaret suo subdito intuitu inchoandae exclaustrationis etiam ad interim, i. e. absque ulla amplius dependentia a religione. Ratio est, quia quilibet professus debet "non solum vota fideliter integreque servare, sed etiam secundum regulas et constitutiones propriae religionis vitam componere atque ita ad perfectionem sui status contendere.[6] Atqui exclaustratio etiam ad breve tempus suspendit hoc vinculum professum inter et religionem. Ergo nequit concedi "nisi a sola Sede Apostolica." Requiritur iusta ac rationabilis causa, quae relinquitur iudicio Superioris. Generatim reducitur ad maius bonum Ecclesiae, religionis vel ipsius religiosi. *Ecclesiae:* si ob penuriam sacerdotum dioeceseos Ordinarius indigeat auxilio religiosorum pro cura animarum. *Religionis:* si iuxta Superioris iudicium commoratio religiosi extra claustra revera est utilitati communitatis religiosae; sic professus morbo contagioso infectus melius in nosocomio aliquo collocatur, ne ceteri religiosi inficiantur. *Religiosi:* si medico speciali indigeat ad morbum quendam, puta visum curandum, nec in civitate ubi domus religionis sita est, talis medicus peritus invenitur; iusta est proinde causa ut tali in casu Superior maior permittat religioso ad interim in aliquo instituto sub vigilantia Superiorum commorandum.

Quae tamen licentia vi iuris limitata non potest prorogari ultra sex menses sine venia Apostolicae Sedis, excepta studiorum causa. Mens enim Ecclesiae est ut omnes religiosi "ad regulae, quam

[4] Regula et Constitutiones Ordinis Fratrum Minorum, Quaracchi 1922, n. 218.

[5] Raus, De Sacra Obedientia, I 103-104.

[6] Can. 593.

professi sunt, praescriptum vitam constituant et componant, atque in primis quae ad suae professionis perfectionem, ut obedientiae, paupertatis et castitatis, ac si aliae sunt alicuius regulae et ordinis peculiaria vota et praecepta, ad eorum respective essentiam, necnon ad communem vitam, victum et vestitum conservanda pertinentia fideliter observent."[6a] Qui finis huius Conc. Trident. dispositionis ut eo efficacius obtineatur, legislator Ecclesiae summus tribus distinctis canonibus nunc per vim legis eundem inculcat cum Superioribus tum etiam subditis.[7] In duobus prioribus inculcatur observantia votorum necnon vitae communis et quidem secundum regulas et constitutiones propriae religionis; per tertium autem separatum canonem adhuc pressius limitatur potestas Superiorum concedendi licentiam degendi extra claustra quoad subditos sibi commissos atque speciales inseruntur clausulae quae desiderabantur in legislatione Tridentina. Et quidem: 1) Cum Conc. Trident. de solis regularibus monialibusque loquitur, Codex omnes respicit, qui nunc veniunt sub nomine religiosorum;[8] verba enim canonis huius utpote extensiva comprehendunt omnes sodales qui in aliqua societate, "a legitima ecclesiastica auctoritate approbata . . . secundum proprias ipsius societatis leges, vota publica, perpetua vel temporaria, elapso tamen tempore renovanda, noncupant, atque ita ad evangelicam perfectionem tendunt."[9] 2) Limitatur proinde potestas Superiorum concedendi eiusmodi licentiam suis subditis non solum extra quamlibet religionem, verum etiam extra *domum propriae religionis;* 3) definitur quoque modus quem sequi abhinc debent Superiores in impertienda huismodi licentia: "ad tempus quo fieri potest brevius *secundum constitutiones";* 4) tandem limites indicantur quas Superiores etiam maiores transgredi non possunt: *pro absentia vero quae sex menses excedat* . . . 5) statuitur reservatio eiusmodi licentiae diuturnioris ultra sex menses quia tunc: "*semper Apostolicae Sedis venia requiritur.*"

Quae limitationes iuris proculdubio hunc ob finem factae sunt, ut e medio auferantur omnes religiosorum vagationes extra claustra et ita assequerentur ea quae iamdudum a Conc. Trident. erant proposita. Canonis huius particula "*semper*" quippe omnem ex-

[6a] Conc. Trident., sess. XXV., *de regularibus*, c. 1, Richter 394.

[7] Cfr. Can. 593; 594; 606.

[8] Cfr. Can. 488, 7°.

[9] *Ibid.* 1°.

cludit cuiuslibet Superioris concurrentiam ad licentiam ultra sex menses concedendam, et quidem in omni casu: etiamsi sit gravis et iusta causa, quae tamen religiosi extra *propriae religionis* commorationem ultra sex menses expostulat; neque diuturna infirmitas et collocatio in aliquo nosocomio sub cura alterius religionis exceptionem admittit; etenim clausula "*semper*" peremptoria est. De venia ultra sex menses ab Apostolica Sede petenda recte dicit Vermeersch-Creusen: "Venia itaque ista petenda est, etiam si mentis vel corporis infirmitas commorationem in hospitio necessariam faciat. Neque refert hospitium esse religiosorum, cum religiosi in *propriae* religionis domo habitare debeant." [10]

Quamobrem graviter illicite agerent Superiores qui ultra tempus sibi a constitutionibus propriae religionis concessum suis subditis permitterent vagari extra claustra per notabile tempus, quod non ultra triduum iuxta sensum communem accipi debet. Libenter subscribimus opinioni a cl. Vermeersch-Creusen propositae: "Notabile tempus erit si quis ultra duos vel tres dies extra claustra commorari voluerit. Ac minus grave est absentiam permissam diutius protrahere quam sine licentia abire et extra claustra manere." [11] Constitutiones tamen cuiuslibet religionis consulendae sunt.[12]

Dubium tamen videtur adesse quoad licentiam religiosorum iuris dioecesani commorandi extra claustra. Quaeri enim possit: requiriturne licentia etiam ab Apostolica Sede ad degendum extra propriam religionem ultra sex menses, vel sufficeretne licentia Ordinarii loci? Ratio dubitandi est, quia Ordinarius loci habet potestatem concedendi religiosis iuris dioecesani indultum exclaustrationis necnon saecularizationis.[13] Quapropter videtur prima fronte valere axioma tritum: "Qui plus potest, potest etiam minus." Attamen conclusio haec non valet; deest enim paritas analogiae ob clausulam: "pro absentia vero quae sex menses excedat, nisi causa studiorum intercedat, semper Apostolicae Sedis venia requiritur." Ergo etiam Ordinarii loci potestas coarctata est quoad religiosos iuris dioecesani sibi subiectos. Possunt quidem

[10] Vermeersch-Creusen, Epit. II 418. Cfr. etiam Leitner III 442; Fanfani 130; Egger 38.

[11] Vermeersch-Creusen, Epit. II 420.

[12] Quoad nostrates, cfr. Const. Gen. O. F. M., n. 218.

[13] Can. 638.

longioris absentiae licentiam religiosis concedere studiorum gratia; non autem ob aliam, etiam gravem et iustam causam quemadmodum supra dictum est. Recurrendum proinde esset etiam pro religiosis iuris dioecesani ad Sedem Apostolicam, si absentia religiosi sibi subiecti perduraret ultra sex menses.

Sex menses in casu intelliguntur non interrupti sed continui.[14] Quamobrem legi satis fit, si religiosus ante lapsum sex mensium ad propriae religionis domum reversus, et per longius tempus, puta per unum saltem mensem domi degens, et postea ob aliquam gravem et iustam causam iterum de licentia legitimi Superioris ad aliquod tempus, non tamen ultra alios sex menses abesse debuerit, puta: si ob relapsum in eundem morbum ipsi in nosocomium revertendum esset. Unius mensis intervallem omnino sufficere ad omittendam veniam ab Apostolica Sede petendam, posset colligi ob paritatem analogiae ex diversis clausulis alibi a S. Sede pro religiosis statutis.[15] Imo et brevius tempus in domo religiosa peractum a tali religioso sub obedientia Superioris posset sufficere si casus sit urgentior et non suppeteret tempus recurrendi ad S. Sedem ad licentiam obtinendam. Ratio est, quia in tali casu non agitur contra ius Apostolicae Sedi reservatum.

Quoniam igitur Codex explicitam tantum facit exceptionem studiorum et quaestuationis causa, quae iterum distinctis canonibus reguntur,[16] nulla ratio sufficiens adest ut religiosus aliquis ultra sex menses continuos extra domum propriae religionis permaneat absque licentia Apostolicae Sedis, v. g. ad sacra ministeria continuanda in paroecia ad interim religioso commissa, vel occupationem vocationi consentaneam iuxta finem Instituti continuandam. Ratio est, quia ad normam istius canonis "pro absentia . . . quae sex menses excedat . . . semper Apostolicae Sedis venia requiritur."[17] Quamobrem non possumus subscribere opinioni a Biederlack-Führich propositae: "Nihilominus tamen accidere potest, ut religiosi etiam per longum tempus extra propriam domum vivere cogantur, si e. g. ut parochi vel beneficiati alibi residere debeant."[18] Argu-

[14] Fanfani 130.

[15] Cfr. S. C. de Rel. decr. (de quaestuatione), 21 nov. 1908, I, n. 10, A. A. S., I 154; Can. 644, § 2.

[16] Quoad studia cfr. can. 587-591; quoad quaestuationem: can 621-624.— Cf. etiam Bargilliat II 258-263.

[17] Can. 606, § 2.

[18] Biederlack-Führich, 242.

menta contra talem innovationem introducendum desumuntur: 1) ex silentio legislatoris, qui praeter studia et quaestuationem, nullam mentionem facit de sacris ministeriis peragendis. 2) Ex eo quod iuxta dispositionem iuris alio canone sancitam: "beneficia saecularia nonnisi clericis e clero saeculari conferenda sunt, religiosa sodalibus illius religionis ad quam beneficia pertinent;"[19] quare iuxta hodiernam disciplinam cum regulares tum ceteri religiosi non possunt praefici beneficiis saecularibus, nisi talis religio speciale habeat privilegium e. g. Canonici Praemonstratenses.[20] 3) Quoniam Sancta Sedes etiam in talibus causis gravibus et iustis semper requirit, ut saltem duo alii religiosi cum parocho cohabitent. Ita legitur in Facultatibus post Codicem Legatis, Internuntiis et Delegatis Apostolicis ad decennium datis: "Concedendi in casibus particularibus vel ad tempus, Ordinariis dioecesanis facultatem praeficiendi paroeciis religiosos in defectu sacerdotum saecularium, de consensu tamen suorum Superiorum, et cum clausula ut saltem duo alii religiosi cum parocho cohabitent, servatisque in reliquis sacrorum canonum dispositionibus."[21] Ergo inutilis evaderet talis facultas extraordinaria nomine Apostolicae Sedis concessa, si sola Superioris legitimi venia sufficeret. Ergo concludendum est: pro quolibet casu requiri licentiam Apostolicae Sedis, si religiosus ultra sex menses continuos extra claustra remanere debeat.

Sed etiam breviores religiosorum commorationes extra claustra vi iuris nunc regentis prohibentur et quidem non ultra limites a constitutionibus expressas. In genere dicendum est: strictiores adesse sanctiones quoad religiosas quam religiosos, utique propter pericula maiora quibus exponuntur potius mulieres religiosae quam viri. Cum enim ius requirat pro religiosis causam gravem et iustam et veniam legitimorum Superiorum secundum constitutiones proprias, severe confirmatur regula iuris superioris quoad egressum monialium e monasterio etiam ad breve tempus.[22]

[19] Can. 1442.

[20] Cfr. Periodica XII (144).

[21] Facultates Nuntiis, Internuntiis et Delegatis Apostolicis consessae, cap. V, n. 48, Arregui 592; Periodica XII (144).

[22] Can. 601, § 1: "Nemini monialium liceat post professionem exire e monasterio, etiam ad breve tempus, quovis praetextu, sine speciali Sanctae Sedis indulto, excepto casu imminentis periculi mortis vel alius gravissimi mali.

Severior quoque sanctio iuridica habetur pro Sororibus quam viris religiosis iuris dioecesani. Egressus earum praeter ea quae praescribuntur a iure pro viris, specialibus adhuc clausulis munitur. Etenim cum Codex non urgeat obligationem de adiungendo socio extra claustra degenti religioso, id expresse statuitur pro mulieribus; casus necessitatis excipitur.[23] Possunt enim occurrere casus, quando Sorori extra claustra progredienti non possit socia adiungi, saltem cum gravi incommodo, puta: ob expensas viae ferreae notabiles quando Soror pergit domum, advocata per parentem in periculo mortis existentem. Item ad negotia maioris momenti pro domo religiosa egressa, non posset aliam secum assumere, quia altera Soror debet studiis vacare vel pueros sibi commissos docere. Sufficeret tali in casu associatio alterius feminae honestae vel etiam puellae. In his et similibus casibus debent tamen Antistae et Ordinarii locorum serio advigilare, ne abusus irrepant.

Proculdubio tamen, si agatur de longiore absentia a domo propriae religionis, non possunt religiosae singulae incedere, prout constat ex documento post Codicem ab Apostolica Sede edito quoad facultates Legatorum Apostolicorum: "Indulgendi Monialibus, in casu infirmitatis, aliisque iustis gravibusque de causis, ut extra claustra per tempus prudenti arbitrio praefiniendum manere possint, ita tamen ut cum associatione et assistentia suorum consanguineorum vel affinum aut alicuius honestae mulieris semper incedant, domi et alibi vitam religiosam ducant a virorum frequentia semotam, prout Deo sacratas virgines decet, firmo praescripto can. 639."[24] Quamquam documentum hoc directe loquitur de monialibus, occurrente tamen necessitate, valet etiam pro Sororibus votorum simplicium, si agatur de licentia commorandi extra claustra ultra sex menses et non suppetat tempus recurrendi ad S. Sedem. "Rationabilem esse istam interpretationem non diffitemur" abitratur cl. Vermeersch, cui opinioni possumus absque haesitatione subscribere.[25] Ratio est, quia iuxta principium: "qui plus potest,

§ 2: Hoc periculum, si tempus suppetat, scripto recogoscendum est a loci Ordinario."

N. B. Quoad poenam infligendam si de monialibus agatur cfr. can. 2342, 3°; quoad ceteros religiosis valet can. 2389.

[23] Can. 607.

[24] Facultates Nuntiis, Internuntiis et Delegatis Apostolicis post Codicem ab Apostolica Sede consessae, cap. V, n. 49, Arregui 592; Periodica XII 145.

[25] Vermeersch, Periodica XII (146).

potest etiam minus." Maior facultas requiritur pro licentia egrediendi extra claustra pro moniali quam pro simplici Sorore.

Quoad stipem colligendam per religiosos, iterum magis speciales latae sunt cautiones pro religiosis mulieribus quam viris.[26] Repetuntur enim implicite ea quae iam ante Codicis promulgationem sapienter ab Apostolica Sede statuta sunt, praesertim quoad Sorores: " Superiorissae, praesertim extra locum ubi domus habent, nunquam ad eleemosynas quaerendas mittant Sorores nisi binas, aetate et animo maturas, intra dioecesim non ultra mensem, extra dioecesim non ultra duos menses. . . . Singulae nunquam incedant, neque ab invicem separentur, nisi necessitate impellente . . . [Episcopo] cum pervenerint se sistant precesque adhibeant, ut intercedat pro invenienda hospitalitate apud aliquod pium feminarum Institutum, vel saltem apud aliquam honestam mulierem, nunquam vero in domo ubi possint in aliquod periculum offendere. . . . ."[27] Ex his ergo patet mens legislatoris reprobantis quaslibet inutiles vagationes religiosorum extra claustra; reservat quoque prudens legislator sibi ius concedendi quamlibet commorationem religiosi extra claustra, quae ultra sex menses continuous protrahi deberet, etsi ob gravem et iustam causam illa de licentia Superiorum fieri contingeret. Imo, etiam tempore perturbationis alicuius politicae, nequeunt religiosi pro lubitu ultra sex menses vagari sed necessario nebent esse etiam ad interim sub obedientia legitimorum Superiorum vel sub iurisdictione alicuius Ordinarii loci debent aliquam commorationem stabilem acquirere.[28]

[26] Cfr. Can. 623; 624.

[27] S. C. Ep. et Rel., decr. "*Singulare*", 27 mart. 1896, n. VIII, A. S. S., XXVIII 557; Vermeersch, De Religiosis, II 403.

[28] S. C. super disciplina regulari, decr. "*Regularium*", 5 aug. 1872, A. A. S., VII 410; ep. circ. ad *Superiores Ordinum*, 28 iun. 1872, A. A. S., VII 411-412; 10 aug. 1872, A. A. S., VII 412-413; Bouix I 353.

CAPUT II.

DE OBLIGATIONIBUS EXCLAUSTRATI.

Religiosus quilibet exclaustratus adhuc remanet membrum suae religionis, quamvis non totaliter. Magna quoque inducta est mutatio hac in re a Codice. Olim obligationes exclaustrationis (saecularizationis temporaneae) ab Apostolica Sede concessae potuerunt cognosci solummodo ex singulo indulto; nunc autem habentur in Codice normae quaedam universales, quae tamen possunt in casibus particularibus suppleri, imo, interdum supplendae sunt ob circumstantias diversas ratione personae, loci et temporis exclaustrationis. Vi iuris nunc vigentis nulla amplius habetur quoad exclaustrationem distinctio vota temporaria inter et perpetua; item religiosos inter et religiosas; neque inter regulares et ceteros religiosos. Quamvis Codex expresse agat tantum de iis qui obtinuerunt exclaustrationis indultum ab Apostolica Sede,[1] nihilominus conditio exclaustrati iuris dioecesani potest analogice circumscribi ab Ordinario loci vel etiam ampliari.[2] Communiter tamen vi iuris nunc vigentis obligationes exclaustrati sese extendunt: a) quoad votorum obligationes; b) quoad ceteras suae professionis obligationes; c) quoad exterioris habitus formae depositionem.

ART. 1. DE EXCLAUSTRATI VOTORUM OBLIGATIONE.

Quilibet religiosus vi professionis devincitur religioni, pro qua vota emisit neque liberatus est ab hoc vinculo professionis nisi expleto votorum tempore, vel dimissione ob iustas ac rationabiles causas vel per legitimam dispensationem.[3] Quamobrem etiam post obtentum exclaustrationis privilegium hoc vinculum per professionem contractum perseverat: "Qui indultum exclaustrationis ab Apostolica Sede impetravit, votis ceterisque suae professionis obligationibus . . . manet obstrictus."[4] Et sane; professio enim religiosa sequitur naturam legitimi contractus et iustitiae; quare "ar-

[1] Can. 639.
[2] Pont. Com. C. C. I., 12 nov. 1922, ad III, A. A. S., XIV 662.
[3] Can. 637; 1311.
[4] Can. 639.

bitrarius discessus vel transitus ad vota saecularia graves continet violationes iustitiae et virtutis religionis." [5] Quotiescumque conceditur alicui religioso facultas manendi extra claustra, ipse debet vitam suam ita componere ut vota servare *iuxta posse* valeat. Quoad votum castitatis nulla datur relaxatio; proinde exclaustrati tenentur ad vitanda omnia quae contraria sunt statui et personis Deo consecratis. Quodsi fortasse attentarent matrimonium vel etiam civilter contrahere praesumerent, si isti exclaustrati sint clerici maiorum ordinum vel sollemniter professi, incurrunt excommunicationem latae sententiae Sedi Apostolicae simpliciter reservatam; clerici praeterea, si moniti, tempore ab Ordinario pro adiunctorum diversitate praefinito, non resipuerint, degradentur. Quodsi sint professi votorum simplicium perpetuorum tam in Ordinibus quam in Congregationibus religiosis, omnes excommunicatio tenet latae sententiae Ordinario reservata.[6]

Quoad votum paupertatis conceditur exclaustrato quaedam relaxatio ob vitam propriam sustentandam. Quoniam non possit amplius vitam communem ducere, hancobrem debet proprio nomine bona temporalia sibi comparare ad expensas vitae necessarias vel utiles solvendas; dominium tamen rerum, si sit religiosus sollemniter professus, etiam extra claustra degens habere non possit, sed solummodo simplicem rerum usum. Ratio est, quia per sollemne paupertatis votum quilibet religiosus fit dominii incapax. Ex rerum adiunctis constituitur quilibet exclaustratus in suiipsius oeconomum seu procuratorem. Quamdiu proinde legitimus Superior ipsi providere nequeat, exclaustratus ipse sibi providere debeat eodem iure, quo oeconomus in monasterio legitime deputatus totius monasterii rem temporalem curat atque administrat, contractus emptionis, venditionis et donationis init. Nequit tamen exclaustratus sibi comparare res quae statui suo religioso repugnant vel omnino superfluae sunt; item non excusatur a peccato si in victu, vestitu, domicilio et huiusmodi, ingentes sumptus absque rationabili causa consumat. Nec eum excusaret, quod abunde ipsi obveniant res temporales vel pecunia, quia haec ipsi oblata, non sibi, sed communitati acquirit ad normam iuris: "Quidquid a religiosis . . . acquiritur . . . bonis domus, provinciae vel religionis admisceatur. . . ." [7] Si exclaustratus sit religiosus simpliciter professus, potest quidem res sibi acquirere, attamen non licite de

[5] Wernz III n. 649. [6] Can. 2388. [7] Can. 594, § 2.

iis disponere, "nisi aliud in constitutionibus cautum sit,"[8] sed de supremi Moderatoris venia, aut, si de monialibus agatur, de licentia Ordinarii loci et, si monasterium regularibus obnoxium sit, Superioris regularis. Ratio est, quia quilibet exclaustratus adhuc remanet dependens a suis Superioribus etiam quoad cessionem vel dispositionem bonorum vi professionis religiosae.[9]

Quoad votum obedentiae Codex etiam legem generalem statuit, quod omnis religiosus indultum exclaustrationis ab Apostolica Sede obtinens "Ordinario territorii ubi comoratur, loco Superiorum propriae religionis, subditur etiam ratione voti obedientiae."[10] Quamobrem loci Ordinarius non solum in eum exercet actus iurisdictionis, verum etiam ei praecipere potest vi potestatis dominativae. Per exclaustrationem enim votum obedientiae erga legitimos Superiores non tollitur, sed ad interim suspenditur et ad Ordinarium loci devolvitur.

Et haec conditio semper implicite contenta in rescripto subintelligi debet. Quaesitum enim est a S. C. negotiis religiosorum Sodalium proposita, "utrum religiosus habitu regulari dimisso extra claustra ad tempus degens indulto apostolico, cum facultate ab Episcopo obtenta celebrandi Missam et alia opera sacerdotis propria peragendi, subsit eidem Ordinario, ita ut episcopus habeat in eum iurisdictionem et auctoritativam et dominativam potestatem, quamvis in Rescripto desit consueta formula: Ordinario loci subsit in vim quoque solemnis obedientiae voti. Emmi autem ac Rmi Patres Cardinales sacrae eiusdem Congregationis, in plenariis Comitiis ad Vaticanum adunatis die 30 augusti 1912, praehabito duorum ex officio consultorum voto, et re mature perpensa, responderunt: Affirmative, facto verbo cum Sanctissimo. Sanctitas porro Sua, ad relationem infrascripti Secretarii, die 1 septembris 1912 responsionem Emmorum Patrum probare et confirmare dignata est. Contrariis non obstantibus quibuscumque.'"[11]

Art. II. De exclaustrati ceteris obligationibus.

Qui indultum exclaustrationis ab Apostolica Sede impetravit . . . ceteris suae professionis obligationibus, quae cum suo statu componi possunt, manet obstrictus.[1]

Exclaustratus quilibet remanet adhuc religiosus coram Deo et

[8] Can. 569.

[9] Can. 580, § 3.

[10] Can. 639.

[11] S. C. de Rel., 1 sept. 1912, A. A. S., IV 627-628.

[1] Can. 639.

foro ecclesiastico et qua talis tenetur iuxta posse ad implenda, etiam extra claustra degens, ea omnia pietatis officia quae in constitutionibus suae religionis praescripta sunt et cum vita sua in saeculo componi valaent. In genere vitam suam exteriorem et interiorem ita debet componere, ut ceteris in saeculo degentibus virtute et recte factis in exemplum excellere queat; neque eximitur ab iis mediis adhibendis, quae tendunt ad ipsius vitae perfectionem. Hae enim religionis obligationes, cum primario defluant ex professione erga Deum, remanent ut recte animadvertit Brandys, "in pleno robore erga Deum etiam post impetratam exclaustrationem."[2] Pro diverso tamen exclaustrati statu, diversae quoque habentur obligationes.

Exclaustratus, si sit clericus, tenetur obligationibus etiam communibus clericorum; item quoque iis, quae iure particulari respectivae dioecesis, ubi commoratur, praescriptae sunt.[3] Exclaustrati omnes ceteri debent, etiam in saeculo ad interim, omnes obligationes vitae religiosae adimplere, ut pro viribus conservare et fovere valeant statum quem Deo promiserunt. Quamobrem prorsus abstinere debent ab iis omnibus quae eorum statum dedecent. Possunt quidem omnibus modis honestis uti ad vitae propriae sustentationem, imo, durante exclaustrationis intervallo etiam occupationis contractum licite inire honestae sustentationis gratia, sicuti iuxta cuiusvis regionis morem aliquando fit, v. g. assumendo officium magistri in schola, vel coadiutoris in aliquo labore honesto vel instituto catholico. Prohibentur tamen etiam tempore exclaustrationis, assumere eiusmodi obligationes quae sacris canonibus contrariae sunt. "Nullo modo possunt indecoras artes exercere; aleatoriis ludis, pecunia exposita, vacare; gestare arma, nisi quando iusta timendi causa subsit; venationi, praesertim clamorosae, indulgere; tabernas aliaque similia loca sine necessitate aut alia iusta causa ab Ordinario loci probata ingredi."[4]

Omnia etiam quae, licet non indecora, a statu tamen religioso aliena sunt, vitare debent iuxta decreta iamdiu lata. Quamvis proinde ante professionem religiosam essent periti in arte medicinae vel chirurgiae, non licet ipsis durante exclaustrationis tempore

[2] Brandys 94: "Die Ordenspflichten Gott gegenüber bleiben bei solchen Professen auch nach Erlangung der Exklaustration im vollen Umfang bestehen."

[3] Can. 124, 127, 128, 130, 131.

[4] Can. 138.

"sine apostolico indultu medicinam et chirurgiam exercere. Officia publica, quae exercitum laicalis iurisdictionis vel administrationis, secumferunt, non licet ipsis assumere; item sine licentia sui Ordinarii non possunt inire gestiones bonorum ad laicos pertinentium aut officia saecularia quae secumferant onus reddendarum rationum; procuratoris aut advocati munus non possunt exercere, nisi in tribunali ecclesiastico, aut civili quando agitur de causa propria aut suae ecclesiae; in laicali iudicio criminali, gravem personalem poenam prosequente, nullam partem habeant, ne testimonium quidem sine necessitate ferentes." [5]

Quae pariter ab Apostolica Sede statuta sunt quoad religiosos de non capessenda militia saeculari, exclaustrati observare debent. Quodsi fortasse adhuc in ea aetate constituti fuerint, ut secundum leges respectivi territorii militiae inservire debeant, id non possunt facere voluntarii, "nisi cum sui Ordinarii licentia, ut citius liberi evadant; neve intestinis bellis et ordinis publici perturbationibus opem quoquo modo ferant." [6] Exclaustrati quoque debent omnia vitare, quae clericis prohibita sunt turpis lucri gratia. Prohibentur proinde "per se vel per alios negotiationem aut mercaturam exercere sive in propriam sive in aliorum utilitatem." [7]

Quae tamen pietatis officia in constitutionibus suae religionis praescripta sunt, iis etiam extra claustra degentes pro viribus suis vacare debent. Quare obstringuntur quotannis spiritualibus exercitiis vacare tempore secundum ipsorum conditionem magis opportuno. Aliis pietatis officiis, quae a regula et constitutionibus praescribuntur, sedulo incumbere tenentur. "Legitime non impediti quotidie Sacro intersint; orationi mentali vacent. Ad poenitentiae sacramentum semel saltem in hebdomada accedant; frequens autem, imo etiam quotidianus accessus ad sanctissimam Eucharistiam ipsis rite dispositis pateat." [8] Neque possunt a ieiuniis et aliis eiusmodi obligationibus sese immunes considerare. Ratio est, quia religiosi exclaustrati non possunt sibi alias a vita religiosa relaxationes vindicare, nisi eas quae in ipsorum indulto expressae sunt. Iamvero Apostolica Sedes in rescriptis suis non eximit huiusmodi exclaustratos ab obligationibus, quae cum ipsorum statu componi

[5] Can. 139, § 2, § 3.

[6] Can. 141; S.C. Immunit., 22 aug. 1843, A. S. S., IV 392; S. C. C., 12 iul. 1900, A. S. S., XXXIII 53-54.

[7] Can. 142.

[8] Can. 595.

valeant. Ergo etiam extra claustra degentes ad eas adstringuntur, quia obligationibus essentialibus religiosorum adhuc ligantur.[9] Quodsi fortasse ob infirmitatem vel aliam causam gravem id praestare non valerent, speciale, pro casu existenti, indultum implorent necesse est.

Art. III. De exclaustrati officio divino.

Communis Doctorum doctrina est, obligationem recitandi divinum officium oriri non solum ex titulo ordinis sacri vel ex titulo beneficii ecclesiastici, verum etiam ex titulo religionis choro adscriptae.[1] Ad rem ita cl. Ferraris: "Titulo religionis professae choro adstrictae obligantur sub mortali ad recitandum divinum officium, seu horas canonicas, sive publice in choro, sive privatim, omnes ac singuli regulares (exceptis novitiis et laicis seu conversis), qui profitentur religionem choro adstrictam, et ratione generalis consuetudinis, quae in omnibus religionibus choro addictis cum tali obligatione accepta est, quamvis ad id non sint obligati, nec ex vi beneficii non habiti, nec ex vi regulae aut voti. . . . Et ratio est, quia universalis consuetudo habet vim legis obligantis sub mortali; talis autem consuetudo in religionibus choro adstrictis est communiter recepta sub tali obligatione ex fere communi sensu doctorum, quibus in moralibus standum est. . . ."[2] Quibus praemissis, inquirendum est ad quidnam teneantur religiosi indulto exclaustrationis fruentes quoad officium divinum.

Exclaustrati omnes in ordinibus maioribus, etsi sint tantum simpliciter professi, tenentur ad officium divinum ratione ordinis sacri, et quidem vi legis ecclesiasticae: "Clerici in maioribus ordinibus constituti, exceptis iis de quibus in can. 213, 214, tenentur obligatione quotidie horas canonicas integre recitandi secundum proprios et probatos liturgicos libros."[3] Exclaustrati autem sollemniter professi, si sint clerici in ordinibus sacris, ad idem tenentur duplici ex titulo: scilicet tum ordinis sacri, cum etiam ex titulo professionis sollemnis; si sint clerici in maioribus ordinibus, vel ad clericatum destinati, attamen sollemniter professi, ad officium

[9] Can. 639; 595.

[1] Ojetti, v. *Horae Canonicae;* Ferraris, v. *Officium Divinum,* art. I, n. 18; Mocchegiani II 1.

[2] Ferraris, v. *Officium Divinum,* art. I, n. 38.

[3] Can. 135.

divinum obligantur vi solius professionis sollemnis: "Qui indultum exclaustrationis ab Apostolica Sede impetravit, votis ceterisque suae professionis obligationibus . . . manet adstrictus."[4]

Olim dubitabatur, utrum necne etiam religiosae votis sollemnibus obstrictae teneantur sub gravi, vi suae professionis ad recitationem divini officii suo institutio proprii. Ad quae elucidanda S. C. Ep. et Reg. ad dubium solvendum ab Episcopo Cenomanensi generice propositum, duas instituit quaestiones: 1. Utrum moniales teneantur sub gravi officium divinum publice in choro recitare; 2. Utrum pariter sub gravi teneantur idem officium privatim recitare cum nequeunt choro interesse.—"Emi Patres, referente Emo Polidori, rescripserunt: Affirmative quoad moniales vota sollemnia professas iuxta regulam ab Apostolica Sede approbatam, in qua huiusmodi onus imponitur. Si autem tale onus in regulis non imponatur, Orator consulat probatos auctores relate ad obligationem, quae ex consuetudine oriri potest. Ubi vero vota simplicia sint, non teneri."[5] Exstat quoque aliud decretum, scilicet S. Poenit., vi cuius declaratum est: "Moniales votis sollemnibus obstrictas teneri sub gravi quotidie officium divinum recitare ex consuetudine iam praescripta."[6] Quamobrem etiam religiosae sollemniter professae post impetratum exclaustrationis indultum tenentur ad privatam recitationem divini officii et quidem sub gravi. Etenim ex una parte, etiam per indultum exclaustrationis non solvuntur ab obligationibus suae professionis;[7] altera autem ex parte etiam Codex nunc normam generalem statuit: "In religionibus sive virorum sive mulierum, quibus est chori obligatio . . . sollemniter professi qui a choro abfuerunt, debent, exceptis conversis, horas canonicas privatim recitare.[8]

Vi canonis modo citati excipiuntur conversi omnes sollemniter professi a choris canonicis; attamen non solvuntur ab obligatione persolvendi certas preces, si haec obligatio ipsis vi regulae imponatur. Ad quae explicanda iuvat adducere quae scripsit Ferraris hac de re: "Laici autem conversi, licet sint religionem professi, tamen per professionem non ad chorum, sed ad exercitia corporalia monasterii recipiuntur et deputantur. Unde si ex propria regula

[4] Can. 639.

[5] S. C. Ep. et Reg., 19 apr. 1844, Bizzarri 495-497; A. S. S., XV 255.

[6] S. Poenit., 26 nov. 1852, Mocchegiani II 5.

[7] Can. 639.

[8] Can. 610, §1, §3.

non sint obligati ad recitationem aliquarum precum, seu auditionem missae, vel huiusmodi loco officii, ad id non tenentur, ut tenent communiter doctores. In illis autem religionibus, ubi propria regula obligat laicos seu conversos ad consimilium precum recitationem, vel huiusmodi . . . ad illas tenentur, sicut ad alia praecepta propriae regulae."[9] Revera in quibusdam Ordinibus, non solum clerici, verum etiam et fratres laici seu conversi sollemniter professi obligantur ad quasdam determinatas preces, et quidem quotidie sub gravi etiam privatim persolvendas, prout fit iuxta regulam Fratrum Minorum.[10] Ergo etiam hi obligationi illi adstricti remanent non obstante exclaustrationis indulto. Ratio est, quia eiusmodi obligatio oritur ex regula. Apostolica Sedes autem eis concedendo exclaustrationis indultum, non eximit a respectivis professionis obligationibus: "Qui indultum exclaustrationis a Sede Apostolica impetravit votis ceterisque suae professionis obligationibus . . . manet obstrictus."[11] Ergo remanet eiusmodi obligatio preces etiam tempore exclaustrionis privatim recitandi vi regulae ipsis imposita.

Quilibet exclaustratus proinde ad horas canonicas obligatus debet, etiam indulto exclaustrationis perdurante illo uti brevario, quod suae religioni ab Apostolica Sede est concessum.[12] Sine indulto apostolico enim neque aliorum religiosorum officium assumere, neque horas canonicas iuxta eorum ritum recitare valet, licet apud ipsos in eorum monasteriis degat.[13] Ex positiva enim Apostolicae Sedis legislatione, clericus in ordinibus sacris constitutus, qui sponte vel invitatus sese adiungit clero, officium ab officio ipsius clerici diversum recitanti, generaliter non satisfacit suae obligationi.[14] Iuxta concessionem tamen Pii IX clerus qui exercitia spiritualia peragit in domo et sub directione sacerdotum Societatis Iesu, officiis iuxta Kalendarium domus dictae Societatis uti potest.[15] Quapropter etiam exclaustratus, exercitiis spiritualibus in praedictis domibus vacans, posset uti hoc privilegio. Reliqui

[9] Ferraris, v. *Officium Divinum*, art. I, n. 38-39.

[10] Reg. Fratrum Minorum, cap. III; Ferraris, v. *Officium Divinum*, art. I, n. 38; Mocchegiani II 3.

[11] Can. 639.

[12] S. R. C., 27 sept. 1873, Decr. auth. n. 3310.

[13] S. R. C. 28 aug. 1846, Decr. auth. n. 2917.

[14] S. R. C., 27 ian. 1899, Decr. auth. n. 4011.

[15] S. R. C., 21 maii 1897, Decr. auth. 3955.

exclaustrati vero, quorum religio, utitur breviario mere romano, aequiparantur quoad choras canonicas persolvendas clero saeculari; quare etiam sequi debent ordinem illius dioecesis clero saeculari assignatum.[16] Qui ergo in aliqua dioecesi domicilium fingunt, vel animum habent ibi permanendi per maiorem anni partem, tenentur sequi kalendarium dioecesis cuius subditi fiunt.[17]

Quia tamen etiam in eiusdem formae breviarii recitatione diversa kalendaria adhibentur, quaestio ulterius expendi debet, cuinam kalendario exclaustrati adhaerere debent. Iamvero regula generalis est, quod omnes exclaustrati sollemniter professi sive sint in maioribus sive in minoribus ordinibus constituti, item moniales obligatae ad officium divinum privatim persolvendum, teneantur sequi kalendarium proprium respectivae provinciae religionis, cui adscripti erant.[18] Quamobrem etsi Ordinario loci, durante exclaustrationis indulto subiecti, neque kalendario dioecesano adhaerere, neque recitare officia mere dioecesana valent, praeter illa quae respiciunt Patronos loci principales atque Titulare et Dedicationis Ecclesiae cathedralis, vel quae utrique clero sunt indulta;[19] attamen sine octava respectivorum Patronorum et Titularium.[20] Leitner opinatur, exclaustratos in ordinibus maioribus constitutos, votorum tamen temporariorum, sequi posse aut kalendarium propriae provinciae religionis aut propriae dioeceseos.[21] Qui ergo alibi domicilium fingunt, aut pergunt animo ibi permanendi per maiorem anni partem, possunt sequi kalendarium dioeceseos, ad quam divertunt, cum eius subditi ad interim fiunt.[22] Quodsi exclaustrati etiam extra propriam dioecesim versentur animo ad eam redeundi, possunt conformari officio loci, in quo morantur, sed non tenentur.[23] Melius autem suum officium retinent exclaustrati sacerdotes,

[16] Ferreres, Comp. Theol. Moralis, II 45.

[17] S. C. R., 14 maii, 1672, Decr. auth. n. 1445.

[18] S. R. C., 27 sept. 1873, Decr. auth. n. 3310.

[19] S. R. C., 20 martii 1683, ad 1, Decr. auth. n. 1708.

[20] Rubr. gen. brev. romano-seraphici, tit. IX n. 3; S. R. C., 28 febr. 1914; A. A. S., VI 118-119.

[21] Leitner III 452: "Haben sie erst zeitliche Gelübde abgelegt, so können sie sich u. E. an beide Kalendarien halten: an das der Ordensprovinz und an das der eigenen Diözese."—Cui opinioni etiam adhaeret Bączkowicz I 583.

[22] S. R. C., 14 maii 1672, Decr. auth. n. 1445.

[23] S. R. C., 12 nov. 1831, (ad 46), Decr. auth. n. 2682.

qui munere parochi vel cooperatoris ad interim funguntur et certae ecclesiae ligantur; vel ii qui per breve tempus alibi morantur.[24]

Quoad Missae celebrationem, sacerdotes omnes indulto exclaustrationis fruentes, nunc stare debent regulae, quae ponitur inter rubricas Missalis: "Omnes et singuli sacerdotes, tam saeculares quam regulares Missas, etsi regularium proprias, omnino celebrent iuxta Kalendarium ecclesiae vel oratorii publici, in quo celebrant; exclusis tamen peculiaribus ritibus ordinum et ecclesiarum propriis. Idem servetur in oratorio semipublico. . . ."[25] Vi huius rubricae ergo exclaustratus ab Ordinario receptus et alicui ecclesiae adscriptus qua paroeciae administrator, praeter breviarium sibi proprium potest quoque Missae celebrationem peragere iuxta ritum sui Ordinis peculiarem; neque Ordinarius loci eidem sacerdoti in celebratione Missarum peculiarem illum ritum prohibere potest.[26] Verumtamen kalendarium dioecesanum sequi debet nec licet ipsi, ubi Missa de communi est, summere Missam suam propriam, et ne quidem symbolum ex proprio officio addere.[27] Ratio est, quia ecclesia exclaustrato concredita non est adscripta religioni, sed religioso ut personae privatae ad tempus per indultum exclaustrationis definitum; ergo eo privilegio non gaudet, quod conceditur ecclesiis alicui religioni adscriptis sive in perpetuum sive ad tempus indefinitum.[28]

Art. IV. De exterioris habitus religiosi depositione.

Quemadmodum ceterae exclaustrationis conditiones per Codicem immutatae sunt, ita etiam illa de exterioris habitus depositione. Codex enim universalem nunc statuit normam: "Qui indultum exclaustrationis ab Apostolica Sede impetravit . . . exteriorem tamen debet habitus formam deponere."[1]

[24] Ib. ad 46; Wappelhorst, n. 254, 4.

[25] Additiones et variationes in rubricis Missalis and normam bullae "Divino afflatu", IV, 6.

[26] S. R. C., 27 sept. 1873 ad 2, Decr. auth n. 3310; S. R. C., 27 iunii 1896, ad 17, Decr. auth. n. 3919.

[27] S. R. C., 3 iul. 1896, ad 3, Decr. auth. n. 3924; S. R. C., 11 febr. 1910, Decr. auth. n. 4248.

[28] S. R. C., 15 dec. 1889, Decr. auth. n. 4051; 22 april. 1910, Decr. auth. n. 4252.

[1] Can. 639.

Ante Codicem obligatio haec non erat universalis et solummodo potuit erui ex tenore indulti. Aliquando enim S. C. de Rel. permisit, ut saecularizatus ad tempus (nunc exclaustratus) posset retinere habitum religiosum.[2] Privilegium hoc exclaustrato praesertim tunc concedebatur, si religio illi faveret eumque commendaret.[3] Experientia tamen duce per plura saecula, Apostolica Sedes ideo nunc hanc uniformem induxit praxim ut consulatur decori status religiosi, quatenus, si quae minus decentia ab exclaustratis committantur, ea non iam religioso qua tali imputari possint.

Vi huius canonis quilibet ab Apostolica Sede impetrans exclaustrationis indultum debet exteriorem habitus religiosi formam deponere. Quapropter comprehenduntur hac lege omnes utriusque sexus religiosi tum iuris pontificii tum iuris dioecesani; illi quidem primario et per se: quia de iis directe agit positiva iuris dispositio; hi autem indirecte et per extensionem comprehenduntur sub hac canonis clausula, si nempe exclaustrationis indultum directe ab Apostolica Sede sibi procurent. Legislator enim uniformitatis causa vult utriusque iuris religiosos comprehendere hac clausula, nullo respectu habito ad religiosi naturam iuridicam. Comprehenduntur quippe et exclaustrati iuris dioecesani hac clausula canonis, si directe ab Ordinario loci obtineant exclaustrationis indultum. Quaesitum enim fuit a Pont. Com. ad Cod. can. authentice interpretandos: "Utrum qui indultum exclaustrationis ab Ordinario loci obtinuerunt, teneantur conditionibus appositis in can. 639?" Et responsum fuit: Affirmative, salva Ordinarii potestate concedendi exclaustrato ob rationes particulares facultatem retinendi habitum religiosum."[4] Vi huius responsi ergo relinquitur prudenti Ordinarii loci arbitrio utrum necne exclaustrato iuris dioecesani permittenda sit retentio exterioris habitus religiosi forma; item utrum necne sit ratio ad id permittendum in casu particulari. Neque generatim tale indultum etiam ab Ordinario loci sit omnibus exclaustratis concedendum, sed per modum exceptionis: "*ob rationes particulares.*" Per se patet: hic agi solummodo de exclaustrato iuris dioecesani qui indultum exclaustrationis directe obtinuit ab Ordinario loci tantum. Quodsi idem exclau-

[2] Santi-Leitner III 339.—Exemplum habetur apud Bizzarri 52.
[3] Appeltern 117; Santi-Leitner III 339.
[4] Pont. Com. C. C. I., 12 nov. 1922, ad III, A. A. S., XIV 662.

stratus obtinuerit indultum remanendi extra claustra immediate ab Apostolica Sede, iam non posset Ordinarius loci uti hac facultate sibi concessa. Ratio est, quia lex de exterioris habitus religiosi depositione vi can. 639 est generalis. "A generalibus exclesiae legibus Ordinarii infra Romanum Pontificem dispensare nequeunt, ne in casu quidem peculiari, nisi haec potestas eidem fuerit explicite vel implicite concessa. . . ."[5] Ergo si in rescripto indulti ab Apostolica Sede alicui religioso iuris dioecesani concesso desit mentio de Ordinarii loci facultate permittendi habitum religiosum perdurante exclaustrationis intervallo, Ordinarius loci non potest uti hac facultate sibi aliunde concessa.

Nova haec iuris dispositio sese extendit solummodo *ad exteriorem habitus religiosi formam.* Ad rem recte animadvertit Fanfani: "quod forsan respective ad interiores vestes laneas aut alterius speciei a regulis praescriptas videtur dictum vel etiam respective ad parvum habitum religionis, *scapulare* appellatum, quem tertiarii sub vestibus deferre solent."[6] Nihil proinde obstat per se, quominus exclaustratus, de venia suorum Superiorum, posset portare habitum religionis interiorem sive id veniat nomine scapularis sive illarum vestium lanearum. Ratio est, quia etiam ante Codicem id non prohibebatur, sed e contra omnibus saecularizatis imponebatur et quidem vi consuetae conditionis: ". . . ut orator in saeculo extra suae religionis claustra in habitu clericali vel si agatur de clerico vel laico converso decenti saeculari, quoad vixerit, commorari licite possit et valeat, . . . retentoque interius ad excitandam iugiter istius obligationis memoriam aliquo sui habitus regularis signo . . ."[7] Quae licentia deferendi habitum religionis interiorem exclaustratis concedi posset a Superioribus ob rationes particulares respectu habito ad exclaustrati conditionem. Neminem latet quam durum sit interdum infirmis laicis, qui nullo vitae religiosae taedio afficiuntur, omnem religiosi habitus formam deponere et per plures annos in aliquo noscomio commorari absque ullo propriae religionis habitu. Quapropter, si decori status religiosi sufficienter provideri possit, ut fit in catholicis institutis, nihil obstare videtur, quominus Superiores ecclesiastici interiorem reli-

[5] Can. 81.

[6] Fanfani 188.

[7] A. S. S., II 114; IV 339; IV 389; Anal. Eccl. II 416; Appeltern 117; Santi-Leitner III 339.

gionis habitum exclaustratis in tali casu particulari permittant. Dicitur: *in particulari casu,* quia aliquando expedit ne decus status religiosi detrimentum capiat, praesertim si habitus religionis interior non multum differt ab externo ut habetur in Ordine Fratrum Minorum, ubi tunicae fere eiusdem coloris et dimensionis sunt ac habitus exterior. Quae assertio valet non solum de exclaustratis, verum etiam de iis qui in tali instituto ultra sex menses de licentia Apostolicae Sedis permanere debent. Iuxta quosdam auctores "Praesens usus S. Congregationis de Religiosis habet ut etiam istis quibus talem licentiam, postulantibus Superioribus, concedit, vestes religiosas auferri iubeat."[8] Scapulare tamen, quia est parvum habitus religiosi signum, possit facile permitti in omni casu, quia facile celari valet.

Quidquid sit de habitu interiori, quod relinquitur prudenti arbitrio Superiorum in casu particulari, nihilominus omnino certum est: exclaustratum nullo modo posse exteriorem habitus religiosi formam occulte sub vestibus saecularibus deferre. Mens legislatoris clara est, quia adhibet formulam: "exteriorem tamen debet habitus religiosi formam *deponere.*" Ergo non sufficit occultare, ut notant auctores.[9] Cuius dispositionis iuris ratio manifesta est; vult enim Apostolica Sedes ex una parte exclaustratum privare habitu religioso in poenam, si ipse postulaverit exclaustrationis indultum; altera autem ex parte consulit conditioni innocentis, ne pravi homines illi illudant et misero novam miseriam addant, cum fortasse citra suam culpam vitam agere deberet inter amatores huius saeculi.

Quae clasula iuris de exterioris habitus depositione, nunc per Codicem exclaustratis imposita, dicenda sit optima, quia tendit ad uniformitatem introducendam quoad omnes exclaustrationis indultum obtinentes ab Apostolica Sede; nulla enim exceptio permittitur vi Codicis. Aliunde experientia teste, etiam tendit ad magis consulendum decori status religiosi, quia reservatur habitus religiosus vitam communem ducentibus. Consulitur itaque abusibus quoque, qui committi possent ab exclaustratis retento habitu exteriori. Qui modus agendi ab Apostolica Sede nunc pro exclaustratis praescriptus, consulto tendit ad maius bonum publicum, posthabito per accidens bono exclaustrati privato.

[8] Vermeersch-Crusen, Epit. I 322.

[9] Fanfani 188; Schäfer 343.

Neque contrarium aliquid egit Apostolica Sedes, concedendo potestatem Ordinariis loci, ut ipsi permittant exclaustratis iuris dioecesani aliquando retinere habitum religiosum exteriorem. Iuxta responsum Pont. Com. C. C. I. id permitittur "ob rationes particulares," [10] quae aliquando eiusmodi esse possunt ut potius mitigare valeant conditionem exclaustrati innocentis. Quodsi fortasse ille vellet hoc privilegio abuti, praesto erit item Ordinarii loci auctoritas ad quoslibet abusus eliminandos. Quae exceptio potius confirmat regulam Ecclesiae matris providae in casu particulari.

Quae olim de saecularizati vestimentis per varia rescripta Apostolicae Sedis sancita sunt, ea quoque nunc servanda sunt, scilicet ut degant etiam "extra claustra in habitu clericali, vel decenti saeculari." [11] Quae enim canonibus disposita sunt de religiosis in genere, etiam exclaustratis applicantur. Quapropter "obligationibus communibus clericorum . . . etiam religiosi omnes tenentur, nisi ex contextu sermonis vel ex rei natura aliud constet." [12] Semper autem Apostolica Sedes praecepit, ut "omnes clerici decentem habitum ecclesiasticum, secundum legitimas consuetudines et Ordinarii loci praescripta deferant, tonsuram seu coronam clericalem, nisi recepti populorum mores aliud ferant, gestent, et capillorum simplicem cultum adhibeant." [13] Qui tamen non erant in religione clerici, obligantur solummodo ad deferendum habitum saecularem decentem et suae conditioni consentaneum.

[10] Responsum Pont, Com. C. C. S. habetur supra pag. 105.
[11] A. S. S., II 114.
[12] Can. 592.
[13] Can. 136, § 1.

CAPUT III.

DE EXCLAUSTRATI PRIVATIONE PRIVILEGIORUM.

Exclaustrationis effectus primarius procul dubio est privatio privilegiorum, quibus spoliatur religiosus a momento quo acceptat exclaustrationis indultum. Quamvis ipsi competant privilegia clericorum communia perdurante exclaustratione, et quibus renuntiare nequit,[1] nihilominus non potest sibi vindicare, quae solent a canonistis appellari privilegia religiosi realia, personalia et mixta.[2] Ratio est, quia ubi primum renuntiat obedientiae legitimi Superioris religiosi, statim transit sub auctoritatem Ordinarii territorii quem elegit pro sua commoratione perdurante exclaustrationis indulto.[3] Religiosus enim acephalus in iure non admittitur: "Quemlibet clericum oportet esse vel alicui dioecesi vel alicui religioni adscriptum, ita ut clerici vagi nullatenus admittantur."[4] Quamobrem non solum clerici, verum etiam et exclaustrati laici immediate transeunt sub iurisdictionem et potestatem dominativam Ordinarii loci,[5] et nulla privilegia sibi vindicare possunt titulo exemptionis vel favoris a iure respectivae religionis sodalibus concessa; Codex enim simplici clausula haec enuntiat: "Qui indultum exclaustrationis ab Apostolica Sede impetravit . . . perdurante tempore indulti. . . . Ordinario territorii ubi commoratur, loco Superiorum propriae religionis, subditur etiam ratione voti obedientiae."[6]

ART. I. DE EXCLAUSTRATI CARENTIA VOCIS ACTIVAE ET PASSIVAE.

Religiosi cuiuslibet habilitas, quae efficit ut ipse possit eligere vel eligi in capitulo, et quae iuridice venit sub nomine vocis activae et passivae, merito vocari possit praerogativa religiosi primaria. Privatio vocis activae et passivae econtra possit vocari mors reli-

[1] Can. 614; 123.

[2] Łyszczarczyk 3: "Reale privilegium, quod directe et immediate alligatur rei, loco, muneri dignitati et respectu eorum in personas redundat; personale, quod proxime et immediate personae physicae conceditur, cum hac expirans; mixtum, quod rei simul et personae conceditur, quale censetur privilegium conmunitati concessum."

[3] Can. 639. [4] Can. 111, § 1. [5] Can. 639. [6] Can. 639.

giosi moralis. Quamvis variae hac in re sint constitutionum dispositiones diversis in religionibus, nihilominus semper ius commune tuebatur, et etiam nunc Codex apprime tuetur hoc religiosorum privilegium personale atque vult, ut omnes modo aequali illud assequi valeant et ita mediante illo conducant ad bonum religionis commune. Quamobrem ad uniformitatem quamdam introducendam inter varias in Ecclesia existentes religiones, Codex hanc generalem proponit normam: "Professi a votis temporariis . . . voce activa et passiva carent, nisi aliud in constitutionibus caveatur; tempus autem praescriptum ad fruendum voce activa et passiva, silentibus constitutionibus, computetur a prima professione."[7] Quid clarius de habilitate cuiuslibet religiosi ad vocem activam et passivam? Etsi durantibus votis temporariis ad suffragia in capitulo ferenda non semper admittatur, nihilominus virtualiter iam agnoscitur ipsius ius personale in religione. Imo, iuxta iuris normas, privatio vocis activae et passivae est res odiosa et nonnisi in poenam religiosis delinquentibus applicari possit.[8] Quare usu iam diu invaluit in omnibus religionibus, ut nonnisi ob delicta graviora, iuridice delinquenti probata, infligatur poena "privationis vocis activae et passivae." Ad abusus quoque quoslibet praecavendos, iamdiu in constitutionibus aliquarum saltem religionum explicite et taxative proponuntur casus, pro quibus tantum licet Superioribus infligere hanc poenam religiosis odiosam, quae consistit in privatione vocis activae et passivae et inhabilitate ad officia sive in perpetuum sive ad tempus.[9] Quilibet exclaustratus, sive voluntarie impetret exclaustrationis indultum, sive omnino innocens sit hac in re, privatur ad interim hoc privilegio. Legislator enim non attendit ad casus particulares, neque discernit utrum necne exclaustratus dolo vel culpa exclaustrationis indultum sit assecutus; haec omnia relinquit iudicio privatorum. Ipse, solummodo bono communi prospicere volens, normam statuit peremptoriam: "Qui indultum exclaustrationis ab Apostolica Sede

[7] Can. 578, § 3.

[8] Can. 167; 2291, 11.°; 2331, §2; 2236, §1; 2342, 2°; 2347, 2°; 2360, § 2; 2368, § 1. etc.

[9] Cfr. e.g. Constitutiones O.F.M., n. 358; 371; 378; 382; 383; 424.—Imo ibidem n. 384 cavetur: "Declaramus tamen, omnes privationes . . . a fratribus non incurri, nisi post legitimam Praelati sententiam condemnatoriam vel criminis declaratoriam."

impetravit . . . perdurante tempore indulti caret voce activa et passiva."[10]

Canonis modo citati lex proinde comprehendit omnes exclaustrationis indultum impetrantes cum iuris pontificii tum etiam iuris dioecesani, si directe illud ab Apostolica Sede obtinuerint. Quid autem iuris, si religiosi iuris dioecesani ab Ordinario loci exclaustrati sint? Potuit merito dubitari, quia legislator solummodo loquitur in citato canone de iis "qui indultum exclaustrationis ab Apostolica Sede impetrarunt. . . ." Ad omne dubium tollendum, Pont. Com., interrogata hac de re, authenticum dedit responsum etiam quoad exclaustratos iuris dioecesani auctoritate Ordinarii loci. Proposita enim fuit haec quaestio: "Utrum qui indultum exclaustrationis ab Ordinario loci obtinuerunt, teneantur conditionibus appositis in Can. 639? Et responsum fuit: Affirmative, salva Ordinarii potestate concedendi exclaustrato ob rationes particulares facultatem retinendi habitum religiosum."[11] Quamobrem cum tantum mentio fiat de permittendo habitu, ceterae omnes conditiones ligant etiam exclaustratos iuris dioecesani obstinentes exclaustrationis indultum ab Ordinario loci. Et sane; finis enim religionum omnium est bonum commune assequendum. Ad hoc autem bonum commune obtinendum debent omnes religiosi viribus communibus concurrere. Id autem fieri nequit, nisi alii in communitate portent honores, alii onera, alii demum et honores et onera. Ergo sana ratio dictat: neminem extra claustra vi indulti commorantem debere religionis honores atque commoda exquirere cum non portet eius onera. Merito proinde voluit legislator omnes exclaustratos privare iure suffragandi et emolumentis inde capiendis. Voce activa concurrendo, interdum minus habiles eligerentur ad maiora religionis officia, qui vicissim exclaustrato faverent ob opus sibi praestitum; per vocem passivam, ipse exclaustratus eligeretur ad religionis officia et inde maxima reportaret commoda; in utroque tamen casu id vergeret in damnum religionis et disciplinae religiosae relaxationem iuxta illud S. Gregorii M.: "Languente enim capite membra incassum vigent et in exploratione hostium frustra exercitus velociter sequitur, si ab ipso duce itineris erratur."[12] Optime ergo per exclaustrati privationem vocis

[10] Can. 639.
[11] Pont. Com. C. C. I., 12 nov. 1922, ad III, A. A. S., XIV 662.
[12] S. Gregorius M., Reg. Pastoral., parte II, cap. 7, M P L LXXVII 39.

activae et passivae consulitur disciplinae religiosae, ne spiritus mundanus noceat vitae communi et quae eam sequitur: adimpletioni votorum. Merito Conc. Tridentinum inculcans reformationem monasteriorum et urgens ut regulares omnes ad regulae, quam professi sunt, praescriptam vitam instituant, enuntiat: ". . . quum compertum sit, ab eis non posse ea, quae substantiam regularis vitae pertinent, relaxari. Si enim illa, quae bases sunt et fundamenta totius regularis disciplinae, exacte non fuerint conservata, totum corruat aedificium necesse est." [13]

Effectus huius privationis duplex est: concommitans et subsequens. Quoniam exclaustratio secumfert relaxationem vitae religiosi in casu particulari, merito timendum est, ne exclaustratus abutatur officio quod adhuc actu tenet. Quare ubi primum acceptat exclaustrationis indultum ipso facto vacat quodlibet ipsius officium et munus in religione absque ulla alia declaratione. Non clare loquitur hac in re Brandys, qui opinatur illud vacare a die executionis mandati absque ulla declaratione.[14] Mens enim legislatoris clara est: "Qui indultum exclaustrationis ab Apostolica Sede impetravit . . . *perdurante* tempore indulti caret voce activa et passiva. . . ." [15] Aliquando enim potest esse periculum in mora; ergo melius est, si immediate privatur officio. Iamvero ut notant auctores, "saecularizationis (nunc exclaustrationis) indultum ordinarie conceditur in forma commissoria. Remittitur nempe Ministri Generalis prudentiae si agatur de exclaustratione; Episcopo autem illius dioecesis, in qua degit religiosus saecularizandus, si agatur de saecularizatione perpetua; *qui veris existentibus narratis,* iuxta . . . const. Bened. XIV, *Pontificia commendatione,* pro arbitrio et conscientia licentiam manendi extra claustra dare valet. Praescribi etiam solet, ut rescriptum apostolicum infra sex menses sub poena nullitatis executioni mandetur." [16] Exclaustrandi iuris dioecesani, exclaustrationis indultum ab Ordinario loci possunt obtinere item in forma commissoria mediantibus scilicet suis Su-

[13] Conc. Trident., sess. XXV, *de regularibus,* c. l, Richter 394.

[14] Brandys 95: "Hatte sie (die Ordensperson) vor ihrer Exklaustration irgendein Amt in der Genossenschaft, so gilt dasselbe mit dem Tage der Ausführung dieses Indultes ohne weiteres als erledigt."

[15] Can. 639.

[16] Anal. Eccl. II 416; Wernz III n. 678; Battandier 177, qui animadvertit: "formam gratiosam rarissiman esse."...."forme gracieuse, ce qui est très rare."

perioribus maioribus vel etiam in forma gratiosa; in utroque casu tamen ad licite agendum, Ordinarius loci debet praemonere Superiores maiores, iuxta normam const. Conditae a Christo: "Cavendum tamen ne istiusmodi remissione ius alienum laedatur; laedetur autem, si insciis moderatoribus id fiat iusteque dissentientibus." [17] Quamobrem ubi primum exclaustrandus manifestat voluntatem acceptandi rescriptum indulti, incipit eius exclaustratio atque urget clausula iuris de amissione vocis activae et passivae, etsi fortasse per aliquod tempus adhuc degeret in religionis domo. In his enim standum est dispositioni iuris: "Rescripta quibus gratia conceditur sine interiecto executore, effectum habent a momento quo datae sunt litterae, cetera a tempore executionis." [18] Quae privatio perdurat usque ad momentum formalis receptionis denuo in religionem. Quamquam Codex nihil disponat de exclaustrati accessu ad domos suae religionis, nihilominus quandoque ius particulare prohibet ne exclaustrati adeant suae religionis domos. Id saltem postulant constitutiones Fratrum Minorum: "Tam saecularizatis quam exclaustratis, durante tempore indulti, aditus ad conventus nostros ordinarie interdicitur." [19] Dicitur *ordinarie:* quia admissio exclaustrati ad conventus nostros potest dependere, iuxta arbitrium Superiorum, a circumstantiis. Si enim exclaustratus, spiritu mundano imbutus, accedens ad monasteria nostra esset lapis offensionis, praesertim iunioribus, *adesset* iusta causa illum numquam admittendi, ne eius pravo exemplo ceteri inficiantur. Quid enim magis nocere potest disciplinae religiosae, quam spiritus mundanus introductus in claustra? Quid magis allicit alios quam pravum exemplum? Iamvero ea est naturae humanae fragilitas, ut potius mitiora quaerat, illicita appetat, facilius laxismi exemplum sectetur. Quamobrem merito interdici potest exclaustrato qui levi animo est, aditus ad claustra. Quodsi fortasse necessitate pulsus vel inculpabiliter sua ex parte extra claustra degere debeat anheletque ad revertendum in religionem, talis exclaustrati accessus, de venia Superiorum, esset licitus uppote aedificationi aliorum.

Clausula de exclaustrati privatione vocis activae et passivae est

[17] Leo XIII, constit. "*Conditae a Christo*", 8 dec. 1900, § 1, n. VIII, A. S. S., XXXIII 343.

[18] Can. 38.

[19] Const. Gen O. F. M., n. 131.

irritans. Qui enim in iure regulari privatur privilegio suffragandi, declaratur inhabilis ad officia honorifica: "Nequeunt saffragium ferre: . . . carentes voce activa . . . Si quis ex praedictis admittatur, eius suffragium est nullum. . . ."[20]

Iuxta legislatoris mentem, quilibet exclaustratus caret voce activa et passiva "*perdurante* exclaustrationis indulto." Quid autem iuris, si exclaustratus redierit ad religionem cessante exclaustrationis termino, vel a fortiori, si sponte revertatur ante indulti lapsum et mox capitulum in respectiva religione celebrandum sit? Gaudetne statim, post formalem Superioris maioris iteratam admissionem, voce activa et passiva? Quae quaestio magis potest urgeri, quia Codex nihil hac de re explicite enunciat. Per se et sensu obvio, canonis huius tenor sese extendit solummodo ad exclaustrationis intervallum; ergo cessante exclaustratione, cessat etiam privatio. Nihil proinde vi iuris communis obstat, quominus ipse, reassumpta vita religiosa, in capitulo mox celebrando et eligere et eligi queat. Constitutionum tamen dispositio pressius potest determinare statum exclaustrati reversi ad suam religionem; quare constitutionibus respectivae religionis adhaerendum est, quando ipse rehabilitatur ad ius suffragi.[21] Bona tamen cuiuslibet religionis oeconomia postulat, ne eiusmodi religiosus statim ceteris religiosis aequiparetur, concedendo ipsi ius eligendi. A fortiori cavendum, ne brevi, post reassumptum habitum, aliis praeponeretur in munere Superioris vel dignioris alicuius Officialis. Mundano enim spiritu adhuc imbutus et vana gloria elatus, iterum posset evadere ceteris lapis offensionis in detrimentum boni communis. Merito ergo in nostris constitutionibus praescribitur: "Exclaustrati, elapso tempore indulti . . . habituque reassumpto, *per annum* in aliquo conventu, ubi regularis disciplina perfectius viget, commorentur."[22] A fortiori vox activa et passiva, etiam post reditum, deneganda esset iis, qui nonnisi necessitate compulsi repetunt claustra, vel, reassumpto habitu, taedio vitae religiosae adhuc laborant. Quoniam privatio vocis activae et passivae solummodo intelligenda est de officiis honorificis, per se nihil obstat, quominus ipse eligi possit ad officia onerosa, puta officium lectoris, professoris in collegio, cooperatoris in parochia monasterio unita,

[20] Can. 167, § 1, 1°, 5°, § 2.
[21] Can. 167, § 1, 5°.
[22] Const. Gen. O. F. M., n. 132.

nisi constitutiones aliud caveant. Ratio est, quia ut officia honorifica habentur tantum ea quibus ex iure communi vel ex constitutionibus adnectitur potestas dominativa in subditos; in religione autem clericali exempta etiam iurisdictio ecclesiastica tam pro foro interno, quam pro externo.[23] Honorificis officiis quoque adnumerandus est in religionibus clericalibus exemptis notarius Superioris maioris[24]; in qualibet autem religione honorificum quoque munus est illud magistri novitiorum eiusque socii ob speciales qualitates in iis a Codice praescriptas.[25] Iuxta constitutiones Ordinis Fratrum Minorum hisce adnumerandus est item magister clericorum.[26]

Quoad nostrum Ordinem haec leguntur in constitutionibus post Codicem editis: " Officiales Ordinis sunt: Minister aut Vicarius generalis, Procurator, Definitores, Commissarii et Visitatores generales, Secretarius generalis Ordinis et Secretarius missionum, Postulator generalis, Archivista generalis; Ministri aut Vicarii et Commissarii provinciales, Custodes, Definitores et Secretarii provinciarum; Consiliarii Commissariorum; denique Guardiani, Praesides et Vicarii locales."[27] Ad haec proinde officia, saltem in nostro Ordine, exclaustratus non esset statim assumendus.

Quamquam Codex nihil statuat de Superiorum iure indagandi in vitam exclaustrati anteactam, nihilominus tale ius Superioribus olim a S. C. Ep. et Reg. concessum adhuc valet et ab iisdem possit adhiberi: " Posse tamen per Superiores religiosos exquiri congrua documenta anteactae vitae, et morum, dum in saeculo versabantur, et obligari ad spiritualia exercitia peragenda."[28] Imo aliquando prudens Superiorum maiorum ratio agendi id postulare potest, ut inquirant in exclaustrati vitam peractam in saeculo atque congerant documenta congrua eumque obligant ad spiritualia exercitia peragenda.[29]

[23] Cfr. Can. 501, § 1; 502.

[24] Can. 502.

[25] Cfr. Can. 559.

[26] Const. Gen. O. F. M., n. 99: " Clerici omnes et sacerdotes studentes, quoad religiosam disciplinam, sub omnimoda dependentia Magistri, in Capitulo vel in Congressu definitoriali instituti, maneant; qui Magister, saltem triginta annos natus, ceteris qualitatibus praeditus sit oportet, quae in Magistro novitiorum requiruntur."

[27] Const. Gen. O. F. M., n. 395.

[28] S. C. Ep. et Reg., 30 ian. et 15 febr. 1824, ad 3., Bizzarri 48.

[29] Cfr. Piat 187; Appeltern 117.

Quae omnia modo dicta, etsi primario exclaustratis ab Apostolica Sede applicantur, nihilominus valent quoque de exclaustratis iuris dioecesanis, ut dicit Leitner.[80]

Imo, iuxta diversa adiuncta personarum et locorum, penes Ordinarium loci est adhuc pressius determinare conditiones exclaustrati. Ad rem ita dicit Schäfer: "Ordinarium loci posse ambitum exclaustrationis adhuc pressius determinare."[81]

Neminem latet, aliquando expedire ut Ordinarius loci severiores imponat exclaustrationis conditiones, ut in sua dioecesi minueret numerum egredientium ex aliqua religione particulari.

Art. II. De exclaustrati amissione privilegiorum.

Religiosorum privilegia possunt bifariam considerari: in quantum quaedam ipsis competunt qua clerici sunt, et in quantum religiosi. Iamvero omnis exclaustratus sive sit clericus sive laicus, item sive iuris pontificii sive dioecesani, certe non amittit illa privilegia, quae ipsi communia sunt cum ceteris clericis ex positiva iuris dispositione. Ratio est, quia etiam impetrato exclaustrationis indulto, religiosus remanet et quibusdam obligationibus manet obstrictus. Ergo, cum portet aliqua onera etiam extra claustra degens, consentaneum est ut, amissis quibusdam privilegiis, in quibusdam saltem lex ipsi faveret. Qui favor solummodo extenditur ad ea privilegia, quae sunt ipsi communia cum ceteris clericis: "Religiosi, etiam laici . . . fruuntur clericorum privilegiis de quibus in can. 119-123."[1] Amittit tamen quilibet exclaustratus ea privilegia, quae ipsi competunt titulo religionis cui adscriptus erat.

Imprimis spoliatur, etsi ad religionem iuris pontificii pertineat, *privilegio exemptionis.* Et merito; exclaustratus enim abiicit iugum vitae communis. Ergo nullum potest habere ius ad quaerenda commoda, quae a summo Ecclesiae legislatore ob bonum commune tantum alicui religioni concessa sunt. Iuxta auctores

[80] Leitner 111 479: "Hat der Ortsordinarius Mitglieder von Diözesangenossenschaften exclaustriert, Can. 638, so tut er am besten, sich an die Praxis des heiligen Stuhles zu halten, welche im Can. 639 niedergelegt ist."

[81] Schäfer 343: "Hat der Ortsordinarius Mitglieder von Diözesankongregationen exclaustriert (Can. 638), so kann er den Umfang der Exklaustration selbst noch eingehender bestimmen, da can. 639 nur von der Exklaustration spricht, die der Apostolische Stuhl erteilt hat."

[1] Can. 614.

enim "exemptio seu privilegium exemptionis est privilegium, quo subtrahuntur per voluntatem S. Pontificis, ab iurisdictione Ordinarii loci, praeter quam in casibus iure expressis."[2]

Utilitas proinde huius privilegii primario tendit ad "bonum Ordinum religiosorum, eorum praesertim qui sub uno capite constituti sunt. Sic enim facilior est eorum gubernatio; quum Superiores melius oves cognoscant, maiorique prosequantur affectu; facilius ibi regularis servatur disciplina, vel instauratur. . . ."[3] Que tamen utilitas vi exemptionis directe respicit bonum religionis assequendum, non tamen commodum religiosi in individuo—ut animadvertit Wernz: "Privilegia magis sunt iura religionis et Superiorum religiosorum quam iura singulorum religiosorum."[4]

Quoniam exclaustratus renuntiat huic bono communi a respectiva religione obtinendum, ergo merito etiam privatur hoc exemptionis privilegio atque subiicitur immediatae iurisdictioni et potestati etiam dominativae Ordinarii loci, ubi exclaustratus commoratur, ne renuntiato bono propriae religionis, saltem Ecclesiae bonum commune impediret. Ad introducendam autem quamdam uniformitatem atque ad eliminandos abusus tum ex parte exclaustrati tum etiam ex parte Ordinarii recipientis exclaustratum, legislator verbis expressis denotat, hanc clausulum comprehendi quemlibet exclaustratum sive iuris pontificii sive iuris dioecesani; item designat Ordinarium non quemlibet, sed illius territorii ubi exclaustratus commoratur, abstrahendo a quaestione iuridica utrum necne ille Ordinarius sit domicilii vel quasi-domicilii vel originis respectu exclaustrati: "Qui indultum exclaustrationis ab Apostolica Sede impetravit . . . Ordinario territorii ubi commoratur, loco Superiorum propriae religionis, subditur etiam ratione voti obedientiae."[5]

Clausulae huius ratio iuridica aliquatenus explicanda est: Dicitur imprimis: *loco Superiorum propriae religionis,* exclaustratus enim adhuc votis suae professionis manet obstrictus; ergo alicui Superiori obedientiam praestare debet, quia, ut notant auctores, "ad status religiosi essentiam requiritur obligatio per votum triplex contracta servandi paupertatem, castitatem et obedientiam."[6] Per

[2] Fanfani 147; Maroto 868; Can. 615.

[3] Piatus II 7.

[4] Wernz III n. 664.

[5] Can. 639.

[6] Wernz III n. 640; Biederlack-Führich 8; Bouix I 118-119.

exclaustrationis indultum tamen religiosus subtrahitur ab obedientia sui legitimi Superioris religionis; ergo necesse est ut haec obligatio, ex voto obedientiae exsurgens, transferatur in alium Superiorem ecclesiasticum, cui exclaustratus, perdurante indulto, subiiciatur etiam in vim voti obedientiae.

Dicitur deinde: . . . "*et Ordinario territorii ubi commoratur*": ut mutetur abhinc iuridicum fundamentum potestatis Ordinarii receptoris atque e medio tollatur, utique ad uniformitatem introducendam, illa quae a iure ante Codicem vocabatur potestas Ordinarii receptoris delegata ab Apostolica Sede in regularem votorum sollemnium. Olim enim religiosi sollemniter professi erant sub iurisdictione Apostolicae Sedis. Ad rem scribit Biederiack-Führich: "Quidquid sit de tempore antiquo, certum est per plura saecula, et saltem a saeculo undecimo usque ad saeculum decimum sextum notas non fuisse religiones cum votis simplicibus tantum." [7] Congregationes tum virorum tum etiam mulierum—ut utamur verbis cl. Bizzari—"quae vota simplicia tantum emittunt, nec clausuram servant, approbare minime solebat [S. Sedes], sed eas tantum tolerabat, ac proinde aliquando S. Sedes earum constitutiones confirmabat, [et] apponebatur clausula *Absque approbatione Instituti.*" [8] Etenim ad essentiam status religiosi olim requirebantur vota sollemnia, in religione ab Ecclesia approbata, quae simul erant et perpetua, quia ut notat Wernz—"Ecclesia non sollemnizat vota, nisi sint perpetua." [9]

Vota simplicia in religione ab Ecclesia primum approbata et perpetua declarata sunt per modum specialis privilegii in favorem scholasticorum in Societate Iesu a Gregorio XIII, qui in bulla "Ascendente Domino" authentice declaravit, professos votorum simplicium veros esse religiosos, atque "illa (vota simplicia) emittentes in statu religionis vere constitui, quippe per ea ipsa se Societati dedicant atque actu tradunt, seque divino servitio in ea mancipant. In quibus votis nullus praeter Romanum Pontificem potest manum apponere. . . ." [10]

Quod privilegium ut vota simplicia et perpetua ex parte voventis

[7] Biederlack-Führich 13; Freriks 24-27.

[8] Bizzarri 743, nota.—Conferri etiam potest Bizzarri 213, 423, 742-743.

[9] Wernz III n. 641.

[10] Greg. XIII, const. "*Ascendente Domino*," 25 maii 1584, § 18, Fontes n. 153.

emittantur etiam in omnibus ordinibus regularium ante sollemnem professionem, extendit Pius IX statuendo: "Peracta probatione et novitiatu ad praescriptum S. Concilii Tridentini, Constitutionum Apostolicarum, et Statutorum Ordinis a Sancta Sede approbatorum, Novitii vota simplicia emittant. . . ." [11] Vota tamen haec perpetua ex parte voventis erant Romano Pontifici reservata, sicuti iterum brevi postea idem Pius IX declaravit: "Eorundem votorum simplicium dispensatio reservata est Romano Pontifici, cui professi gravibus urgentibus causis preces porrigere possunt." [12]

Ad instar horum votorum in Ordinibus regularibus postea etiam in Congregationibus religiosis emittebantur vota simplicia perpetua, pariter Romano Pontifici reservata.

Ob hanc ergo reservationem votorum etiam simplicium Romano Pontifici, religiosus iuris pontificii non potuit recipi ab Episcopo nisi iure ab Apostolica Sede ei delegato, ut notant auctores: "Concessit quidem S. Sedes quandoque indulta, quibus religiosos quosdam ab obedientia Superiorum religionis exemit et alicui Episcopo vel immediate Apostolicae Sedis subiecit." [13] Quapropter Episcopus benevolus receptor, utpote iure ab Apostolica Sede delegatus ad recipiendum talem exclaustratum, et si casus ferebat, etiam in vim sollemnis obedientiae voti, talem religiosum non potuit iuxta suum arbitrium dimittere, quia deputatam sibi hanc obligationem —ut dicit Vermeersch—"inconsulta S. Sede, in alium refundere non poterat." [14] Neque exclaustratus, inconsulta Apostolica Sede, ad libitum sibi alium Episcopum eligere poterat. Ut utamur verbis S. Congr. Concilii, "religiosi . . . per sollemnem professionem, originalitatem, seu Episcopum originis amittunt, nec iure quodam postliminii, quando ab obedientia proprii praelati regularis sunt liberati, illam iterum acquirunt. In hac iuris conditione, prout religiosi non valent, communibus legis praesidiis, sibi Episcopum constituere, cui subsint tamquam proprio praelato, a pari Episcopi non possunt (salva precaria iurisdictione, ratione commorationis in loco), religiosos in saeculo degentes suos subditos constituere; sed praevia designatione Episcopi benevoli receptoris,

[11] S. Congr. super Statu Reg., litt. encycl. "*Neminem latet*", 15 martii 1857, Bizzarri 855.

[12] S. Congr. super Statu Reg., decr. "*Sanctissimus*", 12 iun. 1858, Bizzarri 856.

[13] Biederlack-Führich 291; Bizzarri 611-612.

[14] Vermeersch, Periodica IX 47.

S. Sedes indulget, ut religiosus in saeculo maneat sub dependentia illius *determinati* episcopi, cui . . . mancipatus manere debet."[15]

Effectus talis delegatae tantum Episcopo auctoritatis in religiosum iuris pontificii praecipuus erat tunc, quando agebatur de eius incardinatione, elapso saecularizationis temporaneae indulto, et impetrato novo indulto saecularizationis perpetuae. Semel enim ab Episcopo receptore dioecesi incardinatus, talis religiosus non potuit ab eodem Ordinario dimitti iterum absque Apostolicae Sedis venia. Iuvat hic referre eiusdem S. C. Concilii, brevi ante Codicis promulgationem, verba ulteriora: "At haec peculiaris subiectio non videtur posse licite et valide infringi, vel in alium refundi, sola Episcopi et subditi voluntate, sed opus est interveniat S. Sedis auctoritas, quae prout necessaria fuit pro subiiciendo viro religioso iurisdictioni designati Episcopi, iterum intercedat oportet ad eundem religiosum subducendum ab illius iurisdictione, et alteri subiiciendum. *Omnis enim res, per quascumque causas colligitur, per easdem dissolvitur.* (Reg. 1 iuris in VI°) . . . . Hinc fit quod integra remanente substantia voti obedientiae, religiosus saecularizatus subditur Episcopo benevolo receptori in vim quoque sollemnis obedientiae voti prout edicitur in rescripto; quae cum episcopo loci non debetur iure ordinario, sed iure delegato (quia religiosus saecularizatus immediate S. Sedis iurisdictioni subditur), non videtur posse in alium Episcopum refundi, iniussu S. Sedis."[16]

In iure antiquo aliquando etiam potuit dubitari de quibusdam exclaustrati conditionibus, quia "conditiones et effectus saecularizationis [nunc exclaustrationis], quatenus ex generali notione non iam patent, praesertim colligantur necesse est ex rescripto pontificio sive in forma gratiosa sive commissoria sive mixta sive mere executoria dato. . . ."[17] Quare quaesitum est a Congreg. negotiis religiosorum sodalium praeposita: "utrum religiosus, habitu regulari demisso, extra claustra ad tempus degens indulto apostolico, cum facultate ab episcopo obtenta celebrandi Missam et alia opera sacerdotis propria peragendi, subsit eidem Ordinario, ita ut episcopus habeat in eum iurisdictionem et auctoritatem et dominativam potestatem, quamvis in rescripto desit consueta formula: *Ordinario loci subsit in vim quoque solemnis obedientiae voti.* Emi

[15] S. C. C., 27 ian. 1917, A. A. S., X 24.

[16] S. C. C., 27 ian. 1917, A. S. S., X 24.

[17] Wernz III n. 383; Biederlack-Führich 291.

autem ac Rmi Patres Cardinales . . . praehabito duorum ex officio consultorum voto, et re mature perpensa responderunt: Affirmative, facto verbo cum Sanctissimo." [18]

Dubium tamen tale non amplius existit post Codicis promulgationem. Legislator enim, incorporando hoc Congregationis responsum in praesentem canonem, ostendit conditionem iuridicam exclaustrati sive iuris pontificii sive iuris dioecesani, proportione servata, post Codicem esse parem. Elucet quoque legislatoris prudentia ut e medio auferantur abusus, si exclaustratus vellet sibi vindicare privilegium exemptionis. Post Codicem itaque non amplius existit exclaustrati subiectio Episcopo benevolo receptori iure ab Apostolica Sede delegato, sed quilibet exclaustratus, qui ab Apostolica Sede exclaustrationis indultum obtinet, immediate subiicitur *Ordinario territorii* ubi commoratur et quidem a iure communi, etsi haec clausula in rescripto desit.

Exclaustratus proinde, exemptionis privilegio amisso, si sit in sacris constitutus, maiori obstrictus est vinculo erga Ordinarium receptorem, qui fit ipsius Ordinarius etiam proprius, quam ceteri clerici saeculares. Ad normam enim iuris: "Quoties et quamdiu id, iudicio proprii Ordinarii, exigat Ecclesiae necessitas, ac nisi legitimum impedimentum excuset, suscipiendum est clericis ac fideliter implendum munus quod ipsis fuerit ab Episcopo commissum." [19] Quodsi hoc valeat in genere de omnibus clericis Ordinario subiectis, id a fortiori applicandum est nunc exclaustrato, qui subiicitur Ordinario etiam in vim voti obedientiae. Urgente proinde necessitate, Episcopus potest exclaustrato praecipere quaedam *sub obedientia.* Ratio est, quia sicuti antea id facere poterat eius Superior religiosus, praecipiendo vel prohibenda aliquando sub gravi in virtute sanctae obedientiae, eadem potestate gaudet nunc Ordinarius, qui a iure communi designatus est eius legitimus Superior. Quamobrem postulante necessitate, exclaustratus etiam cogi potest ab Episcopo ad quaedam ministeria sacerdotalia obeunda, quamvis fortasse minus sibi optabilia; imo, si casus ferat, ab Ordinario territorii ubi commoratur, exclaustratus cogi potest ad acceptandam administrationem paroeciae ad tempus.[20] Econtra, iudicio eiusdem Ordinarii, potest etiam non admitti ad admini-

[18] S. C. de Rel., 1 sept. 1912, ad III, A. S. S., IV 627.

[19] Can. 128.

[20] S. C. Ep. et Rel., 30 iul. 1881, A. S. S., XIV 91-92; Anal Eccl. II 470.

strationem alicuius paroeciae, quamvis exclaustratus aliquam optaret, et quidem duplici ex capite: imprimis subsistit adhuc obedientiae votum in sua integritate; atqui per hoc votum religiosus amittit suum velle et nolle—sicuti habetur in iure antiquo: "religiosi cum non habent velle vel nolle"[21]; ergo omnimode dependet a voluntate sui electi Superioris, scilicet Episcopi receptoris. Quamobrem contentus debet esse his, quae ab Ordinario loci ei committuntur. Deinde nullibi in iure suffragatur ei privilegium, ut alicui paroeciae, etiam qua administrator, praeficiatur.[22] Codex enim contrarium videtur statuere etiam quoad exclaustratos. Clausulae enim pro saecularizatis statutae, etiam iuxta probatos auctores,[23] exclaustratis applicandae sunt quoad officia et beneficia obtinenda: "Si religiosus in sacris constitutus propriam dioecesim ad normam can. 585 non amiserit, debet, non renovatis votis . . . ad propriam redire dioecesim et a proprio Ordinario recipi; si amiserit, nequit extra religionem sacros ordines exercere, donec Episcopum benevolum receptorem invenerit, aut Sedes Apostolica aliter providerit."[24]

Neque ullum ius sibi vindicare potest exemptionis quoad ea, quae a iure concessa sunt solummodo in favorem religiosorum in communitate degentium. Quapropter in omnibus subest Ordinario receptori sicuti ceteri sacerdotes saeculares. Quod attinet proinde forum ecclesiasticum ipse subiacet iurisdictioni Ordinarii in omnibus causis sive contentiosis sive criminalibus, quamdiu remanet extra claustra.[25]

Exclaustrati, si sacerdotes sint, tenentur sicuti reliqui sacerdotes dioecesani interesse exercitiis spiritualibus per tempus ab Ordinario loci statutum iuxta consuetudinem respectivae dioecesis; neque ab eis eximitur, nisi in casu particulari, iusta de causa ac de eiusdem Ordinarii licentia.[26]

Quod attinet examina in diversis sacrarum scientiarum disciplinis, pariter eis subiicitur singulis annis, nisi ab eodem Ordnario

[21] Cap. *Si religiosis*, de electione in VI°.

[22] Hac de re uberius infra, pag. 173-176. Hic solummodo generaliter indicetur oportet, exclaustrato non favere ius, ut etiam ad interim, paroeciae alicui praeficiatur qua administrator.

[23] Chelodi 449; Leitner III 456.

[24] Can. 641, § 1.

[25] Can. 616.

[26] Can. 126.

loci ob iustam causam fuerit exemptus, iuxta consuetudinem illius dioecesis et secundum modum ab eodem Ordinario antea determinatum.[27] Quodsi animarum curam exerceat, tenetur quoque frequentare collationes seu quas vocant conferentias, quae in respectiva civitate episcopali vel in decanatu arbitrio Ordinarii instituuntur. Imo, si consuetudo talis ferat, scriptam casuum solutionem mittere debet ad dioeceseos illius examinatores. Ratio est, quia omni privilegio spoliatur, quod a iure conceditur religiosis in communi viventibus.[28]

[27] Can. 130.

[28] Cf. Can. 131, § 3.

CAPUT IV.

De exclaustrati privilegiis a iure relictis.

Cum quilibet exclaustratus ex hucusque dictis totaliter non solvatur a religione quam professus est, et cum in iure canonico adhuc consideretur religiosus et sit: idcirco etiam perdurante exclaustrationis indulto, ipse non privatur omni privilegio et gratia, quemadmodum non liberatur a plerisque professionis suae obligationibus. Quidquid sub iure antiquo diversae religionum constitutiones statuerint vel diversi auctores quoad privilegia saecularizatorum scripserint,[1] nunc post Codicis promulgationem certe quaedam privilegia etiam a iure communi exclaustratis relinquuntur. Alia enim eis competunt ex locis canonum parallelis vel vi extensionis; alia autem claris huius canonis verbis enuntiantur: "Qui indultum exclaustrationis ab Apostolica Sede impetravit . . . gaudet privilegiis mere spiritualibus suae religionis."[2] Duplicis proinde generis privilegiis exclaustratus gaudet: in quantum adhuc participat privilegia a iure religiosis sensu lato concessis, et in quantum adhuc virtualiter remanet membrum respectivae religionis.

Art. I. De privilegiorum participatione a iure sensu lato exclaustrato permissa.

Imprimis certum est, exclaustratum participem esse privilegiorum illorum, quae directe profluunt ex votis in religione emissis et mediantibus quibus adhuc remanet persona Deo consecrata. Quoniam vi exclaustrationis indulti non dispensatur a votis, neque vota per se cessant, sed solummodo de Superioris ecclesiastici venia ei permittitur, ut ad certum vivat tempus in saeculo, ergo omnino conservat dignitatem personae Deo per professionis ritum dedicatae. Sortitur proinde effectus, iure ita statuente, saltem quosdam qui immediate emanant ex natura professionis religiosae. Quamobrem remanet particeps saltem privilegii canonis et fori;

[1] Cfr. Anal. Eccl. II 412-416; 468-475. Auctor dissertationis cui titulus: "Instructio de saecularizatis et saecularizandis" non sat distinguit privilegia, quae competunt saecularizatis ad tempus et in perpetuum.

[2] Can. 639.

imo iuxta diversa adiuncta in quibus versatur, ius quoque retinet ad privilegium immunitatis et competentiae. Est enim religiosus; atqui "religiosi, etiam laici ac novitii fruuntur clericorum privilegiis de quibus in can. 119-123;"[3] ergo per extensionem ipsi etiam ille canon favet.

Inde ab initio Ecclesiae, semper haec fuere praecipua clericorum privilegia. Quare etiam Codex illa commemorat, extendendo ad omnes clericos et religiosos, includendo etiam exclaustratos hisce verbis: "Memoratis privilegiis clericus renuntiare nequit; sed eadem amittit, si ad statum laicalem reducatur aut privatione perpetua iuris deferendi habitum ecclesiasticum plectatur. . . ."[4] Claritatis gratia seorsim aliqua dicenda sunt: a) de exclaustrati privilegio canonis; b) fori; c) immunitatis; d) competentiae.

§ 1. *De exclaustrati privilegio canonis.*

Privilegium canonis est specialis tutela a iure communi contra iniurias reales clericis sancita. Vocatur ideo hoc nomine, quia iam invenitur in can. 15 Conc. Lateranensis (a. 1139) promulgatum.[1] Receptum in Corpus Iuris, decursu temporum a diversis Conciliis et Romanis Pontificibus magis evolutum et determinatum,[2] nuper in Codice ultime apicem accepit.[3]

Quoniam autem iuris antiqui fontes loquuntur de clericis, "qui . . . si tonsuram et vestes deferant clericales, privilegium retineant canonis . . . ,"[4] et quia Conc. Trident. "praecipit, ut omnes regulares . . . vota et praecepta, ad eorum respective essentiam, nec non ad communem vitam . . . vestitutum conservanda pertinentia fideliter observent . . . ,"[5] hinc merito dubitari possit, utrum necne exclaustratus privilegio canonis gaudeat. Ratio est, quia etsi religiosus consideretur, nihilominus vivit extra claustra et habitum religiosum deposuit; hisce duabus conditionibus a iure

[3] Can. 614.

[4] Can. 123.

[1] C. 29, C. 17, q. 4.

[2] Ampliorem historicam huius privilegii explicationem praebet Maroto I n. 507-511; Wernz II n. 163-164.

[3] Cfr. Can. 119; 2343.

[4] C. 7, X, *de clericis coniug.* III, 3; c. un. h. t. in VI°, III, 2; c. 29 C. XVII, q. 4; Conc. Trident., sess. XXIII, *de ref.*, c. 6, Richter 182.

[5] Conc. Trident., sess. XXV, *de regularibus*, c. 1, Richter 394.

requisitis carens, videtur prima facie carere etiam privilegio canonis.—Attamen ipsi adhuc favere privilegium, ex dicendis concludendum est.

Per solam exclaustrationem etenim non reducitur ad statum laicalem, sed solummodo permittitur ei ut interim vivat in saeculo more laicorum ex labore manuum, si non est in sacris constitutus. Neque privatur in perpetuum iure deferendi habitum religiosum, sed, ob circumstantias locorum et vicissitudines temporum, iubente legislatore, propter bonum publicum, tantum deponere debet vestes religiosas. Ergo utroque privilegio gaudere pergit. Inimici vitae religiosae voluerunt quidem religiosos privare privilegiis hisce. Merito proinde Pius IX proscripsit tres sententias erroneas quibus docebatur, quod gubernium civile naturam et effectus professionis religiosae immutare possit.[5a] Quapropter etiam exclaustratis "omnes fideles debent . . . pro diversis eorum gradibus et muneribus, reverentiam, seque sacrilegii delicto commaculant, si quando eis realem iniuriam intulerint."[6]

Privilegium canonis ergo exclaustrato suffragatur, etsi habitum religiosum non deferat; debet enim habitum deponere per exceptionem a lege generali, legislatore nunc vi Codicis mandante. Aliunde habitus gestatio minime requiritur ad constituendum aliquem religiosum, sed professio—iuxta tritam formulam illam antiqui iuris: "Cum monachum non faciat habitus, sed professio regularis."[7] Quamobrem, "qui violentas manus iniecerit . . . in personam utriusque sexus religiosorum, subiacet ipso facto excommunicationi Ordinario proprio reservatae, qui praeterea aliis poe-

[5a] Pius X, Syllabus, Fontes n. 543.

Propositio 52: "Gubernium civile potest suo iure immutare aetatem ab Ecclesia praescriptam pro religiosa tam mulierum quam virorum professione...."

Propositio 53: Abrogandae sunt leges quae ad religiosarum familiarum statum tutandum, earumque iura et officia pertinent; imo potest civile gubernium iis omnibus auxilium praestare, qui a suscepto religiosae vitae instituto deficere ac sollemnia vota frangere velint....."

Propositio 58: "Aliae vires non sunt agnoscendae nisi illae quae in materia positae sunt, et omnis morum disciplina honestasque collocari debet in cumulandis et augendis quovis modo divitiis ac in voluptatibus explendis."

[6] Can. 119.

[7] Ferraris, v. *Habitus*, n. 1; C. 3, X, *de regularibus*, III, 41.

nis, si res ferat, pro suo prudenti arbitrio eum puniat." [8] Notatu sunt digna verba huius canonis: *utriusque sexus religiosorum,* i. e. religionis cuiuslibet, quae iuxta Codicem est "societas a legitima ecclesiastica auctoritate approbata, in qua sodales, secundum proprias ipsius societatis leges, vota publica, perpetua vel temporaria, elapso tamen tempore, renovanda, nuncupant, atque ita ad evangelicam perfectionem tendunt." [9] Atqui etiam exclaustrati adhuc nomine religiosorum comprehenduntur; ergo gaudent privilegio canonis.[10] Crescit vis argumenti, quia in canone citato etiam novitii participant privilegium canonis, etsi in iure sensu stricto sub nomine religiosorum non veniant,[11] quotiescumque in iure agitur de oneribus vel de odiosis; bene vere ita nominantur per extensionem in favorabilibus: "Novitii privilegiis omnibus ac spiritualibus gratiis religioni concessis gaudent; et si morte praeveniantur, ad eadem suffragia ius habent, quae pro professis praescripta sunt." [12] Quodsi novitii ad instar privilegii hoc canone professis aequiparentur, id a fortiori competit exclaustratis, qui sensu iuridico adhuc religiosi remanent.

Animadversionis gratia solummodo hic dicendum est, delinquentem debere scire, personam, violenta iniuria a se affectam esse religiosum vi indulti extra claustra degentem; secus, si ignoraret qualitatem personae, non incurreret excommunicationem vi principii in antiquo iure: "Si vero aliquis in clericum [subintellige etiam religiosum exclaustratum] nutrientem comam ignorans quod clericus fuerit manus iniecerit violentas, propter hoc non debet apostolico praesentari conspectui, *nec etiam excommunicatione* notari, dummodo ipsum esse clericum ignoraverit." [13]

Item excusatur delinquens, si exclaustratum percutiat ioco, utpote quia malitia deest; vel iustae defensionis causa, iuxta classicum illud exemplum iuris: "Si vero clericum vim sibi inferentem, vi quis repellat vel laedat, non debet propter hoc ad Sedem Apostolicam transmitti, si in continenti vim vi repellat: cum vim vi repellere omnes leges omniaque iura permittunt." [14]

[8] Can. 2343, § 4.

[9] Can. 488, 1°.

[10] Cfr. Sole, De Delictis et Poenis 297-298; Chelodi 177; Fanfani 144; Ferreres, Instit. Can., n. 253; 254; 264. Wernz II n. 165.

[11] Prümmer 271.

[12] Can. 567.

[13] C. 4, X, *de sententia excommunicationis,* V, 39.

[14] C. 3, X, *de sent. excomm.,* V, 39.

Exclaustratus, vi privilegii canonis, protegitur proinde ab omni iniuria reali, quae laedit corpus, libertatem, dignitatem, immediate et directe vel indirecte et mediate. En verba D'Annibale: " Corpus, ut ecce si clericum veneno sustuleris, vel prosequutus eum fueris ut in praeceps corrueret, vel ex equo decideret, et corruit, decidit: libertas cum detruditur carcerem, aliumve locum, privatum quoque: dignitas quoties vis adhibetur, veluti si rhedam sistas, qua vehitur, aut equum quo insidet; si aliquid, nullius licet pretii, ei detraxeris, veluti crumenam, pileolum, baculum; vel quid aliud contumeliosum in ipsum admiseris, utputa si sputo, pulvere, luto eum foedaveris, si vestes, quibus indutus erat, consciderís etc." [15]

Aliquis fortasse obiiciat: vi decreti Conc. Trident. istud privilegium competere quidem clericis dummodo "habitu clericali et tonsura [in nostro casu habitu religioso] utantur." [16] Attamen nihil obstat, quominus exclaustratus gaudeat privilegio canonis et aliis, quae ex iure clericis et religiosis conceduntur. Est enim coram Deo et Ecclesia adhuc religiosus, etsi non deferat habitum religiosum. Iuxta Richter, S. C. Immunitatis "censuit clericos, qui decreto Conc. c. 6, sess. XXIII, *de ref.* privilegio non gaudent, non intelligi privatos privilegio canonis." [17]

§ 2. *De exclaustrati privilegio fori.*

Privilegium fori aliquando venit sensu lato sub nomine immunitatis ecclesiasticae personalis et ab auctoribus definitur: "Libertas, seu exemptio a munere, sive ab officio, sive ab onere." [1]

Potest etiam apte vocari forum privilegiatum, vel forum exceptum vel singulare, et quidem duplici ex capite: in quantum est species immunitatis illius ecclesiasticae personalis atque eximit omnes clericos a communi foro civili,[2] necnon quaslibet eorum causas sive civiles sive criminales foro ecclesiastico reservat; [3] et qua-

[15] D'Annibale, Comm. 73-74. Cfr. etiam Chelodi Ius Poenale 83.

[16] Conc. Trid., sess. XXIII, *de ref*, c. 6; sess. XXV, *de regularibus*, c. 1: " nec non ad communen vitam, victum et vestitum conservanda pertinentia fideliter observent."

[17] Richter 184, n. 11, qui ibi etiam citat "Aquen." febr. 1589.
Cfr. etiam Wernz II n. 165.

[1] Mocchegiani II 109; Ferraris, v. *Immunitas*, n. 1; Maroto I n. 512; Wernz II n. 166.

[2] Can. 1556-1568; Santi-Leitner II 23; Wernz V n. 291.

[3] Can. 1553.

tenus etiam ius commune, designando varias iudicis ecclesiastici competentias tum ratione personarum tum etiam ratione causarum,[4] adhuc per modum exemptionis speciale forum designat tum pro religiosis communitatibus[5] tum etiam pro religiosis in casibus peculiaribus.[6]

Legislator antiquam disciplinam quoad forum clericorum renovans, statuit: " Clerici in omnibus causis sive contentiosis sive criminalibus apud iudicem eccelsiasticum conveniri debent, nisi aliter pro locis particularibus legitime provisum fuerit."[7]

Vi huius privilegii proinde omnes qui in iure canonico veniunt nomine clericorum conveniri debent apud iudicem ecclesiasticum, ut animadvertit Sebastianelli: "non solum in causis ecclesiasticis, quae nativo iure pertinent ad forum Ecclesiae, verum etiam in civilibus et criminalibus; unde ad tribunalia laicorum trahi nequeunt quocumque modo et quacumque de causa. . . ."[8] Quoniam igitur privilegium fori sensu lato sumendum est, ideo recte animadvertit Van Espen: " Nec dumtaxat questiones Clericorum et Monachorum ad Episcopum deferendae erant, si Clericus contra Clericum, et Monachus contra Monachum questionem haberet; sed etiam si laicus questionem haberet contra Clericum, aut Monachum, ad Episcopum deferri debere, non tantum sacris Canonibus, sed et principum legibus cautum erat."[9]

Privilegium fori etiam postulat, ne clerici et religiosi cogantur ad testimonium ferendum coram iudice civili absque licentia Episcopi, ut notat Pignatelli: "Non posse Clericum cogi tam in causa criminali, quam in civili ad deponendum in judicio saeculari, nisi in defectum probationum. . . . Ideoque requiritur licentia Episcopi, qua permittit, ut sui Clerici, etiam Presbyteri in foro saeculari examinentur. . . ."[10]

Notatu dignum est: de exclaustrati privilegiis personalibus nihil expliciti inveniri in Codice, ubi de exclaustrationis conditionibus fit sermo.[11] Quapropter eo utilius possit quaestio haec proponi:

[4] Can. 1556, 1557, 1560-1568; 1562, 1594-1607.

[5] Can. 1557, § 2, 2°, 1579.

[6] Can. 654-668; 1563.

[7] Can. 120, § 1.

[8] Sebastianelli, De Personis 14.

[9] Van Espen, tom. II, pars III, tit. 1, n. 12.

[10] Pignatelli, tom. II, consulatatio 58, n. 4.

[11] Can. 639-643.

utrum necne exclaustratus etiam gaudeat fori privilegio, praesertim si non sit in ordinibus constitutus?

Ratio dubitandi est, quia exclaustratus quilibet, vi iuris vigentis, debet habitum religiosum deponere; item, iuxta locorum consuetudines et personarum qualitates, neque clerici in ordinibus constituti neque religiosi tonsura utuntur.[12] Iamvero, iuxta disciplinam Ecclesiae antiquam atque etiam nunc per Codicem denuo inculcatam, clerici, ad fruendum fori privilegio, semper dedebant conditiones a iure requisitas adimplere sub poena privationis huius privilegii. Conc. Trident. enim sancivit: "Nullus prima tonsura initiatus, aut etiam in minoribus ordinibus constitutus . . . fori privilego . . . gaudeat, nisi beneficium ecclesiasticum habeat, aut clericalem habitum et tonsuram deferens alicui ecclesiae ex mandato episcopi inserviat, vel in seminario clericorum aut in aliqua schola vel universitate de licentia episcopi quasi in via ad maiores ordines suscipiendos versetur. . . ."[13]

Nomine autem clericorum, quoad huius privilegii extensionem veniebant, iuxta antiquam disciplinan, ut animadvertunt auctores, "etiam monachi, et regulares omnes religionum ab Ecclesia approbatarum, tam professi, quam novitii. Insuper veniunt moniales et earum conversae et novitiae. Omnes enim istae personae addictae censentur divino servitio, et mancipatae speciali modo, muliebri conditioni adaequato, sacriis mysteriis. Veniunt tandem sub eodem censu eremitae, qui habitum susceperint ab Episcopo, et ab eius iurisdictione et correctione dependeant."[14]

Quae disciplina inde a primis Ecclesiae temporibus vigens,[15] postea etiam ab imperatoribus christianis agnita,[16] tandem a Iustini-

[12] In nostra regione (Statibus Foederatis) non est consuetudo ut clerici etiam in maioribus, tonsuram deferant; item clerici et religiosi, quoties foras prodeunt, vestibus saecularis utuntur. Quae vestimenta, etsi subnigri coloris tamen non multum differunt a vestibus laicorum, nisi collare romanum excipias, quod iuxta huius regionis Statuta Conc. Plen. Balt. III, n. 77, semper a sacerdotibus est deferendum.

[13] Conc. Trid., sess. XXIII, *de ref.*, c. 6, Richter 182.

[14] Santi-Leitner II 28; Sebastianelli, De Iudiciis Ecclesiasticis 67; Wernz V n. 209.

[15] Privilegium fori iam a S. Paulo Ap. innuitur. Cfr. I Cor., 6, 1-8.

[16] Wernz V n. 278: "Constantinus M. de exemptione clericorum a foro saeculari specialem legem non tulit: at duae illae constitutiones primi imperatoris christiani tantum concesserunt Ecclesiae favorem, ut practice et de facto clerus a tribunalibus saecularibus fuerit exemptus . . . ."

ano imperatore vim legis per totum imperium obtinuit.[17] Merito ergo etiam Codex hoc privilegium pro clericis omnibus advocat [18] et religiosis applicat modo speciali.[19]

Verumtamen religiosi, ut possint privilegio fori frui, iuxta Ecclesiae generale praescriptum, debent vivere in communi sub regula approbata ab Apostolica Sede, aut etiam ab Episcopo.[20] Quoniam exclaustratus neque amplius in communitate vivit, neque habitum religiosum defert, neque Ecclesiae alicui adscribitur ut praesertim accidit cum fratribus religionis laicis et Sororibus, videtur ergo carere conditionibus ad fruendum fori privilegio a Conc. Trid. requisitis.—Sed contrarium dicendum est, nempe: exclaustratum quemlibet gaudere privilegio fori, et quidem multas ob rationes.

Imprimis exclaustratus quilibet, etsi careat tonsura et ordinibus minoribus, remanet adhuc religiosus, quia non solvitur a professionis suae obligationibus.[21] Remanentibus igitur votis in substantiali integritate, exclaustratus remanet etiam persona Deo per vota religiosa consecrata, ideoque sensu canonico, etsi satis lato, Ecclesiae adscripta. Pertinet enim ad servitium illius Ordinarii, in cuius territorio commoratur. Posset proinde idem Ordinarius, absolute loquendo, quemlibet exclaustratum alicui ecclesiae in sua dioecesi assignare, perdurante indulto, eique aliquod officium ecclesiasticum committere, puta: sacristae, ianitoris, cantoris, catechetae, acolythi etc. Quae officia omnia, quamvis hodie a laicis saecularibus adimpleta, proculdubio ex primaeva Ecclesiae institutione pertinent ad clericos in minoribus ordinibus constitutos. Si proinde ab Ordinario territorii, ubi exclaustratus commoratur, ad eiusmodi alicui ecclesiae particularis officia non deputetur, id solummodo per accidens fit. Exclaustratus tamen Ordinario, loco Superiorum propriae religionis, subditur etiam ratione voti obedientiae; ergo, per extensionem iuris, potest considerari clericus supernumerarius sub vigilantia Ordinarii loci.

Quoad depositionem habitus religiosi vero dicendum, id esse

[17] Cfr. Corpus Iuris Civilis: L. 29; C. 1. 4; Nov. 83; 123; Nov. 123. 21; Nov. 123. 23.—Cfr. quoque Wernz V. n. 280; A. f. k. K. R. XVIII 20.

[18] Can. 120; 1552-1568.

[19] Can. 614; 680.

[20] Conc. Trident., sess. XXV, *de regularibus*, c. 4, Richter 401-402; sess. VI, *de ref.*, c. 3, Richter 39; item nunc Codicis can. 616.

[21] Can. 639.

pariter per accidens, quod exclaustratus illum debeat deponere, legislatore ita nunc iubente, ob maius Ecclesiae bonum assequendum, scilicet ob decorem status religiosi atque totius conditionis clericalis. Sub antiqua disciplina plures casus afferuntur ubi exclaustratis permittebatur perdurante hoc indulto gestatio habitus;[22] imo etiam sub vigente disciplina id in casibus particularibus permitti potest ab Ordinario in favorem exclaustrati iuris dioecesani.[23] Aliunde monachum non facit habitus, sed professio.[24] Ergo nihil obstat, quominus exclaustratus pergat frui privilegio clericis vi iuris communis concesso.[25]

Neque obstat, quod exclaustratus ad interim non vivat in communitate religiosa. Quamvis enim non sit eiusdem membrum actuale, nihilominus pergat esse eius membrum virtuale; pertinet enim ex iuris dispositione ad religionem respectivam: aliis verbis, est religiosus de iure, etsi per accidens non de facto et per modum suspensivum. Imo, quolibet momento potest renuntiare exclaustrationis indulto et ad religionem redire. Religio autem tenetur illum recipere, ut pluries declaravit Apostolica Sedes.[26]

Alia quoque argumenta urgeri possunt, et quidem a) ex legislatoris silentio quoad exclaustrati privationem huius privilegii. Si enim legislator vellet exclaustratum excludere ab huius privilegii participatione, proculdubio id etiam fecisset, praesertim cum alias exclaustrationis conditiones taxative enumeret.[27] Quoniam autem hac in re silet, ergo iuxta regulam iuris concludendum est: "Qui tacet consentire videtur."[28]

b) Fori privilegio gaudent per iuris extensionem etiam novitii, qui in odiosis non veniunt sub nomine religiosorum, sed utique in favorabilibus.[29] Ergo maior adest ratio extendendi huius privilegii

[22] S. C. Ep. et Reg., 14 sept. 1827 ad 1, Bizzarri 52; S. C. Ep. et Reg., 19 febr. 1858, Bizzarri 144; S. C. Ep. et Reg., 10 iul. 1734, Anal. Jur. Pont. 602, n. 1254.

[23] Pont. Com. C. C. I., 12 nov. 1922, ad III, A. A. S., XIV 662.

[24] Cfr. C. 3, X, *de regularibus*, III, 41.

[25] Can. 120.

[26] S. C. Ep. et Reg., 22 ian. 1839, Anal. Jur. Pont. XVII 109, n. 1605; 5 iun. 1840, ibid. 222, n. 1634; 22 ian. 1841, *ibid.* 228, n. 1643; 7 aug. 1841, *ibid.* III 1052, n. 29;—cfr. etiam Piat I 186; Prümmer 326.

[27] Cfr. can. 639.

[28] Reg. iuris 43, in VI°.

[29] Can. 614, 567.

participationem quoad exclaustratos, quia coram Deo et Ecclesia vere sunt religiosi et remanent propter vota quibus adhuc ligantur. Ergo etiam ipsis favet regula iuris: "Odia restringi et favores convenit ampliari."[30]

c) Ex iure antiquo, privilegio isto gaudent etiam eremitae, attamen, ut animadvertit Sebastianelli, "qui episcopali auctoritate ad alicuius ecclesiae vel oratorii servitium sunt deputati et habitum gestant eremiticum."[31] Quamobrem idem favor, tacente legislatore, extendatur quoque oportet ad exclaustratum, qui etsi per accidens habitum religiosum non gestet, tamen illum deposuit iubente legislatore ob maius bonum Ecclesiae et decorem status religiosi. Ob voti perseverantiam exclaustratus enim censetur non solum Deo, verum etiam Ecclesiae servitio modo generali deputatus, scilicet illius particularis territorii ubi commoratur sub vigilantia Ordinarii loci a Sede Apostolica loco Superioris religiosi nunc per Codicem expresse subiecti. Quapropter nihil obstat, quominus in aliquo casu, necessitate vel utilitate alicuius ecclesiae postulante, Ordinarius revera exclaustratum adscriberet servitio eiusdem particulari, sive ille sit clericus in ordinibus constitutus sive religiosus-laicus. Imo fortasse Ordinarius posset ita exclaustrato etiam, iuxta circumstantiarum opportunitatem aliquando praecipere vi voti obedientiae, ut exclaustratus esset sub vigilantia meliori alicuius ecclesiae parochi.[32] Quia proinde olim eremitis lex favebat, nulla adest ratio sufficiens, quin exclaustrato eadem quoque conniveat, maxime quia "utile non debet per inutile vitiari."[33]

Quae omnia hucusque allata, negativis quoque argumentis convenit corroborari. Nullum dubium est, legislatorem statim Ecclesiae initiis iuste vindicasse hoc privilegium clericorum, quod altas egit radices in reverentia status clericalis (et etiam religiosi), suf-

[30] Regula iuris 14, in VI°.

[31] Sebastianelli, De Iudiciis Ecclesiasticis 67.

[32] Neminem latet, nostra hac in regione talem ecclesiae ad interim exclaustrati adscriptionem fore aliquando utilem tum ex parte exclaustrati tum etiam ex parte respectivi parochi. Exclaustratus enim acciperet sufficientem vitae sustentationem atque vitae spiritualis subsidia opportuna. Parochus itidem, praesertim maioris paroeciae, haberet fidelem sacristam, ianitorem, coemeterii custodem etc.—Aliunde talis ex parte Ordinarii loci modus procedendi cum exclaustratis non modo minueret exclaustratorum numerum, verum etiam probabiliter gradatim aboleret.

[33] Regula iuris 37, in VI°.

fragante etiam sensu communi. Omnium enim gentium, etiam incultarum, historia praebet sufficientia argumenta reverentiam specialem commonstrantia erga statum clericalem; a fortiori ergo convenit reverentia talis et favorabilis eiusmodi legis extensio in Ecclesia Christi.[34] Iamvero semper et ubique Ecclesiae summus legislator nolebat clericos, etiam simplici tonsura donatos—et proinde sensu iuris comprehensivo etiam religiosos-privare privilegio hoc, nisi in poenam propter aliqua delicta ab ipsis commissa, vel propter occupationem clerico (religioso) minus decentem.[35] Ergo eadem quoque legis extensio militat pro exclaustrato.

Exclaustratio enim per se nullum est crimen, sed prudentis legislatoris ad interim benignum indultum atque temporaria provisio, ne statim cuique religioso detur indultum penitus in saeculum regrediendi. Verumtamen abstinere debet ab occupationibus quae in Codice taxative enumerantur.[36] Quodsi exclaustratus voluntarie et scienter alicui eiusmodi vacaret, proculdubio sibimetipsi damnum adscribere deberet, vi axiomatis noti: "Damnum, quod quis sua culpa sentit, sibi debet, non aliis, imputare." [37]

Aliquis forsitan dicat: "Perdurante exclaustrationis indulto, privilegia exclaustrati personalia in suspenso maneant oportet

[34] Abstineamus oportet a controversia illa celebri dirimenda, quo iure privilegium immunitatis personalis clericis proveniat. Quatuor enim ab auctoribus sententiae propugnantur: alii asserunt illud originem ducere ex concessione auctoritatis civilis. Ita praesertim antiqui regalistae et neotheoretici.—Alii affirmant illud provenire ex iure divino, eo quod ad ius divinum pertinet ut inferiores (laici) non iudicent superiores (clericos). Iure autem divino expresso clerici sunt laicis superiores. Quae opinio confirmatur quoque historia populorum, in quibus generatim receptum erat nonnisi a propriis tribunalibus sacerdotes iuducari posse.—Alii profitentur immunitatem eclesiasticam oriri quidem ex iure humano, ast non civili sed ecclesiastico.—Alii tandem duas praecedentes amice componere satagant, statuendo argumenta non spernenda, immunitatem clericorum personalem generice habere fundamentum in iure divino, formaliter tamen et explicite propositam fuisse ab Ecclesiae diversis in Conciliis.—Cfr. uberius hac de controversia: Maroto I n. 512; Wernz II n. 166-168; Mocchegiani II 109-111.

[35] Cfr. Can. 123, 213, § 1, 2304. C. 1, 3, 7, 9, X, *de clericis coniugatis*, III, 3; c. un., *de bigamis*, I, 12, in VI.°; c. 8, X, *de dolo et contumacia*, II, 14; c. 9, X, *de haereticis*, V, 7; c. 2, X, *de raptoribus, incendiariis et violatoribus ecclesiarum*, V, 17.

[36] Can. 123, 213, 136, § 3, 141.

[37] Reg. iuris 86, in VIo.

quemadmodum id statutum fuerat a Conc. Trid. quoad clericos minores, qui non deferrent tonsuram et habitum ecclesiasticum[38] quod idem nunc etiam in Codice reiteratur."[39] Cuius analogiae tamen applicatio omnino est deneganda. Clerici enim saeculares privantur hoc privilegio in poenam, si nempe temerarie et inconsulto Ordinario habitum ecclesiaticum dimittant: "Clerici minores qui propria auctoritate sine legitima causa habitum ecclesiasticum et tonsuram dimiserint, nec, ab Ordinario moniti, sese intra mensem emendaverint, ipso iure e statu clericali decidunt."[40] Exclaustratus proinde non comprehenditur sub hac sanctione poenali, quia non propria auctoritate, sed sciente legislatore habitum religiosum deponit, imo—ipso ita iubente—deponere debet.[41]

Tandem inter poenas, ipso facto privantes clericos (et proinde etiam religiosos) privilegio fori ceterisque privilegis personalibus, legislator expresse edicit: "a) Memoratis privilegiis clericus renuntiare nequit; sed eadem amittit, si ad statum laicalem reducatur aut privatione perpetua iuris deferendi habitum ecclesiasticum plectatur."[42] b) Clerici minores (et etiam religiosi) matrimonium contrahentes . . . "ipso iure e statu clericali [in casu nostro etiam religioso] decidunt."[43] c) Clericus minor qui . . . "sponte sua militiae nomen dederit ipso iure e statu clericali decidit."[44]

Quoad religiosos autem in specie decernitur: "Ipso facto habendi sunt tamquam legitime dimissi religiosi: 1) Publici apostatae a fide catholica; 2) religiosus, qui fugam arripuerit cum muliere; aut religiosa quae cum viro; 3) Attentantes aut contrahentes matrimonium aut etiam vinculum, ut aiunt, civile."[45]

Quamobrem, quia in hisce casibus a iure expressis nullibi fit mentio de exclaustrato, ipse remanet in tuta possessione fori privilegii, nisi aliquod ex hisce delictis, a iure enumeratis, committat. Si autem committeret, tunc et ipse comprehenderetur sub hac sanctione poenali per modum legis extensionis.

Ergo tuta possessio privilegii fori exclaustrato favet, quia nul-

[38] Conc. Trident., sess. XIV, *de ref.*, c. 6; sess. XXII, *de ref.*, c. 1; sess. XXIV, *de ref.*, c. 12; Richter 91, 149, 349.

[39] Can. 136, § 1, 123; 213.

[40] Can. 136, § 3; item can. 2379.

[41] Can. 639.

[42] Can. 123.

[43] Can. 132, § 2.

[44] Can. 141, § 2.

[45] Can. 646.

libi in iure expresse ea privatur. Quoniam autem legislator nullibi aperte eum hoc privilegio privat, favorabilia omnia militant pro exclaustrato iuxta antiquam regulam iuris: "Contra eum, qui legem dicere potuit apertius, est interpretatio facienda." [46]

§ 3. *De exclaustrati privilegio exemptionis.*

Praeter fori privilegium, alia quoque species immunitatis personalis vi iuris competit clericis in genere, et proinde etiam religiosis in specie: nempe privilegium exemptionis a quolibet munere et officio civili. Quamvis diversimode appelletur a diversis auctoribus,[1] nihilominus placet nomen magis genericum a Maroto propositum: *privilegium exemptionis.*[2] Continet autem hoc privilegium veluti duas sub se distinctas clericorum exemptiones: a servitio militari et ab omni civili servitio publico. Quod privilegium duplicis illius immunitatis ita a Codice proponitur: "Clerici omnes a servitio militari, a muneribus et publicis civilibus officiis a statu clericali alienis immunes sunt." [3]

Neminem latet, servitium militare propsus alienum esse a statu clericali et proinde etiam religioso. Quamobrem concludendum est, exemptionem a servitio militari provenire, ut dicit Conc. Trid. ex "Dei ordinatione." [4] Etenim iamiam S. Paulus adhortatur Timotheum: "Labora sicut bonus miles Christi Iesu. Nemo militans Deo implicat se negotiis saecularibus." [5]

Nomine autem servitii militaris, de quo in Codice agitur, intelligitur non solum actuale servitium qua militis in castris, verum etiam quodcumque obsequium personale intuitu militum in castris, ut infra explicabitur. Dicitur personale, quia iuxta auctores obsequia triplicis sunt generis: personalia, realia et localia.[6] Quia in casu nostro solummodo fit sermo de exclaustrato, proinde de exemptione personali a servitio militari agemus in praesenti inquisitione.

[46] Reg. iuris 57, in VIo.

[1] Privilegium hoc vocatur exemptio a servitio militari et a publicis officiis a Wernz-Vidal II 91-93.—Ab aliis vocatur privilegium immunitatis. Ita Wernz II n. 166; Mocchegiani II 111. Prümmer 86; Vermeersch-Creusen, Epit. 102.

[2] Maroto I n. 518-521.

[3] Can. 121.

[4] Conc. Trident. sess. XXV, *de ref.*, c. 20, Richter 467.

[5] II Tim. 2, 3-4.

[6] Cfr. Schmalzgrueber, l. III, tit XLIX, n. 4; Wernz II, n. 166.

Exemptio autem personalis hac in re, iuxta Schmalzgrueber, ea est "quae personis ipsis competit, et versatur circa ea, quae corporis labore, animi sollicitudine, vigilantia perficiuntur, ut tutela, curatela, portarum vel murorum custodia, et defensio." [7]

Quae obsequia personalia intuitu militiae saecularis praestita iterum sunt triplicis generis, ut idem auctor animadvertit: "aliqua sordida, ut mundandae cloacae, purgandi stabuli, arenae fodiendae etc.; alia honorabilia, ut regendae civitatis etc.; alia indifferentia, ut officium tutoris, curatoris etc." [8] Iamvero Codex, cum nullam faciat distinctionem, sed sensu composito declaret "clericos omnes a servitio militari immunes esse," ex terminologia hac profecto liquet, ipsis propria auctoritate prohibitum esse quodlibet obsequium personale praestare sive tempore pacis sive tempore belli, intuitu militum. Primario et per se arcentur vi iuris a servitio militaris qua militis; implicite autem etiam prohibetur quodlibet obsequium honorabile vel indifferens.[9] Ad obsequia sordida numquam sive tempore pacis sive belli obligari possunt neque ea acceptare debent, utpote prorsus contraria dignitati et indecora statui clericali et religioso.[10] Dicitur *propria auctoritate,* quia si coacti fuerint per leges civiles ad servitium militare activum, id solummodo possunt facere hunc ob finem, ut sese citius liberarent ab onere ipsis iniuste ab auctoritate civili imposito, ut pluries ab Apostolica Sede declaratum est.[11] Iuvat etiam referre S. C. de Rel. verba: "Inter reliquas difficultates, quibus premitur Ecclesia Christi nostris temporibus, ea quoque recensenda est lex, qua ad militiam adiguntur etiam iuvenes, qui in religiosis familiis Deo famulantur. Nemo sane non videt, quantum detrimenti ex hac infausta lege provenire possit, quum iuvenibus, tum ipsis Sodalitatibus. Dum enim militiae vacant religiosi tyrones, facile vitiis maculari possunt, quibus infecti, vel, neglectis, quae emiserant, votis, ad saecularia remigrabunt, vel quod longe peius est, religiosam repetent domum, cum periculo alios contaminandi." [12] Quodsi

[7] Schmalzgrueber, *ibid.*, n. 3.

[8] Schmalzgrueber, *ibid.*, n. 10.

[9] Cfr. Can. 121, 141.

[10] Can. 121, 138.

[11] Can. 141; C. 5, 6, C. XXIII, q. 8; c. 9, X, *ne clerici vel monachi saecularibus negotiis se immisceant,* III, 50; c. 5, X, *de poenis,* V, 37; c. 25, X, de sententia excommunicationis, V, 39.

[12] S. C. de Rel., decr. "*Inter reliquas*" 1 ian. 1911, A. A. S., III 37.

clericus minor et proinde etiam religiosus "sponte sua militiae nomen dederit, ipso iure e statu clericali decidit."[13]

Speciales quoque edixit Apostolica Sedes quoad religiosorum servitium militare sanctiones, quae respiciunt votorum naturam et dispensationem ab illis, finito ultimo bello internationali: "Qui fratres conversi vel laici in variis religionibus nuncupantur et post militare servitium ad conventum redeant. . . . Si vero constet eos se male gesisse et votis sollemnibus ligati non fuerint, [Superiores] dimittant et hoc ipso a votis omnibus, etiam castitatis perpetuae, absoluti erunt. Quod si votis sollemnibus obstricti fuerint, Superiores casum deferant ad S. Congregationem de Religiosis, et interim eos iubeant penes consanguineos suos, vel in monasterio, sed seorsim, vivere."[14]

Clerici omnes, proinde etiam religiosi, qui militiae servitio actuali coacti non sunt, neque tempore belli ordinarie loquendo compelli possunt ad murorum custodiam vel ad vigilantias agendas, "cum militum Christi sit Christo servire, milites vero saeculi serviant saeculo. . . ."[15] Dicitur: ordinarie loquendo, nam ut animadvertit Schmalzgrueber: "in casu valde magnae necessitatis publicae, ut cum civitati grave periculum imminet ab infidelibus, aut hereticis, et moenia a laicis solis absque ope clericorum satis defendi non possunt, ad excubias adhiberi possunt; quod tamen fieri debet approbante episcopo, et coactio, si necessaria illa sit, per ipsum et non per laicum magistratum. . . ."[16]

Merito proinde Apostolia Sedes semper strenue defendebat clericorum (et etiam religiosorum) exemptionem a servitio militari sive activo sive passivo. Fundatur enim haec exemptio, ut supra notatum est "in Dei ordinatione."[17] Neque silentio praetereunda est animadversio, quod hoc clericorum privilegium exemptionis olim agnitum fuerit apud cunctos populos, etiam ethnicos. Status sacerdotalis siquidem superioritas super statum laicalem per cuncta saecula fuit admissa et sancte custodita. Romani praesertim, historia teste, reverentia speciali prosequuti sunt suos sacerdotes atque Virgines Vestales. Sacerdotium penes ipsos erat aliquid sacrum

[13] Can. 141, § 2.

[14] S. C. Consist., decr. "*Redeuntibus*," 25 oct. 1918, A. A. S., X. 481.

[15] C. 19, C. XXIII, qu. 8.

[16] Schmalzgrueber, l. III, tit. XLIX, n. 13.

[17] Conc. Trid., sess. XXV., *de ref.*, c. 20, Richter 467.

diisque speciali modo consecratum. Quodsi statim initio Ecclesiae clericis tale privilegium ab imperatoribus ethnicis non sit concessum, id solummodo ethnicorum praeiudicio adversus religionem christianam est abscribendum. Ubi primum autem Constantinus M. libertatem concessit Ecclesiae, clericis quoque exemptionis privilegia praestitit et quidem, initio ob prudentiam politicam, ad instar sacerdotum ethnicorum. Quapropter etiam clerici catholici, sicuti Wernz scribit, "ab omni omnino munere sive onere personali per leges saeculares reliquis civibus imposito sunt liberati, ut divinis rebus inservirent." [18]

Quae omnia privilegia a subsequentibus principibus christianis approbata et aucta sunt; [19] ita autem usque ad medium aevum conservata, denuo a Conc. Trid. principibus christianis sollemniter in memoriam revocata.[20]

Codex propugnat eamdem clericorum exemptionem "a servitio militari, a muneribus et publicis civilibus officiis a statu clericali alienis." [21] Silentio tamen praeterit legislator exemptionem quoad solvenda tributa, quia ut dicit Prümmer, "hodie in universo fere orbe clerici solvunt tributa gubernii civilis sicuti ceteri cives." [22]

Quod silentium legislatoris ita explicari possit: Ecclesiam ius habere nativum advocandi pro suis ministris exemptionem a quolibet servitio civili, etiam quoad tributa solvenda de bonis stricte ecclesiasticis utpote spiritualibus adnexis. Bona tamen privata clericorum, cum in Ecclesiae dominio stricte non sint constituta, Ecclesiae iurisdictioni plene non subiacere; ergo per multa saecula anteriora Conc. Tridentino, initio beneplacito principum, deinde vi consuetudinis universaliter receptae, fuisse exempta a tributis solvendis. Qua universali consuetudine ita ubique legitime recepta, deinde, ut dicit Wernz: "duplici ratione Ecclesia potui procedere. Etenim aut immunitatem a potestate *civili oblatam* acceptavit et *sua* quoque lege confirmavit, quam civitas postea non iam arbitrarie mutare vel abrogare potuit, aut *indirecta* sua potestate usa est atque *immediata iuris canonici* sanctione bona propter connexi-

[18] Wernz II n. 167; cfr. etiam Maroto I n. 518-519.

[19] Cfr. L. 1. 2. 7. 9. 10. 11. 13. 14. 24. 40. Cod. Theod., de Episc., eccl. et cler. XVI, 2; L. 1. 2. cum authent. Frid. II, Cod. Iust. de Episc. I. 3.—Cfr. Wernz II 258 nota 119; Maroto I n. 519; Wernz-Vidal II n. 81-82.

[20] Conc. Trid. sess. XXV, *de ref.*, c. 20, Richter 467.

[21] Can. 121.

[22] Prümmer 86.

onem cum persona *ecclesiastica* et ob rationem aequitatis naturalis legibus tributariis civitatis subduxit. Prior modus magis explicat *occasionem*, qua de facto immunitas illa inducta est, alter modus potius explicitis verbis denotat ius, quo Ecclesia uti potest et quaestionem resolvit ex *ultimis principiis*." [23] Concinunt ad rem etiam ea quae habentur apud Maroto: "Haec exemptio respiciebat bona clericorum patrimonialia vel quomodocumque civilia; nam quoad bona ecclesiastica, v. g. beneficialia, bona causarum piarum etc., haec iure suo, non privilegio, exempta a tributis et erant et etiam nunc debent esse." [24] Quoniam autem per ultima inde a Conc. Tridentino saecula, ob vicissitudines temporum, Apostolica Sedes efficaciter non potuit uti iure suo ad urgendam hanc clericorum exemptionem a tributis solvendis, idcirco legislator nullam eius mentionem facit in Codice explicite quoad bona clericorum patrimonialia vel quomodocumque civilia. Quoad bona autem stricte ecclesiastica numquam S. Sedes renuntiavit iuri suo iniuste ea usurpantibus vel detinentibus.[25]

Quidquid proinde sit de silentio legislatoris quoad tributa solvenda gubernio a clericis, inconcussum manet ius ad clericorum exemptionem hac in re. Ex silentio Codicis minime licebit conclusionem deducere, Ecclesiam iure suo pro semper renuntiasse; potius dicendum: ipsam tolerare usum contrarium per concordata inita, per privilegia concessa quibusdam nationibus." [26] Quod attinet factum clericorum exemptionem quoad servitium militare, officia publica civilia—et etiam quoad tributa solvenda—in quibusdam regionibus adhuc hodie favorabilibus legibus eam a gubernio esse cautam.[27] Qui favor clericis praestitutus, praesertim quoad tri-

[23] Wernz III n. 146, III.

[24] Maroto I 607, nota 2.

[25] Cfr. can. 2345; 2346.

[26] Can. 3; 4; 5.

[27] In nostra regione Americae Septentrionialis, etsi gubernium sit—ut dicitur indifferens quoad religionem catholicam—nihilominus ius clericorum sat tuetur. Tempore ultimi belli, clerici omnes, etiam nondum tonsura initiati, sed actualiter studio theologiae vacantes, exempti erant a vocatione ad militare servitium; item nemo cogitur tempore pacis ad officia et onera statui clericali contraria. Tributa non inponuntur ecclesiis et institutis charitativis. Quodsi aliqua persona ecclesiastica moralis bona immobilia possideat, si tali instituto adnexa habentur opera charitativa, item immunia sunt a tributis solvendis realibus. Clerici saeculares capitationis tributum quidem solvere debent sicuti reliqui cives, attamen

buta, fundatur in naturali iure et aequitate. Audiatur argumentatio a Schmalzgrueber proposita: "Quod clerici, et personae ecclesiasticae immunes sint a tributo capitationis, si princeps illud imponat, exploratum est apud DD. et decisum habetur in utroque iure, canonico quidem, *cap. quia nonnulli* I hoc t. in 6. *ubi iurisdictionem temporalem obtinentes* . . . prohibentur *exactiones quascumque personis ecclesiasticis imponere:* [28] civili autem, *l. iuxta 1. l. omnis* 2 et auth. *item* nulla *C* de *episc. et cleric.* ubi eadem fit prohibitio. . . . Ratio est, quia tributum hoc imponitur titulo iurisdictionis, quam tamen princeps saecularis in personam clerici nullam habet. *Accedit,* quia capitationis tributum imponitur propter actiones lucrosas; clericorum autem actiones non sunt ordinatae ad lucrum temporale faciendum, sed divinum cultum, et animarum salutem. *Neque* obstat, quod pro talibus ministeriis stipendium aliquod temporale accipiant; nam illud non est per modum lucri temporalis, sed per modum iustae, et congruae sustentationis, quod non potest subtrahi, vel diminui per impositionem tributi; quia accessorium est spirituali, et ideo huius naturam, cons. etiam exemptionem participat. *Denique* non oportet clericos magis gravari, quam laicos: quod tamen fierit, si principibus saecularibus tributa deberent solvere cum laicis, et episcopo nihilominus subsidium charitativum, si petat, pendere, quod laici non debent."[29]

Privilegium exemptionis extenditur ad omnes clericos, "qui divinis ministeriis per primam saltem tonsuram mancipati sunt." [30] Per extensionem legis comprehenduntur etiam religiosi utriusque sexus, imo et novitii: "Religiosi, etiam laici ac novitii, fruuntur clericorum privilegiis. . . ." [31] Quaeri iterum possit: utrum necne etiam exclaustratus gaudeat hoc privilegio? Ratio dubitandi est, quia persaepe ipse ad interim in saeculo degens—praesertim si non in ordinibus constitutus, sicuti fratres laici et Sorores—ad instar ceterorum saecularium habitu religioso deposito, vivit neque persaepe noscitur esse religiosus extra claustra degens. Accidit imo potior ratio haesitationis, quia praecipue hunc ob finem iussit legis-

omnes religiosi liberi sunt a quolibet tributo personali; eodem modo exempta est quaelibet communitas religiosa veniens sub nomine instituti charitativi. (Charitable Institution.) Cfr. Zollmann 236-284.

[28] C. 1, *de immunitate ecclesiarum, coemeteriorum et aliorum locorum religiosorum,* III, 23, in VIo.

[29] Schmalzgrueber. l. III, tit. XLIX, n. 10.

[30] Can. 108; 121.

[31] Can. 614.

lator ipsi habitum religiosum, durante exclaustrationis indulto, deponere, ne tam facile a saecularibus qua exclaustratus cognoscatur. Attamen non obstantibus hisce a legislatore positis exclaustrato conditionibus, ipse ius habet etiam ad hoc privilegium exemptionis. Quemadmodum in praecedentibus duobus privilegiis ipsi vindicatur participatio omnium iuris favorabilium, ita quoque pergit esse particeps istius privilegii. Argumenta enim pro duorum privilegiorum praecedentium vindicatione allegata,[32] eodem modo hic militant in eius favorem. Ratio praecipua enim est, ipsum coram Deo et Ecclesia retinere characterem personae Deo per vota religiosa consecratae. Ergo clausula iuris, aliis religiosis vindicans hoc privilegium, etiam exclaustratum comprehendit.[33]

Quilibet exclaustratus ergo particeps est, ad instar aliorum clericorum et religiosorum, privilegii exemptionis;[34] neque huic sponte renuntiare potest;[35] item, vi eiusdem clausulae iuris prohibentis, voluntarius saecularem militiam capessere nequit, nisi praemonitis suis Superioribus religiosis et de licentia loci Ordinarii, et quidem solummodo hunc ob finem, ut citius a militari servitio liber evadat.[36] Requiritur autem, ut antea praemoneat suos Superiores religiosos, quia radicalier adhuc pertinet ad religionem; item requiritur licentia Ordinarii loci, quia ipse nunc locum tenet Superioris religiosi. Quodsi idem exclaustratus, in ordinibus minoribus constitutus, id faceret non praemonitis Superioribus religiosis et absque licentia Ordinarii loci, ipso iure e statu clericali excideret.[37]

Quod autem vota religiosa attinet, ea nunc solummodo, ex Apostolicae Sedis sanctione, temporaria esse possunt quoad religiosos, "quos exemptos esse certo non constet a servitio militari activo."[38] Imo, post Codicis promulgationem denuo Apostolica Sedes sancivit: "decretum 'Inter reliquas' numquam fuisse abolitum, sed in pleno permanere vigore etiam sub legislatione Codicis quoad naturam et effectum votorum, quae emittuntur a religiosis servitio militari activo adhuc obstrictis."[39]

[32] Vide supra pag. 125-126; pag. 131-134.

[33] Cfr. can. 614; 121.

[34] Can 614; 121.

[35] Can. 123.

[36] Can. 141, § 1.

[37] Cfr. can. 141, § 2.

[38] S. C. de Rel. decr. "*Inter reliquas,*" 1 ian. 1911, A. A. S., III 37-39, I.

[39] S. C. de Rel., circa decr. "*Inter reliquas,*" 15 iul. 1919, A. A. S., XI 321-323.

Quamobrem cum exclaustrati vota tantum temporaria esse possunt vel valitura usque ad servitium militare, ex iuris praescripto, in quolibet casu " vota praedicta cessant eo die quo religiosus militiae effective adscriptus et disciplinae militari subiectus evadit, vel inhabilis ad militiam absolute et in perpetuum declaratur." [40]

Quaeri tamen possit utrum necne idem exclaustratus ius habeat revertendi, persoluto servitio militari, in suam religionem? Et respondendum est: affirmative. Ratio est, quia ipsi quoque favet decreti eiusdem tenor: " Perdurante militari servitio, alumnus, quamvis votis religiosis non sit ligatus, tamen membrum religionis esse perseverat. . . . Attamen, ad normam can. 637, alumnus potest libere religionem deserere, praemonitis Superioribus per declarationem in scriptis vel coram testibus, quae declaratio caute in Archivo Ordinis vel Instituti servetur; Religio pariter potest eum, ob iustas et rationabiles causas, dimissum declarare." [41]

Ob easdem rationes quas continet privilegium exemptionis, exclaustratus nequit assumere, perdurante exclaustrationis indulto, munera vel publica civilia officia, puta " officia iuratorum, tutorum et curatorum, aliorumque officiorum saecularium, quae cum statu clericali non conveniunt vel in iure expresse clericis prohibita sunt." [42]

Religiosus votorum simplicium potest etiam ad instar aliorum religiosorum frui exemptionis privilegio a tributo capitationis in illis regionibus, in quibus lex civilis religiosis favet, ipsosque exemit a censu. Ratio est, quia, etsi ad interim exclaustratus, nihilominus in favorabilibus nomine religiosorum comprehenditur. Neque obstat, quod pro suo labore stipendium accipiat et aliquam pecuniam seponat. Pecunia enim ista seposita non pleno iure ad ipsum pertinet; retinet quidem ipsius dominium radicale et simplicem usum, seu, ut in Codice exprimitur: " nisi aliud in constitutionibus cautum sit, conservat proprietatem bonorum suorum et capacitatem alia bona acquirendi. . . . Quidquid autem industria sua . . . acquirit, religioni acquirit." [43]

A fortiori sollemniter professus habet ius ad capitationis exemptionem; imo, interrogatus de peculio, potest coram magistratu tuta

[40] *Ibid.*, 322, No. 1.

[41] *Ibid.*

[42] Wernz-Vidal II n. 82; Schmalzgrueber l. III. tit. 49, n. 10.

[43] Can. 580, § 1, § 2.

respondere conscientia: se nihil proprii possidere. Ratio est, quia ex iure communi "post sollemnem professionem, salvis pariter peculiaribus Apostolicae Sedis indultis, omnia bona quae quovis modo obveniunt regulari: 1°. In Ordine capaci possidendi, cedunt Ordini vel provinciae vel domui secundum constitutiones; 2°. In Ordine incapaci, acquiruntur Sanctae Sedi in proprietatem."[44] Perdurante igitur exclaustratione, ipse solumodo habet simplicem, de consensu legitimi Superioris, rerum usum ad interim sicuti ceteri sollemniter professi in claustro viventes. Ergo sicuti ceteri sollemniter professi etiam ius habet ad capitationis exemptionem.

§ 4. *De exclaustrati privilegio competentiae.*

Privilegium clericorum quod nunc communiter vocatur competentiae[1] consistit in eo, quod clericus debitis oneratus a nemine cogi possit ad renuntiationem fructuum vel portionem pensionis vel cuiuslibet reditus, quae arbitrio iudicis ecclesiastici ipsi necessaria sunt ad honestam sustentionem.

Antiquitus illud vocabatur privilegium capitis "Odoardus," quia, ut notat Ojetti,[2] "iuxta quosdam deducitur ex cap. Odoardus."[3]

Privilegium competentiae ratione originis antiquissimum est. Desumitur enim ex analoga dispositione iuris romani.[4] Quae anologia ex iure romano postea transiit in ius canonicum, ut dicit Wernz, "praesertim attenta consuetudine et aequitate canonica et analoga dispositione iuris romani in favorem militum."[5]

Vi eiusdem privilegii proinde clericus quilibet ius habet ut ipsi relinquatur sufficiens reditus ad honestam sustentationem; intelli-

[44] Can. 582.

[1] Wernz-Vidal II n. 83; Wernz II n. 169-172; Maroto n. 522-525; Prümmer 88.

[2] Ojetti, v. *Competentiae privilegium.*

[3] C. 3, X, *de solutionibus*, III, 23; item: C. 16, X, *de restitutione spoliatorum*, II, 13; C. 2, 4, X, *de fideiussoribus*, III, 22; S. C. C.. 15 mart. 1652, apud Richter 115, n. 26.

[4] Iure romano beneficium competentiae agnoscebatur: 1) parentibus, fratribus, liberis; 2) sociis; 3) coniugi; 4) patronis eorumque filiis respectu libertorum; 5) donatoribus; 6) debitori qui fecit cessionem bonorum; 7) militibus etc.—Cfr. etiam Vidal 502; Girard-Longo 1048, nota 1, Maroto I 608, nota 4.

[5] Wernz II n. 170.—Cfr. etiam L. 6. pr.; L. 18. Dig. *de re iud.* XLII, 1.

gitur tamen, ut recte animadvertit Prümmer, "non laute sed tenuiter vivendo." [6]

Quod privilegium pro omnibus clericis ita a Codice urgetur: "Clericis qui creditoribus satisfacere coguntur, salva sint quae ad honestam sui sustentationem, prudenti ecclesiastici iudicis arbitrio, sunt necessaria, firma tamen eorundem obligatione creditoribus quamprimum satisfaciendi." [7]

Ratio huius privilegii fundatur in decore status clericalis servando. Ad rem Wernz-Vidal: "Ecclesia quemadmodum legibus latis de *titulo* ordinationis clericis congruam sustentationem procurare studet, ne cum dedecore status clericalis mendicare cogantur, ita etiam clerico reditus sufficientes pro *dignitate* et exigentia sui status vel officii *conservare* studet, si forte infortunium quoddam superveniat." [8]

Quamvis sensu stricto iuridico titulus honestae sustentationis ab Ecclesia vindicetur primario et per se iis qui "ad sacros ordines" [9] i. e. inde ad subdiaconatum promoveantur, nihilominus privilegium competentiae extenditur ad omnes qui in iure canonico veniunt sub nomine clericorum.[10] Ratio est, quia omnes clerici etiam sola tonsura donati sunt in via ad ordines maiores. Extenditur quoque per legis favorem, ad omnes qui in favorabilibus adnumerantur religiosis; ergo etiam comprehenduntur laici et novitii." [11] Privilegium illud etiam plerumque in foro civili clericis hodiernis temporibus adstipulatur, ut dicit Wernz: "Non desunt leges civiles, quae favores magistratibus civilibus hac in re concessos etiam ad clericos saltem officio ecclesiastico fungentes extendunt. Cum praeterea fere ubique in foro civili incarceratio ob debita pro omnibus civibus sit abrogata, eodem favore etiam gaudent clerici." [12] Quapropter in genere cuiusque regionis generatim inspiciendum est ius vigens.[13]

[6] Prümmer 88.
[7] Can. 122.
[8] Wernz-Vidal II n. 83.
[9] Conc. Trid., sess. XXI, *de ref.*, cap. 2, Richter 112; Can. 979; 980.
[10] Can. 122.
[11] Can. 614.
[12] Wernz II n. 171.
[13] Quoad ius austriacum, cfr. Pöschl 100, n. 4. Quoad Germaniam: Prümmer 88; Wernz-Vidal 95, nota 10. Quoad Galliam: Bargilliat I 116-167; A. A. S., XVI 5-24.—In Statibus Foederatis Americae Septen-

10

Hisce adductis adducendis, nunc quaeratur oportet: utrum necne etiam exclaustrato suffragetur privilegium competentiae? Ratio dubitandi est, quia iuxta Ecclesiae disciplinam vigentem antea et nunc per Codicem denuo confirmatam,[14] non omnes clerici gaudent hoc privilegio. Iuxta Schmalzgrueber quidam a fruitione illius excluduntur: "Et quidem: 1) Qui tempore contractus negavit se esse clericum, ut sic alios alliceret ad contrahendum . . . 2) Si bona propria occultavit . . . 3) Si sit suspectus de fuga; 4) Si coram iudice falso negavit debitum. . . ."[15] Iamvero exclaustratus, carens tonsura vel ordinibus minoribus, cum clericus proprie loquendo non sit, posset facile alios inducere in errorem affirmando recte se non esse clericum. Quare videtur excludi a privilegii huius participatione.—Attamen contrarium est tenendum. Exclaustratus quilibet gaudet favore eiusdem privilegii. Ratio est, quia etiam ipse, ex iuris dispositione, in omnibus favorabilibus nomine religiosorum intelligi debet.[16] Aliunde nullibi positive a participatione huius privilegii excluditur; ergo eodem perfrui pergit.

Ecclesia enim ad instar providae matris procurare vult omnibus suis ministris, quocumque modo suo servitio adscriptis, sustentationem honestam ne mendicare cogantur in dedecus status clericalis, et, per extensionem iuris etiam, status religiosi. Atqui exclaustratus adhuc ex iure considerari debet membrum suae religionis saltem virtuale;[17] ergo per iuris extensionem quoque pertinet ad servitium ecclesiae, scilicet illius Ordinarii loci, ubi perdurante exclaustrationis indulto commoratur.[18] Ergo etiam ille particeps fit privilegii competentiae.

trionialis, clèrici considerantur coram lege civili ad instar aliorum civium. Scribit enim cl. civilista Zollmann (pag. 335): "Hence, whatever the clergyman's rights in an ecclesiastical court may be, when he 'seeks the aid of the civil courts he is to be treated precisely as any other citizen, and his rights determined by the same standard.'"

[14] Maroto n. 525 autumat, conditiones antiquas ad fruendum hoc privilegio una cum charactere iuridico integre conservari. Quod omnino tenendum est si inspiciatur can. 122, (qui de creditoribus agit,) una cum can. 6, 2°. approbante vetus ius ex integro atque ex receptis apud probatos auctores interpretationibus.

[15] Schmalzgrueber, l. III, tit. XXIII, n. 37.

[16] Vide supra, pag. 132.

[17] Vide supra, pag. 95-98.

[18] Vide supra, pag. 126; 130-131.

Character autem iuridicus huius privilegii in eo consistit, quod nullo modo quidem extinguat debita ab exclaustrato contracta, sed solummodo ad interim suspendat obligationem ea solvendi cum detrimento suae honestae sustentationis, ad quam ius habet iuxta prudens iudicis ecclesiastici arbitrium. Ad rem ita dicit Wernz-Vidal: "Expresse non exigitur cautio, sed urgetur obligatio iuris naturalis quamprimum poterit satisfaciendi creditoribus. Illa tamen cautio prudenter exigi potest et convenit."[19] Quamdiu proinde in ea necessitate constitutus est quod solummodo necessaria habeat ad honestam sui sustentationem, vi huius privilegii etiam protegitur a molestiis ob debita sua creditorum reiterandis. Quod competentiae privilegium item tantum tunc valet, quotiescumque exclaustratus adigitur actione personali, non vero quando ipse cogitur actione reali. Iuxta notum enim adagium: "res clamat ad dominum," actor proinde eam quolibet momento sibi vindicare potest, et, ut Maroto animadvertit, "quam clericus [exclaustratus in nostro casu] quavis ratione, puta ex deposito habebat. Igitur non iuvat privilegium adversum *ius in re,* sed tantum contra *ius ad rem.*"[20]

Iuvat etiam hic referre, privilegium hoc tantum ei suffragari qui, ut dicit Wernz, "ex praxi recepta vere et sine dolo fuit impotens ad solvendum in causa civili et poenali."[21] Quamobrem, iuxta antiqui iuris praxim quae etiam nunc a Codice confirmatur,[22] non gaudet hoc privilegio clericus (vel religiosus) qui debita contraxit mala fide vel propria culpa in negotiatione illicita, quia iuxta regulam iuris: "Locupletari non debet aliquis cum alterius iniuria vel iactura."[23] Quotiescumque proinde dolus vel culpa in debitis contrahendis clerico (et religioso) iuridice probatur, non amplius suffragabatur ei privilegium competentiae, quia, ut iterum notat Schmalzgrueber "super crimine criminaliter conventus, et ad poenam pecuniariam condemnatus, si solvendo non sit, non effugit carcerem, sed quod in aere non habet, luere in cute debet."[24] Neque religio ipsi in talibus angustiis succurrere debet. Exclaustrationis indultum enim impetrando, nomine proprio sese exposuit

[19] Wernz-Vidal II n. 85.

[20] Maroto I 609, nota 2.

[21] Wernz II n. 170, cfr. etiam Schmalzgrueber, l. III, tit. XXIII, n. 33.

[22] Ad normam can. 6, 2o.

[23] Reg. iuris 48, in VIo.

[24] Schmalzgrueber, l. III, tit. XXIII, n. 34.

tali periculo; ergo sibimetipsi vitio adscribere debet eiusmodi res adversas. Aliunde religio, vi iuris non tenetur de debitis religiosi etiam sub obedientia Superioris constituti.[23] Ergo a fortiori non tenetur de debitis exclaustrati. Utrum necne religio teneatur ipsi succurrere in communi necessitate, dicemus inferius.

Art. II. De exclaustrati privilegiis ipsi a Codice qua religioso relictis.

Cum exclaustratus perdurante indulto totaliter subtrahitur a Superiorum religiosorum obedientia, evidens est, nullum vinculum formale seu reale existere religionem inter et ipsum. Ad perfectum seu formale vinculum religionis enim requiritur et obedientiae votum et traditio suiipsius religioni. Ad rem ita Suarez: "Tria enim vota ac maxime obedientiae, sunt de essentia status religiosi. Hoc autem votum formaliter est distinctum a traditione quae in professione religiosa includitur; . . . ergo formaliter distinguuntur, etiamsi necessariam inter se habeant connexionem: non tamen intrinsece se includunt. Deinde votum immediate fit Deo, traditio autem immediate fit religioni; ergo utrumque vinculum et actio sunt formaliter diversa." [1]

Quamobrem, deficiente hac dependentia a Superioris sui potestate quae aliquem religiosum efficit formaliter subditum,[2] in exclaustrato non aliud est vinculum quaerendum nisi spirituale cum sua religione, vi scilicet professionis religiosae qua adhuc exclaustratus ligatur; et hoc etiam non est undequaque perfectum. Quoniam igitur exclaustrati relatio iuridica non amplius est perfecta cum sua religione, idcirco et ipse nequit amplius perfecta gaudere participatione privilegiorum, quae vocant realia,[3] vel communiter personalia, vel etiam corporalia. Relinquuntur ipsi privilegia, quae vocant singulariter personalia.[4]

[23] Can. 536, § 3: "Si contraxerit [debita] religiosus sine ulla Superorum licentia, ipsemet respondere debet, non autem religio vel provincia vel domus."

[1] Suarez, De religionis virtute et statu, tract. VII, l. X, c. 5.

[2] Cfr. Can. 487, 501; § 1; 502; 606, § 2.

[3] Piat II 107: "Iuxta sententiam communem, privilegium communitatibus, vel Ordinibus regularibus concessum, est reale non personale."

[4] Schmalzgrueber, l. V, tit. XXXIII, n. 34: "In quo privilegium personale differt a reali? Differunt inter se privilegia ista, quod privilegium personale sequatur personam, et cum ea exstinguatur; . . . reale vero ad-

Quaerendum proinde est quaenam ista sint privilegia exclaustrato relicta singulariter personalia? Iamvero quaedam ipsi a Codice relinquuntur perdurante indulto expresse; alia tacite, ipso revertente ad pristinam religionem. Sit brevis de hisce discursus.

§ 1. *De privilegiis exclaustrati perdurante indulto extra claustra.*

Ut iam supra notatum est,[5] sub antiqua disciplina cuiuslibet exclaustrati conditionem iuridicam erga propriam religionem debuisse erui ex ipsomet indulto. Quapropter, deficiente aliqua uniformi hac in re legislatione, diversa relinquebantur indulta extra claustra degentibus pro diversis casibus. Post Codicis tamen promulgationem nulla amplius habetur ambiguitas quoad exclaustrati conditionem iuridicam erga suam religionem. Legislator, nullo respectu habito personarum neque attendendo ad exclaustrationis motiva, aequitate prosequitur pari quemlibet exclaustratum atque vult, ut, perdurante exclaustratione, nullo fruatur commodo intuitu suae religionis. Neque multa facit verba de exclaustrati privilegiis; simpliciter proponit: "Qui indultum exclaustrationis ab Apostolica Sede impetravit . . . gaudet privilegiis mere spiritualibus suae religionis. . . ."[6]

Mens legislatoris sat evidens est. Cum enim adhibeat verba "mere spiritualibus," ergo implicite ad quaelibet alia, quocunque nomine illa ab auctoribus vocantur, ius ipsi non suffragatur sive a iure, sive ab homine, sive (olim) per communicationem propriae religionis privilegia concessa. Et merito; qui enim abiecit voti obedientiae iugum cum eis adnexis oneribus, neque commoda reportare debet ex sua erga religionem independentia. Permittuntur ipsi privilegia mere spiritualia, quia vinculum spirituale solummodo ipsum ligat adhuc cum propria religione; quae privilegia ipsi adstipulata nemini dispendium afferunt.

Privilegiorum mere spiritualium nomine proinde veniunt imprimis omnes indulgentiae quae religioni propriae concessae sunt. Quarum particeps fit omnibus rite adimpletis adimplendis iuxta

haeret rei, et propterea tamdiu durat, quamdiu durat res, cui adnexum est privilegium; . . . aliqua ita communicantur personae singulari, ut cum eadem etiam exstinguantur; et haec dicunt esse *privilegia singulariter personalia.*"

[5] Vid. pag. 6.

[6] Can. 639.

religionis propriae consuetudinem, secundum cuiuslibet indulgentiae naturam[7] atque diversam exclaustrati dignitatem hierarchicam[8] diebus et occasionibus ab ecclesia statutis.

Neque sacerdotibus exclaustratis suffragantur privilegia a Superioris religiosi iurisdictione dependentia per se, nisi expresse accedat Superioris delegatio. Ratio est, quia facultas Superioris est necessaria ad validitatem quorundam actuum.[9] etiam pro subditis; a fortiori ea proinde indiget exclaustratus qui versatur extra proprii Superioris obedientiam, nisi aliunde eam acceperit.[10] Maxima enim ex parte indulta haec conceduntur directe religioni respectivae, quorum valor dependet a Superioris delegatione. Ubi primum ergo exclaustratus subducitur obedientiae Superioris religiosi, cessat etiam ratio iuridica fruendi hisce facultatibus sibi delegatis.

Exclaustratus quilibet etiam participat de omnibus bonis operibus quae peraguntur in sua religione; item particeps fit omnium spiritualium gratiarum quae, de venia Apostolicae Sedis, sunt ceteris fidelibus et praesertim religionis benefactoribus et amicis communicabiles, sicuti breviter animadvertit Brandys.[11]

Quid iuris autem si exclaustratus moriatur tempore indulti extra claustra? Habetne ius ad suffragia quae a iure conceduntur omni-

[7] Indulgentias v. g. concessas praesertim religiosis, monialibus et tertiariis Ordinis Fratrum Minorum, item diversas conditiones ad eas lucrandas invenies apud Mocchegiani, Iurisprudentia Ecclesiastica, II 311-517; item in separato eiusdem auctoris libro cui titulus "Collectio Indulgentiarum," Quaracchi 1897; Synopsim earundem quoque exaravit atque protraxit usque ad an. 1906: Łyszczarczyk, Compendium Privilegiorum Regularium, pag. 208-246. De privilegis religiosorum: Appeltern 519-623; Piat II 104-334.

[8] Clerici in maioribus ordinibus constituti, praesertim sacerdotes certo ampliores possunt lucrari indulgentias, puta: ob altare privilegiatum, ministeria sacra obeunda etc. quam Fratres laici et Sorores.

[9] Puta: pro erectione Stationum Vitae Crucis, benedicendi Crucifixos cum adnexis indulgentiis Viae Crucis etc.

[10] V. g. directe a S. Sede vel coetu aliquo religioso cui antea vel post exclaustrationem adscribitur, uti in Statibus Foederatis Americae s. d. "The Eucharistic League," "The Propagation of Faith," "The Crusaders of the Holy Land," "The Holy Name Society" et aliis huiusmodi.

[11] Brandys 95: "Die rein geistlichen Vorrechte der Mitglieder ihrer Ordensgemeinschaft geniesst die betreffende Ordensperson auch während ihrer Exclaustration weiter; sie hat also noch Anteil an den besonderen Ablässen und geistlichen Gnaden, sowie an den Verdiensten, Gebeten und guten Werken ihrer Genossenschaft. . . ." Cfr. etiam Schäfer 343.

bus qui religiosorum[12] veniunt nomine? Legislator de exclaustrati iure quoad haec suffragia tacet. Auctores alii affirmant;[13] alii simpliciter negant;[14] alii tandem quaestionem hanc silentio praetereunt.[15] Opinio tamen affirmativa in praxi servanda est utpote cordi suavior et rationi magis consentanea; contrarium tamen autumat Vermeersch-Creusen: "Qui exclaustratus moriatur, ius ad suffragia religiosorum habere non videtur: haec enim non sunt privilegia spiritualia, sicuti indulgentiae, sed pertinent ad paternam illam religionis providentiam, cui exclaustratus sponte sua renuntiavit."[16]

Fanfani autem ita arguit: ". . . suffragia enim non sunt privilegium sed ius quoddam acquisitum a confratribus ad normam propriarum constitutionum. Cum igitur exclaustratus, durante exclaustratione nequeat dici stricte loquendo membrum communitatis vel religionis, videtur quod neque iura acquirere valeat, quae a religione vel communitate promanant."[17] Et quidem: exclaustratus iure canonico venit nomine religiosi et est ratione votorum. Atqui ex iure nunc vigente, ad illa suffragia novitii ius habent.[18] Ergo, saltem a pari, ea quoque exclaustratis concedenda sunt, qui votis adhuc ligantur et interdum magis bene meriti sunt de religione per vitam anteactam in claustris quam novitii.

Legislator vult, ut paterna Superioris providentia etiam in suffragiis persolvendis extendatur ad novitios post mortem, qui nondum religioni fuerunt alligati per professionis religiosae vinculum. Ergo non videtur, cur exclaustratus ab iisdem excludatur, cum arctiori devincatur religioni vinculo quam novitius.

[12] Can. 567; 574; 578; 614.

[13] Brandys 95; Schäffer 343; Prümmer 336, nota 2; Jansen 210; Bastien 123, nota 1: "Nous pensons cependant qu'il y a droit, n' étant pas détaché de sa religion, mais au contraire il en demeure membre. C'est du reste la pratique commune."

[14] Vermeersch-Creusen, Epit. 321; Fanfani 188; Cocchi IV 233; Leitner III 479, quaestionem in suspenso relinquit: "Alle nicht rein geistlichen Privilegien bleiben suspendiert."

[15] Chelodi 447-449; Biederlack-Führich 291-294; Papi, Religious in Church Law 149-156; item alii qui in decursu huius tractatus allegantur.

[16] Vermeersch-Creusen 321.

[17] Fanfani 188.

[18] Can. 567, § 1: "Novitii privilegiis omnibus ac spiritualibus gratiis religioni concessis gaudent; et si morte praeveniantur, ad eadem suffragia ius habent, quae pro professis praescripta sunt."

Adde: vi iuris, exclaustratus "votis ceterisque suae professionis obligationibus, quae cum suo statu componi possunt, manet obstrictus.[19] Quare etiam nunc post Codicem, "quidquid a religiosis . . . acquiritur . . . bonis domus, provinciae vel religionis admisceatur, et pecunia quaelibet omnesque *tituli* in capsa communi deponantur."[20] Ergo quia exclaustratus onera aliqua portare debet, consentaneum rationi est, ut ad suffragia post mortem ius habeat.

Ecclesia, pia mater, vult ut suffragia omnibus applicentur praesertim qui nobis aliquo modo propinqui vel charitatis vinculo coniuncti sunt. Iamvero exclaustratus, etsi ad interim extra claustra degat, devincitur ceteris suae religionis fratribus per vinculum spirituale vi professionis adhuc eum ligantis. Ergo et ratio apparet ut suffragiorum post mortem particeps fiat.

Quaecumque fuerit ratio exclaustrationis impetrandae, exclaustratus censetur non renuntiasse iuri suo revertendi ad religionem. Ergo, si perdurante indulto morte praeveniatur, id per accidens fit. Accidens autem non derogat substantiae, sed potius ei convenit: in casu nostro ius ad suffragia.

Legislator voluisse censetur privare exclaustratum privilegiis omnibus, quae alteri essent in praeiudicium. Atqui per suffragia pro exclaustrato defuncto nemini fit iniuria vel praeiudicium. Ergo nulla ratio contraria adest, cur ipsis privetur.

Suffragia pro defunctis religiosis non solummodo pertinent "ad paternam illam religionis providentiam"—ut dicit Vermeersch-Creusen, sed ex vera obligatione imposita vi iuris communis[21] et ex accuratiori determinatione constitutionum.[22] Ergo, nisi ex-

[19] Can. 639.

[20] Can. 594, § 2.

[21] Can. 567, § 1.

[22] Controversia inter auctores est, cuiusnam naturae sit ista obligatio. Goyeneche (in Comment. pro Rel. III 223-224), putat eiusmodi obligationem oriri ex iustitia ideoque sub gravi Superioribus impositam esse: "Ni contrarium expresse constet, suffragia quae in constitutionibus praescribuntur deberi dicenda sunt ex iustitia utpote quae in ipso iure innixa. Hoc est luce clarius. Etenim quod nobis ius concedit nobis ex iustitia debetur nam iustitiae proprium est praeceptum "ius suum cuique tribuendi." Sed Constitutiones sunt ius proprium cuiusque Religionis. Ergo. . . . Adhuc, haec obligatio suffragia defunctis solvendi est gravis. . . . Gravis ergo culpae rei damnabuntur Superiores qui defunctis praescripta suffragia defraudent."—Alii econtra, et quidem rectius putant, obliga-

claustratus expresse excipiatur, ad suffragia idem ius habet sicuti ceteri religiosi professi.[23]

Opinio a Fanfani propugnata claudicat. Exclaustratus enim perseverat esse membrum religionis, ut iam supra demonstratum est. Ergo, silentibus constitutionibus alicuius religionis quoad qualitatem suffragiorum pro exclaustrato defuncto dicendorum, ipse ius habet ad eadem suffragia sicuti ceteri professi eiusdem classis ad quam pertinebat.—Dicit deinde idem auctor: "Accedit quod ipse Codex dum de Novitiis loquitur bene distinguit inter gratias spirituales et suffragia, et quia utraque vult ut novitiis conveniant, utraque distincte nominat. Si igitur in casu praesenti de solis privilegiis seu gratiis spiritualibus fit mentio, signum evidens est, quod ipsis solis exclaustrati perseverant gaudere, minime suffragiis."—Cui obiectioni ita respondendum est: novitios, quia nondum religiosi sensu iuridico sunt, per se non habere ius ad omnia quae competunt professis. Facile proinde possent interdum privari *iisdem suffragiis* quoad quantitatem et qualitatem, quae pro professis persolvenda sunt iuxta constitutiones alicuius religionis. Ergo Codex optime egit, statuendo quoad novitios distinctionem "inter gratias spirituales et suffragia."[24] Exclaustratus autem, quia re-

tionem hanc oriri solummodo ex caritate et pietate. Cfr. Periodica XII (61)-(63): "Sed, non minus quam in familia naturali, in familia religiosa mutuae relationes non ipsa iustitia sed caritate et pietate plerumque reguntur. Religiosi ius habent ad suffragia, fere sicut filii ad alimenta. Parentes autem neglegentes, non iustitiam sed pietatem violant."

[23] Const. Gen. O. F. M., n. 181: "In provinciis pro singulis professis et novitiis etsi in aliena provincia vel in missionibus decesserint, et pro tertiariis seu oblatis qui decem saltem annis Religioni inservierunt, singuli sacerdotes in provincia degentes unam saltem dicant Missam, fratres clerici et laici ter pium Viae Crucis exercitium peragant."

[24] Cfr. Pont. Com. C. C. I., 16 oct. 1919, A. A. S., XI 477-478, ubi revera tale dubium quoad suffragia persolvenda pro defunctis novitiis propositum et solutum fuit: "Utrum, ad normam canonis 567, § 1, et canonis 578, n. 1, novitii et professi a votis temporaneis, si morte praeveniantur, ad eadem ac professi a votis sollemnibus, aut professi a votis simplicibus perpetuis, suffragia ius habeant, etiamsi aliter ferant constitutiones antea approbatae a S. Sede. Resp.: Affirmative et ad mentem. Mens est: Ordines et Congregationes religiosae possunt congrua eademque suffragia pro omnibus novitiis, temporanee professis et professis a votis sollemnibus aut professis a votis simplicibus perpetuis, praescribere in suis constitu-

manet religiosus sensu iuridico, sicuti ceteri professi ius habet ad eadem suffragia, utpote non expresse iisdem a legislatore privatus.

§ 2. *De exclaustrati iure revertendi ad propriam religionem et de eiusdem consectariis.*

Ius radicale exclaustrato a legislatore derelictum potissimum consistit in eo quod ipsi semper pateat reditus ad propriam religionem. Plena enim facultas ipsi relinquitur, quolibet exclaustrationis momento, indulto sibi concesso renuntiare et iterum propriae incorporari religioni. Ratio est, quia exclaustratio est privilegium personale; tali autem licet quovis tempore renuntiare iuxta Codicis normam: "Privilegio in sui tantum favorem constituto quaevis persona privata renuntiare potest."[1]

Quae norma generalis nunc cuilibet exclaustrato adstipulatur, quia post Codicis promulgationem nulla habetur amplius *saecularizatio ad nutum Sanctae Sedis,* vel *ad annum et interim,* sed simplex exclaustrationis indultum.[2] Quamobrem omnes utriusque iuris exclaustrati in pari nunc versantur conditione atque penes ipsos nunc plenum est ius quolibet exclaustrationis momento petere claustra.[3] Quod privilegiati ius reciprocam quoque imponit religioni obligationem, scilicet illum denuo recipiendi ad vitam communem, nisi certo gravis aliqua militat contra ipsius vitam anteactam in saeculo ratio in iure fundata.[4] Dicitur *ad propriam religionem,* quia existente in aliquo casu particulari ratione sufficienti, non necessario debet redire ad propriam provinciam, vel ad propriam domum. Verum quidem est, ipsum vi professionis religiosae incorporari determinato alicui monasterio sui iuris,[5] vel provinciae religiosae,[6] sed de consensu supremi religionis Moderatoris et aliorum quorum interest, ad normam constitutionum respectivae reli-

tionibus emendandis et pro approbatione exhibendis ad S. C. Religiosorum, ad normam eiusdem S. Congregationis Decretum diei 26 iunii 1918."

[1] Can. 72, § 2.

[2] Quoad iuridicam eiusmodi indulti rationem, vide pag. 8.

[3] Cfr. pag. 5; 7.

[4] Quoad Superiorum ius inquirendi in privilegiati vitam perdurante exclaustratione, et, prout casus ferat, etiam opportuna colligendi documenta, cfr. pag. 115.

[5] Can. 632; 647; 957; 964.

[6] Can. 488, 6; 501; 502; 543; 964, 2; 965.

gionis, etiam ad aliam provinciam vel monasterium sui iuris redire potest.[7] Quodsi religio ipsum ob graves rationes nollet recipere, tunc definitive per decretum ipsum debet per legitimos Superiores aut ad saeculum penitus dimittere, et quidem pro diversitate privilegiati votorum et qualitate religionum ad normas iuris,[8] aut deferendo casum ad S. C. de Rel. exponendo rationem denegatae receptionis, ut ipsa de exclaustrati iure hac in re decernat.[9]

Nulla tamen, vi iuris communis exclaustratus adstringitur lege ut ad religionem reversus novitiatum iterum peragat. De hac enim obligatione legislator quoad exclaustratum tacet;[10] loquitur tantum hac de obligatione quoad saecularizatum.[11] Ergo iuxta antiquae disciplinae praxim non potest ad eum peragendum obligari ut tradunt auctores.[12] Neque adest ratio aliqua ad eundem iterandum. Novitiatus enim debet iuxta mentem legislatoris "hoc habere propositum, ut informetur alumni animus studio regulae et constitutionum . . . [et] iis perdiscendis quae ad vota et virtutes pertinent."[13] Atqui exclaustratus iamiam antea hisce imbutus est, et aliunde vota adhuc perdurant. Ergo nulla ratio adest, cur iterum ad novitiatum instaurandum cogatur. Dicitur tamen: *vi iuris communis,* quia, ut iidem auctores modo citati bene notant, "nisi contraria adsit consuetudo legitime introducta et praescripta in Ordine";[14] quo in casu, iuxta hanc Ordinis consuetudinem utpote per Codicem non abrogatam,[15] deberet denuo novitiatum peragere. In omni casu tamen Superioribus ius est, redeuntem ad religionem mittere in aliquam domum ubi disciplina perfectius viget hunc ob finem, sicuti dicit quidam auctor, "ut religiosi spi-

[7] Const. Gen. O. F. M., n. 121 statuunt: "Nemo in aliena provincia incorporari possit, nisi adsit causa gravis, consensus in scriptis Definitorii utriusque provinciae necnon pariter in scriptis licentia Ministri generalis, et postquam in ea, ad quam admitti cupit, per biennium probationis manserit."—Cfr. etiam can. 502.

[8] Codex diversas dimissionis causas et conditiones proponit can. 646-672.

[9] Can. 251, § 1.

[10] Can. 639.

[11] Can. 640, § 2.

[12] Piat I 187: "Caeterum religiosus rediens . . . sive temporaneum fuit indultum, non tenetur novitiatum vel professionem iterare. . . ." Cfr. etiam Appeltern. 117.

[13] Can. 565.

[14] Piat, ibid; Appeltern, ibid.

[15] Cfr. Can. 4; 26; 28.

ritus residuum, quod eruca, locusta, rubigo saeculi non comedit, excitari valeat." [16]

Exclaustrationis indultum datur, iuxta oratoris petitionem, ut notant auctores, "ad definitum tempus vel donec causa subsistat."[17] Quapropter varia adhuc consectaria quoad privilegiati ius deduci possunt.

Imprimis quaeri possit, utrum necne exclaustratus adhuc longius remanere queat extra claustra, si tempus indulti expiraverit? Et respondendum est: omnino negative. Ratio est, quia ad normam iuris: "Privilegium ex ipsius tenore aestimandum est, nec licet illud extendere. . . ." [18] Iamvero duratio temporis ex ipsiusmet indulti tenore desumitur. Ergo graviter illicite ageret privilegiatus, si illud tempus propria auctoritate sibi prorogaret. Necesse proinde est, ut sub fine indulti vel repetat claustra, vel perdurante eadem causa vel alia interim adveniente, novam temporis prorogationem a competente Superiore ecclesiastico obtineat. Quodsi id negligat, iuxta auctores "graviter peccat, qui neglecta indulti prorogatione, in saeculo manet post determinatum diem; nullam tamen ex iure communi incurrit poenam." [19] Posset tamen legitimus Superior casum deferre ad S. C. de Rel. ut opportuna pro casu remedia exquirat atque reversum pro modo culpae diutioris remansionis in saeculo poenitentiis medicinalibus puniat.

Deinde quaeri possit, utrum necne privilegiatus a legitimo suo Superiore revocari possit ad claustra etiam ante indulti exspirationem? Et respondendum est distinguendo: aut Superiori legitimo conceditur haec conditio in rescripto aut non. Si haec revocatio vi indulti adstipulatur legitimo Superiori, ipse quolibet momento revocare possit privilegiatum ad claustra, etiam non cessante causa. Ratio est, quia indultum in tali casu totaliter dependet a beneplacito legitimi Superioris. Ergo Superior potest uti suo iure, revocando privilegiatum ad claustra etiam nondum cessante indulti causa, vel nondum termino indulti elapso.[20] Quis-

[16] Cfr. Anal. Eccl. II 472.

[17] Vermeersch-Creusen, Epit. 321; Periodica II 270-272; Brandys 93; Prümmer 335; Fanfani 187.

[18] Can. 67.

[19] Piat I 186, nota 1; Vermeersch, De Religiosis, I 191; Appeltern 119, nota 1.

[20] Species eiusmodi indulti, in quo expresse habetur clausula "et statim

nam in tali casu habetur legitimus Superior? Opinatur cl. Vermeersch, nomine legitimi Superioris venire etiam Superiorem localem; dicit enim: "Preterea facultas fit Superioribus legitimis, ergo etiam locali (quamvis rescripti gratia R. P. Generali commissa sit), ut regularem ad claustra revocent." [21] Quae opinio non placet. Ratio est, quia non omnibus Superioribus localibus competit haec facultas vi constitutionum. Etenim in Ordine Fratrum Minorum, " Guardiani, ut veri Praelati, non solum potestate directiva et administrativa ac praeceptiva pollent, sed spiritualem quoque iurisdictionem habent, limitatam tamen ad normam constitutionum Ordinis." [22] E contra omnes religiosi subduntur immediate Ministro provinciali: "A provincialis Ministri iurisdictione nulla fratrum aut monialium Ordinis subiectarum domus, nullus frater, monialis nulla exempti sunt; sed omnes in omnibus quae non sunt contra animam et Regulam ei subesse debeant et sub eius immediata cura sint." [23] Ergo pro tali casu saltem in Ordine Fratrum Minorum, per legitimum Superiorem intelligi debet Minister provincialis, vel, qui participant iurisdictionem vi constitutionum ad instar Ministri provincialis.[24] Adde, quod religiosus ad claustra revocatus, debet, si est sacerdos, denuo facultates accipere ad sacra ministeria obeunda, confessiones religiosorum audiendi intra limites provinciae. Atqui haec supponunt potestatem quasi-episcopalem, qua certe caret Superior localis. Ergo est et intelligi debet Superior maior.[25] Tandem actus revocationis supponit actum iurisdictionis in subditum revocatum quasi-episcopalem. Atqui talem solummodo habent Superiores maiores. Ergo soli competentes sunt ad revocandum exclaustratum.

redire teneatur, si forte, perdurante indulto, a suis legitimis Superioribus, ad claustra revocetur," traditur in Periodica VII 270.

[21] Vermeersch, Periodica, VII 271.

[22] Const. Gen. O. F. M., n. 572.

[23] *Ibid.*, n. 548.

[24] In Ordine nostro proinde Superiores locales exercent iurisdictionem solummodo quoad familiam sibi concreditam, non autem actus, qui maioris sunt momenti. Cfr. Constitutiones Gen. n. 594: " Provincialis, cuius est praedicatores et missionarios mittere pro adventu, quadragesima, missionibus etc."—Ergo a fortiori non pertinet ad Superiorem localem revocatio exclaustrati.

[25] Cfr. etiam Can. 501, § 1, § 3; 502; item can. 488, 6°, 8°; 1579, § 1.

Quodsi in rescripto haec revocatio ad beneplacitum Superioris non contineatur, per se patet, privilegiatum posse ulterius pergere indulto sibi concesso iuxta eiusdem tenoris: sive ad definitum tempus sive causa adhuc existente. Ratio est, quia indultum concessum intelligitur a maiori Superiore (Apostolica Sedes, vel Ordinarius loci). Iamvero ad normam iuris: . . . "rei ad Superiorem delatae se ne immisceat inferior, nisi ex gravi urgentive causa; et hoc in casu statim Superiorem de re moneat."[26]

Ulterius extendi possit quaestio, ad quosnam pertineat iudicare de valore indulti? Iuxta legislatoris mentem enim: "In omnibus rescriptis subintelligenda est, etsi non expressa, conditio: *Si preces veritate nitantur*. . . ."[27]

Iamvero eiusmodi possunt esse circumstantiae, ut orator alleget causam quae a Superioribus tamen non ut sufficiens consideratur. Possentne Superiores privilegiatum impedire ab usu privilegii sibi concessi? Quod dubium fuit solutum iamdiu a S. C. Ep. et Reg., scilicet id unice spectare ad eandem S. Congregationem; interim a Superioribus haec indulta habenda sunt ut valida.[28]

Evenire potest casus, ut privilegiati vota exspirent perdurante exclaustrationis indulto. Clamat exclaustratus ius revertendi ad religionem, quod tamen ipsi negatur a Superioribus praecise ob hanc rationem quia cessantibus votis, exclaustratus amisit ius ad religionem. Quod tamen non valet; statuitur quidem in Codice: "Elapso tempore ad quod vota sunt nuncupata, renovationi votorum nulla est interponenda mora."[29] Attamen, etiam post elapsa vota tempore exclaustrationis, ipse non amisit ius revertendi ad propriam religionem, sed in simili conditione iuridica invenitur ac novitius; ipsi applicantur verba canonis: "Professus a votis temporariis, expleto votorum tempore, libere potest religionem deserere; pariter religio ob iustas ac rationabiles causas eundem potest a renovandis votis temporariis vel ab emittenda professione perpetua excludere. . . ."[30] Atqui exclaustratus, in casu nostro, non clamat religionis desertionem, sed admissionem. Ergo ius habet ut iterum recipiatur ad claustra. Neque obstat, quod votorum termi-

[26] Can. 204, § 2.
[27] Can. 40.
[28] S. C. Ep. et Reg.. 30 ian.—15 febr. 1824, ad 1, Bizzarri 47-48.
[29] Can. 577, § 1.
[30] Can. 637.

nus sit elapsus tempore exclaustrationis. Exclaustrationis privilegium enim per se non solvit ipsius ius quaesitum, scilicet reversionem ad religionem, sed formalis dimissionis actus ex parte religionis "ob iustas ac rationabiles causas" uti habetur in cit. canone. Quamobrem, nisi antea a competente Superiore dimissus fuerit ad normam iuris,[31] reditus ad religionem ipsi semper patet et potest uti iure suo clamando receptionem ex parte religionis.[33] Libenter subscrimus opinioni cl. Vermeersch: "Nullo canone sancitur ut extraneus fiat Instituto religiosus qui, elapso tempore, vota simplicitur non renovaverit vel in domo religiosa non sit commoratus." [34]

Idem quoque ius exclaustrato suffragatur, etsi post plures annos, durante indulti causa v. g. valetudinis recuperandae, tandem clamaret reditum ad propriam religionem. Qui enim non fuit formaliter a religione dimissus, membrum propriae religionis perseverare censendus est, quia "in re communi potior est conditio possidentis." [35] Privilegiato ius radicale a legislatore relinquitur, ut semper redire valeat ad propriam religionem, nisi expresse huic suo iuri renuntiaverit vel eo privatus fuerit explicite. Ergo, cum redierit, neque opus est novo novitiatu, neque alia dispensatione ad iteratam receptionem, sed admissione ad vota sive temporanea sive perpetua.[36]

Quid autem in casu, si Superiores nollent talem admittere ad renovanda vota, arguendo vota iamiam cessasse et proinde etiam ius exclaustrati cessasse ad admittendum in religionem.—Certum est, Superiores ius habere inquirere in vitam anteactam exclaustrati et pro rerum adiunctis etiam opportuna colligere documenta quemadmodum supra dictum est.[37] Quodsi nullum crimen exclaustrato iuridice comprobatum obiici valeant, patet exclaustrato recursus ad Apostolicam Sedem ad vindicandum sibi ius admissionis in religionem. Culpa enim, quod exclaustratus absque votis ulterius in saeculo permanserit, non exclaustrato sed Superioribus adscribenda est. Elapso enim tempore votorum, privilegiatus aut

[31] Cfr. Can. 647; 655; 657.

[33] Cfr. etiam quae habentur in Comment. pro Rel. I 300; item, *ibid.* I 235-236.

[34] Vermeersch, Periodica, XII (17).

[35] Reg. iuris 56, in VI°.

[36] Cfr. Periodica XII (18).

[37] Vide pag. 115.

debuit a competente Superiore ad claustra revocari ad renovanda vota aut definitive ob causas iustas ac graves dimitti.[38]

§ 3. *De exclaustrati iure subsidii.*

Cum exclaustratus radicaliter adhuc pertineat ad religionem, et quia ipse habet ius revertendi ad illam, sicuti modo demonstratum est, inquirendum nunc remanet: utrum necne etiam aliquod ius a legislatore relinquatur exclaustrato, ut in casu necessitatis constituto, subsidium ipsi a propria religione concedatur perdurante exclaustrationis indulto.

Quaestio haec eo utilius institui debet, quoniam Codex nihil hac in re decernit explicite, imo prima fronte videtur velle tale ius excludere quoad exclaustrati subsidium, expresse statuendo solummodo quoad regressos in saeculum: "Qui e religione, expleto votorum temporariorum tempore aut obtento saecularizationis indulto, egrediantur vel ex eadem fuerint dimissi, nihil possunt repetere ob quamlibet operam religioni praestitam." [1] Exceptionis gratia, legislator aliqua statuit de religiosa sine dote recepta, quae postea ad saeculum revertitur; attamen et haec clausula innuit *subsidium ex caritate:* "Si tamen religiosa sine dote recepta fuerit nec ex propriis bonis sibimet providere valeat, religio ex caritate eidem dare debet ea quae requiruntur ut modo tuto ac convenienti domum redeat, ac providere ut, naturali aequitate servata, per aliquod tempus . . . honeste vivere possit." [2] Qui tamen canon agit de iis qui totaliter e religione egressi sunt, ut patet ex contextu: "expleto votorum temporariorum tempore aut obtento saecularizationis indulto . . . vel ex eadem fuerint dimissi. . . ." Valentne verba ista etiam de exclaustratis?—Minime; iuxta enim notum adagium: legislator quidquid voluit expressit, quod noluit tacuit." Tacet de exclaustratis; ergo non licet nobis verba ejus detorquere, quia "leges ecclesiaticae intelligendae sunt secundum propriam verborum significationem in textu et contextu consideratam. . . ." [3]

Qui de exclaustratione auctores scripserunt, brevem tantum fecerunt mentionem hac de re; solutionem rei huius autem non satis

[38] Cfr. Can. 575; 576; 577; 637; 647.

[1] Can. 643, § 1.

[2] Can. 643, § 2.

[3] Can. 18.—Compara quoque can. 639 et 643.

indicant: utrum necne religio exclaustrato aliquam debeat sustentationem ex iustitia vel solummodo ex charitate. Affirmativam tenet sententiam Leitner, cuius opinionem fere ad verbum repetit Schäfer.[4] En verba a Leitner allata: "Quia istae cunctae religiosae, et etiam viri ad religionem adhuc pertinent, idcirco debet religio, saltem in casu necessitatis, de illorum honesta sustentatione curam gerere cfr. can. 671."[5] Negativam tamen sententiam tenet Brandys,[6] et Bastien.[7] Alii demum quaestionem hanc silentio transeunt.[8] Quid ergo iuris? Debeturne exclaustrato aliquod subsidium a religione sive ex iustitia, sive saltem ex charitate?

Ad rectam quaestionis solutionem praecedat necesse est distinctio: aut enim exclaustratus obtinuit indultum annuentibus vel potius approbantibus Superioribus suae religionis, aut e contra: ipsis reluctantibus. Si prius, nullum factum est Superioribus praeiudicium vel reluctantia, quia scienti et volenti nulla fit iniuria. Degit votorum perpetuorum religiosus bonae voluntatis extra claustra non ideo ut vellet obedientiae religiosae iugum abiicere, sed necessitate coactus, puta: in aliquo nosocomio ad longius tempus quod excedit terminum sex mensium a iure pro Superioribus concessum.[8a] Ergo in tali casu, exclaustratus ius habet, et quidem ex iustitia ut ei religio subveniat ad vitae honestae sustentationem per modum pensionis annuae, uti Sedes Apostolica iam olim declaravit.[9] Item religiosus citra culpam ex sua parte vocatur ad servitium mili-

[4] Schäfer, 343.

[5] Leitner 484: "Da die sämtlichen exklaustrieten Religiosen, auch die männlichen, der Genossenschaft noch angehören, so muss die Genossenschaft, wenigstens im Falle der Not, für deren standesgemässen Unterhalt Sorge tragen vgl. Can. 671."

[6] Brandys 95: "Dafür kann sie [die Ordensperson] aber auch, solange sie als Exklaustrierte in der Welt lebt, an ihre Ordensgemeinschaft keine Ansprüche auf Versorgung oder Unterstützung aus dem gemeinsamen Vermögen der Genossenschaft machen."

[7] Bastien 123, nota 2: "Une conséquence de ce principe, c'est que les Supérieurs ne sont aucunement tenus de pourvoir à ses besoins."

[8] Vermeersch-Creusen, Epit. 321; Biederlack-Führich 291; Prümmer 336; Vermeersch-Creusen, De Religiosis, I 190-192; Chelodi 447; Papi, Religious in Church Law 151-152; Jansen 209-210; Bargilliat II 293-294; Bączkowicz I 583.

[8a] Can. 606, § 2.

[9] S. C. Ep. et Rel., 20 martii 1868, A. S. S., III 533-535.

tare. Per plures annos fuit exemplo aliis religionis confratribus, retinetque communicationem cum suis Superioribus epistolarem etiam durante milita; desiderat quamprimum ad suos redire. Infelici tamen circumstantiarum concursu, loco reditus ad claustra, cogitur, e. g. consulentibus medicis, transire ad valetudinarium item ad tempus longius, quam Superiorum facultas id permittere possit. Superiores ipsi medicorum consilium approbant; religiosi vigilantiae spirituali etiam consulunt, quia aliunde ex praemio militari capax est ad expensas solvendas. Exhauritur tandem exclaustrati pecunia, et, quia numquam expresse sive in scriptis sive coram testibus religioni renuntiavit iuxta iuris praescripta,[10] nunc in hisce angustiis petit subsidium a propria religione. Debetne illa succurrere ipsi titulo iustitiae vel ex charitate tantum?

Solutione huius quaestionis ad interim suspensa, audiatur et aliud exclaustrationis exemplum. Religiosus aliquis reluctantibus Superioribus, indultum exclaustrationis impetrat ad certum tempus. Casu adhuc Romae vel in Curia episcopali pendente, non semel manisfestat gaudium de abiiciendo obedientiae iugo—imo indicia ostendit, se nolle amplius redire ad religionem; non semel manifestat, se velle, elapso exclaustrationis indulto, illud saecularizationis statim obtinere. Aliquot vix menses extra claustra degens, sustentationis honestae mediis caret. Recurrit ad religionis Superiores, facta protestatione: se esse membrum religionis et velle, elapso indulto ad claustra redire. Quid nunc dicendum et de istius subventione?

Imprimis respondendum est: exclaustratum habere ius ad subsidium honestae sustentationis et quidem *ex iustitia,* quotiescumque, necessitate coactus et Superiorum approbatione accedente, ipse degat extra claustra sine propria culpa. Ratio est, quia religiosus per professionem totaliter sese devovit religioni cum implicito pacto, quod ipsa habitura sit curam de eius necessitatibus per totam vitam. Ergo quoadusque ipse non egreditur voluntarie e religione, vel ob propriam culpam dimissus fuerit a legitimis Superioribus, pactum illud perseverat. Iamvero neque ipse rescidit hunc implicitum contractum egrediendo e religione, neque dimissus est a legitimis

[10] Cfr. S. C. de Rel., decr. "*Inter reliquas,*" 1 ian. 1911, n. VIII, A. A. S., III 37; S. C. de Rel. declar. decr. "*Inter reliquas,*" 1 febr. 1912, A. A. S., IV 246; item declar. circa decr. "*Inter reliquas,*" 15 iun. 1919, A. A. S., XI 321.

Superioribus ob iustas ac rationabiles causas; aliunde infirmitas, contracta in religione, nulla potest esse iusta dimissionis causa, "nisi certo probetur eam ante professionem fuisse dolose reticitam aut dissimulatam."[11] Ergo remanet obligatio ex parte religionis et quidem ex iustitia ad succurrendum exclaustrato in necessitate constituto.

A pari urget iustitia, quotiescumque exclaustratus citra suam culpam debet, ob aliquam causam iustam, commorari extra claustra scientibus et approbantibus Superioribus religiosis, sive ille sit professus temporariorum sive perpetuorum votorum. Ratio est, quia talis exclaustratus remanet propriae religionis membrum tamdiu, donec vel ipse voluntarie deseruerit religionem vel iuridice a Superioribus fuerit *dimissus ob iustas ac rationabiles causas.* Atqui neutrum in casu habetur; ergo urget iustitia per professionem inita.

Quod attinet factum, eiusmodi species indulti interdum conceditur ab Apostolica Sede sub clausula: "ad annum . . . et statim redire teneatur, si forte, perdurante Indulto, a suis legitimis Superioribus ad claustra revocetur."[12] Tale indultum enim, ad Superiorum arbitrium, non subducit exclaustratum ab ipsorum providentia paterna; ergo ex iustitia ipsi debent succurrere. Quodsi, vocante Superiore legitimo, exclaustratus non redierit ad religionem, titulus iustitiae cessaret, quia non amplius iuxta Superiorum prudens arbitrium, sed cum eorum praeiudicio remaneret extra claustra. A fortiori, quemlibet titulum honestae sustentationis amitteret talis exclaustratus, si sub poena dimissionis e religione ex parte Superioris legitimi nollet reassumere, per aliquod saltem tempus, vitam communem. Ratio est, quia praesumptio favet Superiori et aliunde ipse Superior habet ius ad experimentum faciendum, utrum necne rationibilis causa exclaustrationis subsistat.

Nullam econtra ius habet exclaustratus ad subsidium sive *titulo iustitiae* sive *ex caritate,* qui proprio motu, reluctantibus propriis Superioribus, sibimetipsi impetravit exclaustrationis indultum. Ratio est, quia in tali casu Superiores religiosi veluti coacti, ad evitanda maiora mala, sinunt abire exclaustratum. Quamobrem, abiiciendo obedientiae iugum, implicite talis religiosus etiam renuntiat illi paternae (vel respective maternae) providentiae, ad

[11] Can. 637.

[12] S. C. de Rel. 3 dec. 1913, Periodica VII 270.

quam ius habuit ex professione, quamdiu ipse actuale remaneret religionis membrum. Ergo commorans extra claustra, nullum amplius ius sibi vindicare potest, ut religio ei subveniat sive ex iustitia, quia nulla radix iustitiae adest, scilicet deest dependentia a legitimis Superioribus vi voti obedientiae, quod propria culpa abiecit. Neque religio ex charitate tenetur ei subvenire, quia ipse prius solvit hoc charitatis vinculum, eligendo potius vitam a religione independentem, cui tamen devinciebatur charitate per admissionem in religiosam familiam. Quapropter res adversas, in quibus invenitur, non religioni sed sibimetipsi debet adscribere iuxta notum principium: " Damnum quod quis sua culpa sentit, sibi debet, non aliis imputare." [13]

Subsidium tale potius exclaustrato esset nocivum, procrastinando ipsius ad religionem reditum. Si enim religio teneretur ipsi ad subsidium charitativum praestandum, ipse posset futiles invenire rationes ad longiorem extra claustra commorationem, posset expensas facere inutiles laute vivendo, fiducia semper nixus: religionem de hisce teneri. Talis agendi modus esset potius in eius detrimentum atque lapis offensionis aliis in communitate degentibus, qui etiam anhelarent ad vitam extra claustra commodiorem eligendam cum religionis onere. Neminem latet proinde, ad quale absurdum duceret conclusio: religionem teneri de subsidio talis exclaustrati, saltem charitativo.

Religionem ad nihil erga exclaustratum obligari, deducitur etiam ex sequentibus rationibus:

Legislatorem expresse cavisse, ut " quilibet professus a votis simplicibus, sive perpetuis sive temporariis . . . conservet proprietatem bonorum suorum et capacitatem alia bona acquirendi. . . ." [14] Quoad professum a votis sollemnibus autem statuitur: " Professus a votis simplicibus antea nequit valide, sed intra sexaginta dies ante professionem sollemnem, salvis peculiaribus indultis a Sancta Sede concessis, debet omnibus bonis quae actu habet, cui maluerit, sub conditione secuturae professionis, renuntiare." [15] Ad quid haec cautio a iure statuta? Certe hanc ob rationem, ut in casu egressus e religione habeat ad tempus honestam sustentationem quemadmodum iterum iure exprimitur: " Cessionem vel dispositionem . . . professus mutare potest non quidem proprio arbitrio, nisi constitutiones id sinant, sed de supremi Moderatoris

[13] Reg. iuris 86, in VI°. [14] Can. 580, § 1. [15] Can. 581, § 1.

licentia, aut, si de monialibus agatur, de licentia Ordinarii . . . per discessum autem a religione eiusmodi cessio ac dispositio habere vim desinit."[16] Relinquitur proinde professo a votis simplicibus dominium bonorum radicale ideo, ut etiam extra claustra vi indulti degens, valeat sibi acquirere ultiora bona ac de tacita Superioris licentia expensas ad propriam sustentationem facere, ne religioni eius sustentationis onus indebitum imponatur; idcirco etiam relaxatur paupertatis votum quamdiu remanet extra claustra.

Accedit quoque ratio potissima, quod olim saecularizatio a votis sollemnibus ad tempus non concederetur, nisi religiosus haberet Episcopum benevolum receptorem et ecclesiasticum patrimonium;[17] quod si deesset patrimonium ecclesiasticum, necesse erat, ut invento Episcopo benevolo receptore probaret se habere sufficientem sustentationem.[18] Quodsi aliter sibi providere non possest, et ratio urgeret permanendi extra claustra, puta ob politicas perturbationes, indulsit etiam Sancta Sedes, ut religiosi, invento Ordinario benevolo receptore, in eiusmodi rerum circumstantiis ad unum beneficium ecclesiasticum, etiam cum cura animarum promoverentur.[19] Imo brevi ante Codicis promulgationem concedebatur exclaustratio, ut religiosus ad nutum S. Sedis posset "ea ministeria exercere quae Episcopum X, annuente Episcopo originis, ipsi conferre paratus est. Ex ista offici collatione honestae oratoris sustentationi erit provisum."[20] Quae quidem conditiones de Episcopo benevolo receptore et titulo sustentationis erant sub poena suspensionis a divinis,[21] quoad sacerdotes simpliciter, sed perpetuo professos.[22] Quando vero agebatur de religiosis laicis, sufficiebat

[16] Can. 580, § 3.

[17] S. C. Ep. et Reg., 11 sept. 1832, Anal. Jur. Pont. XVI 1001-1022, n. 1542; Anal. Eccl. II 415; Piat I 187; Vermeersch, De Religiosis, I 191; Appeltern 118.

[18] S. C. Ep. et Reg., 11 sept. 1832, Anal. Jur. Pont. XVI 1001-1002, n. 1542.

[19] S. C. Ep. et Reg., 27 maii 1803, Anal. Jur. Pont. XVI 737, n. 1436.—Decretum idem fuit extensum pro multis regularibus Bavariae, Coloniensis dioecesis, et Hispaniae.—*Ibid.*

[20] S. C. de Rel., 2 mart. 1914, Periodica VII 271.

[21] S. C. Ep. et Reg., *Abulen.*, 20 nov. 1895, A. S. S., XXVIII 558-560; 19 apr. 1907, ad II, A. A. S., XII 145; Piat I 186; Appeltern 119; Vermeersch, De Religiosis, I 191.

[22] S. C. Ep. et Rel., decr. "*Auctis admodum,*" 4 nov. 1892, n. V, A. S. S., XXV 314; Vermeersch, De Religiosis, I 191; Appeltern 118.

quod ipsi probarent, "sibi necessaria non defutura, vel etiam se posse ea proprio labore comparare." [23] Ergo haec omnia luculenter demonstrant, legislatorem voluisse, ut exclaustrati sibimetipsi providerent de sufficienti sustentatione. Religio igitur libera evadit ab onere praestandi subsidium charitativum exclaustratis qui sponte impetrarunt sibi exclaustrationis indultum.[24]

Neque opinio a Leitner proposita et a Schäfer adaptata aliquid evincit. Arguunt enim ex can. 671. Sed canon iste agit, ut capitis illius inscriptio indicat, de religiosis dimissis qui vota perpetua nuncupaverunt.[25] Quoniam deest paritas analogiae, ergo argumentum caret fundamento.

In casu enim nostro agitur de religioso, qui sponte impetrat exclaustrationis indultum.—Imo in casu religiosi dimissi, non agitur de subsidio ex titulo iustitiae, sed per modum charitativi subsidii, ut *clerico in sacris ordinibus constituto,* tempus et occasio poenitentiae detur ob delicta commissa: "Religio, per manus Ordinarii loci commorationis, caritativum subsidium dimisso suppeditet pro necessariis ad vitae sustentationem, nisi ipse aliunde sibimet providere valeat." [26] Bene notandae sunt conditiones hic expresse: "*dimisso,*" et quidem "*per manus Ordinarii,*" qui, ex contextu, curam habet de domo poenitentiae; et adiicitur clausula: "*nisi ipse aliunde sibimet providere valeat.*" Neque in tali casu religioni semper et pro semper onus a legislatore imponitur; adiiciuntur enim adhuc duae aliae conditiones, scilicet temporis et loci circumstantiae: "Si dimissus vitae rationem ecclesiastico viro dignam non agat, transacto anno aut etiam prius, iudicio Ordinarii, privetur caritativo subsidio, eiiciatur e domo poenitentiae. . . ." [27]

Exclaustratus autem non mittitur auctoritate ecclesiastica in domum poenitentiae, sed permittitur ei, ut in saeculo remaneat et quidem non ad agendam poenitentiam sed interdum ad commodiorem ducendam vitam. Quia proinde toto coelo differt paritas anologiae, ergo argumentum ab istis auctoribus allegatum non

[23] S. C. Ep. et Rel., 3 apr. 1855, Anal. Eccl. II 416.

[24] Const. Gen. O. F. M., n. 138: "Ordo autem neque eorum sustentationi vel aliis necessitatibus providere, neque eorum debita seu obligationes agnoscere ullo modo tenetur."

[25] Cfr. inscriptionem capitis ante can. 669.

[26] Can. 671, 5°.

[27] Ib. n. 6°.

valet. Ergo religio non tenetur cum proprio onere exclaustrato succurrere ad commoda quaerenda. Religiosus bonae voluntatis certe non impetraret tale indultum reluctantibus Superioribus, neque desideraret remanere extra claustra, abiiciendo vitae religiosae iugum. Quamobrem, si ipsi necessaria ad honestam sustentationem desint, aut ipsi petenda sunt claustra et obedientiae virtus exercenda, aut ipsi curandum est, ut per sacra ministeria, vel, si sit religiosus laicus, opere manum ad instar ceterorum in saeculo degentium ipsi in sudore vultus laborandum est, ut sufficentem sibi procuret sustentationem.

Ceterum in praxi Superiores, ad quos spectat executio rescripti, bene attendant oportet ad conditiones concessas privilegiato ab Apostolica Sede vel, si agatur de exclaustrato iuris dioecesani, ab Ordinario loci expressas, ad vitanda exclaustrati aliquando iniustas praesumptiones ad subsidium charitativum. Si autem exclaustrato in ipso rescripto adstipuletur subsidium charitativum, vel agatur de religioso ob debilitatem mentis aut corporis extra claustra degente, certe religio tenetur ad subsidium charitativum, saltem sub quibusdam conditionibus.[28] Quodsi dubium aliquod adsit quoad tale subsidium praestandum, expedit ut statim Superiores recurrant ad S. Sedem illius dubii solutionem impetraturi.

§ 4. *De exclaustrati privilegiorum recuperatione.*

Religiosus quilibet renuntians exclaustrationis indulto vel eodem quidem iuxta rescripti tenorem utens, sed tempore statuto ad propriam religionem reversus, iure quodam *postliminii* [1] restituitur in integrum [2] religioni suae ex iuris communis dispositione per ana-

[28] S. C. Ep. et Reg., 20 mart. 1868, A. A. S., III 534-535; *Montis Pessulani,* 1 iul. 1898, A. S. S., XXXI 395-399; cfr. etiam: S. C. Ep. et Reg., *Baren.* seu *Tranen.*, 30 mai 1856, Bizzarri 645-648.

[1] In iure romano ius postliminii consistebat in eo quod civis romanus in patriam reversus ex captivitate hostium consideretur eodem modo ac si nunquam captivus fuisset vel extra patriam commoratus esset.—Cfr. I. 1. 12. 5; I. 3. 1. 4; D. 49. 15; C. 8. 50. (51); Cfr. etiam Sherman II, § 437, pag. 28.—Gai I, § 129, (ed. Cogliolo p. 62): . . . "hi qui ab hostibus capti sunt, si reversi fuerint, omnia pristina iura recipiunt."

[2] C. 8. 51. 1: "Antonius Augustus dixit: Restituo te in integrum provinciae tuae. *Et adiecit:* Ut autem scias, quid sit in integrum: honoribus et ordini tuo et omnibus ceteris."

logiam ex iure romano desumptam.[3] Praetermissis ceteris privilegiis ac iuribus quibus religiosi iuxta proprias constitutiones fruuntur qua clerici, hic solummodo indicabitur quaenam ipsis qua religiosis iura competant post reditum ad propriam religionem, finito indulto ad normam iuris communis.

Peractis exercitiis spiritualibus, si constitutiones ita exigant, exclaustratus per solam habitus religiosi reasumptionem ipso facto fit iterum membrum propriae religionis activum, seu pleni iuris, absque onere reiterandi novitiatum, nisi constitutiones respectivae religionis ab Apostolica Sede approbatae vi longaevae consuetudinis aliter praescribant.[4] Gaudet iterum omnibus privilegiis quae competunt ceteris paribus suae religionis confratribus iure sive communi sive proprio vi constitutionum, nisi in iisdem expresse aliud contrarium caveatur. Ratio est, quia exclaustrationis indultum per se nullum est crimen. Ipse usus est privilegio sibi ex benevolentia principis ecclesiastici concesso, et ex eadem principis ecclesiastici benignitate iterum restituitur in integrum religioni; ergo, ut utamur verbis a Prümmer adhibitis: "religio debet eum iterum recipere atque illi concedere iura antea possessa."[5]

a) Imprimis habet reversus ius ad praecedentiam seu anterioritatem quae ipsi computatur a prima professione votorum simplicium,[6] seu eandem quam habuit ante exclaustrationem. Ad rem etiam Piat: "Hinc etiam . . . ius antianitatis suae non amisit, et in monasterium regrediendo, in suum locum redintegratur."[7] Neque Superiores possunt illum hoc privilegio in poenam privare ob solum egressum e religione. Competit quidem ius Superioribus indagandi in vitam reversi anteactam atque exquirere a regrediente congrua documenta ob commorationem extra claustra,[8] imo, post reassumptionem habitus religiosi, imponere ipsi poenitentiam ob delicta in saeculo commissa ad normam constitutionum, non tamen privare praecedentia in perpetuum ob solum exclaustrationis indultum.[9] Codex enim statuit amissionem praecedentiae seu iuris

[3] Cfr. A. A. S., X 24, ubi etiam sermo fit de iure quodam postlimini quoad religosum saecularizatum; cfr. etiam Bizzarri 673.

[4] Vide supra pag. 155.

[5] Prümmer 336.

[6] Can. 578, 3°.

[7] Piat I 186.

[8] Vide supra pag. 115.

[9] Cfr. S. C. Ep. et Reg., *Ordinis SS. Trinitatis*, 24 mart. 1741, Bizzarri 355-356.

antianitatis solummodo quoad saecularizatum,[10] silet tamen de exclaustrato; ergo ex legislatoris silentio haec iuris clausula non est extendenda ad exclaustratum, odia enim sunt restringenda et favores ampliandi.

Quid autem iuris, si durante exclaustratione ab Ordinario loci, ob delicta commissa et iuridice comprobata, punitus fuerit et peracta poenitentia reverterit ad propriam religionem? Possitne iterum a suis Superioribus puniri ad tramitem constitutionum, quae in hoc casu particulari praescribunt privationem praecedentiae sive ad tempus determinatum sive in perpetuum? Et respondendum est: omnino negative. Ratio est, quia durante exclaustratione, religiosus talis fuit sub omnimoda iurisdictione et potestate dominativa Ordinarii loci.[11] Ergo semel punitus a legitimo Superiore ecclesiastico, scilicet Ordinario loci, qui in eum habuit iurisdictionem simul et potestatem dominativam, congruae poenae satisfecit.[12] Quapropter ad iteratam eiusdem poenae ob idem delictum expiationem non tenetur ob principium aequitatis naturalis "*ne bis in idem.*"[13]

Quodsi fortasse exclaustratus, ad declinandam poenam ab Ordinario sibi iuste infligendam regressus fuerit in religionem, nihilominus poenam ab eodem Ordinario loci statutam tenetur luere ad normam iuris: "Licet post delictum reus e loco discesseret, iudex loci ius habet illum citandi ad comparendum, et sententiam in eum ferendi."[14] Posset tamen idem Ordinarius committere executionem poenae huius determinatae proprio talis reversi Superiori vi iuris: "Qui iurisdictionis potestatem habet ordinariam, potest eam alteri ex toto vel ex parte delegare, nisi aliud expresse iure caveatur."[15] Si autem ob delictum hoc tempore exclaustrationis reversus ad religionem a proprio Superiore, praemonito Ordinario loci non puniatur, a loci Ordinario puniri potest, etsi domum re-

[10] Cfr. Can. 640, § 2.

[11] Can. 639.

[12] Can. 616, § 2; 1561.

[13] C. 24. Apostol.: "Bis de eodem delicto vindictam non exiges." R. J. in VI°: "Bona fides non patitur ut semel exactum iterum exigatur."—Cfr. etiam Chelodi, Ius Poenale 20; Wernz VI n. 65; Reiffenstuel, in cit. reg. n. 3.

[14] Can. 1566, § 2; 2236.

[15] Can. 199, § 1.—Cfr. etiam Bargilliat I 246: "Ordinarius causam ad se spectantem delegare potest *non subdito* . . ."

versus fuerit.[16] Quodsi iudex diversus fuerit ab Ordinario loci, valet cautio in iure expressa: "Iudex qui ex officio applicat poenam a Superiore constitutam, eam semel applicatam remittere nequit." [17]

Superior religiosus tamen, si agatur de poena infligenda vel exequenda cui censura adnexa est, necessario debet esse clericus vi iuris: "Soli clerici possunt potestatem sive ordinis sive iurisdictionis ecclesiasticae . . . obtinere." [18] Sufficeret tamen ut sit saltem tonsura initiatus, quia in iure canonico nomine clerici venit etiam ille qui primam tonsuram recepit.[19]

Ergo, si Ordinarius loci in exclaustratum aufugientem ad religionem nondum determinatam poenam tulit, religiosus reversus posset et debet puniri a competente Superiore religioso ad normam constitutionum, et quidem ob hanc rationem ne delinquens impunitus maneret. Superior enim religiosus tali in casu evadit iudex competens ratione praeventionis. Ubi primum enim exclaustratus factus est membrum religionis, fit subditus Superioris religiosi; ergo etiam ille fit iudex competens, et ratione praeventionis potest procedere ad delinquentis punitionem. Ordinarius loci quidem remaneret iudex competens ratione delicti patrati, attamen incepta causa, ius quoque favet Superiori religioso: "Ratione praeventionis, cum duo vel plures iudices aeque competentes sunt, ei ius est causam cognoscendi qui prius citatione reum legitime convenit." [20]

Quid autem iuris, si Superior religiosus potestate iudiciaria utens infligat poenam proportionatam iuxta constitutiones non exclusa privatione praecedentiae sive ad tempus sive in perpetuum? Et respondendum est: si talis poena praescribatur in constitutionibus, omnino sustinetur. Ratio est, quia privatio praecedentiae tali in casu non infligitur intuitu exclaustrationis indulti, sed ob delictum commissum. Patet tamen reverso recursus in devolutivo ad S. C. de Rel., quae potest Superioribus commendare mutationem talis poenae.[21]

b) Deinde regressus in religionem ius suum recuperat in integritate quoad vocem activam et passivam, et quidem per ipsam habitus religiosi reassumptionem, nisi constitutiones expresse aliud

[16] Cfr. Can. 616, § 2.
[17] Can. 2236, § 2.
[18] Can. 118.
[19] Can. 111; 950.
[20] Can. 1568.
[21] Cfr. pag. 168, nota 9.

caveant. Ratio est, quia nulla clausula irritans habetur in Codice vi cuius exclaustratus, et postea ad religionem reversus, per aliquod tempus privaretur voce activa vel passiva. Dicitur: *nisi constitutiones expresse aliud caveant,* quia constitutiones, praesertim in religionibus iuris pontificii, utpote ab Apostolica Sede confirmatae, verum ius religiosorum particulare constituunt; ergo iis omnino adhaerendum est. Quamobrem reversus ad Ordinem Fratrum Minorum revera caret voce activa et passiva *per unum annum* iuxta tenorem constitutionum: "Exclaustrati, elapso tempore indulti . . . per annum in aliquo conventu solitario, ubi regularis disciplina perfectius viget, commorentur." [22] Non posset tamen privari privilegio vocis activae et passivae et inhabilis existere perpetuo ad omnia officia religionis, quia hoc solummodo in iisdem constitutionibus saecularizato revertenti ad hunc Ordinem applicatur: "Saecularizatus . . . ad omnia officia Ordinis perpetuo inhabilis existat." [23]

Excipe iterum tamen casum, quando reversus ob delicta tempore exclaustrationis commissa punitur a Superiore religioso ad normam constitutionum, quae pro determinato delicto praescribunt privationem vocis activae vel passivae vel utramque simul. Punitur enim non ob exclaustrationis indultum, sed ob delicta commissa. Subintelligendum tamen est principium superius enuntiatum: "si nondum ab Ordinario loci punitus fuerit." Quia semel ab Ordinario loci punitus, non tenetur ad iteratam poenam luendam.

c) Tandem reversus ad religionem ius habet ad titulos vere honorificos quibus legitime fruebatur ante exclaustrationem. Legitime autem religiosi solummodo possunt habere titulos ob peculiare meritum erga Ecclesiam vel peculiare religionis officium antea praestitum, vel ob scientiae eminentiam a competente auctoritate ecclesiastica sibi concessos, si aliqui huiusmodi tituli in religione adhuc existant. Dicitur: *titulos vere honorificos,* quia vi iuris nunc vigentis "prohibentur tituli dignitatum vel officiorum *mere* honorifici; soli, si id permittant constitutiones, tolerantur tituli officiorum maiorum, quibus religiosi in propria religione reapse functi sint." [24]

Attamen iterum cuiuslibet religionis constitutiones attendendae sunt. Si enim hae expresse statuant, exclaustratum privari post reditum ad religionem quolibet titulo antea in religione acquisito,

[22] Const. Gen. O. F. M., n. 132. [23] *Ibid.*, n. 133. [24] Can. 515.

dispositio talis constitutionum sustinetur. Tendit enim ad bonum commune religionis obtinendum, scilicet ad minuendum exclaustratorum numerum.

Religiosus tamen qui obtinuit gradum academicum, puta titulum licentiatus vel doctoris in philosophia, theologia, vel in iure canonico in aliqua Universitate ex facultate ab Apostolica Sede concessa,[25] non amittit talem titulum per egressum e religione. A pari etiam dicendum de iis qui vocantur "doctores bullati."[26] Ratio est, quia Sedes Apostolica ad quaesitum: "Utrum Regulares qui, ad tramitem Constitutionum Ordinis proprii, assequuti sunt gradum Doctoris in Sacra Theologia, valeant, legitime dimmisso Religionis habitu, honoribus titulo Doctoris adnexis gaudere . . . rescribendum censuit: Inter Regulares tantum."[27] Ergo privatur titulo doctoris solummodo religiosus egressus e religione, qui eiusmodi titulum obtinuit a propria religione ad normam constitutionum vi facultatis ab Apostolica Sede respectivae religioni concessae.[28] Non autem privatur tali titulo religiosus qui aliunde eodem decoratus est. Gradus enim academici dantur alicui propter scientiam eminentiorem; scientia autem est aliquid religioso personale. Ergo etiam dimmisso religionis habitu, eodem titulo sibi aliunde concesso frui pergat.[29]

Nihil quoque obstat per se, quominus reversus ad religionem denuo praeficiatur paroeciae pleno iure monasterio unitae, quam ante exclaustrationem administravit sive titulo parochi sive vicarii paroecialis sive oeconomi, nisi constitutiones iterum id expresse prohibeant. Codex enim nihil hac de re determinat. Aliunde parochi religiosi dignitas non est officium honorificum, sed potius munus onerosum sub duplici vigilantia vi iuris communis, scilicet: Ordinarii loci et Superiorum religionis;[30] neque parocho religioso ob tale munus specialis debetur praecedentia.[31]

[25] Cfr. can. 1377; 1380.

[26] Trombetta, pag. 7, n. 5: ". . . Doctores Bullati, quo nomine veniunt qui gradum doctoralem non penes aliquam studiorum generalium Universitatem, sed Rescripto Pontificio adipiscuntur."

[27] S. R. C., *Bahien. in Brasilia*, 23 mai 1846, ad 4, Decr. auth. n. 2907.

[28] Cfr. Schäfer 348.

[29] Cfr. etiam Comment. pro Rel. I 274.

[30] Cfr. can. 454, § 5; 456; 477; 609, § 3; 630; 631.

[31] Can. 106, 5.°; 491. § 1.—Cfr. etiam Comment. pro Rel. II 186.

CAPUT V.

DE EXCLAUSTRATI RECEPTIONE AB EPISCOPO BENEVOLO.

Magni antea semper negotii fuit receptio religiosi saecularizati, sive ad tempus sive in perpetuum, ab Episcopo benevolo. Olim quippe in iure habebatur distinctio iuridica quoad effectum exclaustrationis inter religiosos votorum sollemnium et simplicium tantum; item olim Apostolica Sedes pluries declarabat: nullum posse religiosum in maioribus ordinibus constitutum claustra deserere, nisi legitimum sibi patrimonium constituerit et Episcopum benevolum receptorem invenerit; secus ipso facta suspensus esset a divinis.[1] Eadem prohibitio postea inducta fuit etiam quoad sodales cum votis temporariis tantum.[2]

Vi iuris nunc vigentis distinctio talis quoad exclaustrationis effectum non amplius habetur, sed prorsus nova per Codicis promulgationem inducta fuit disciplina: iuridicum scilicet fundamentum consistit in perpetuitate votorum. Legislator nunc attendit utrum necne exclaustrandus sit religiosus votorum perpetuorum vel temporariorum tantum; specialem iuris quoque provisionem fecit quoad sodales qui nulla vota quidem, sed iuramentum perseverantiae vel peculiares quasdam promissiones ad normam suarum constitutionum ediderunt. Sit de singulis hisce tribus sermo distinctus.

ART. I. DE EXCLAUSTRATO CUM VOTIS PERPETUIS.

Exclaustratus perpetuo professus nullum ius habet ut recipiatur ab Episcopo originis vel ab Ordinarii loci ubi ante ingressum in religionem habuit domicilium vel quasidomicilium. Ratio est, quia per vota perpetua religiosus incardinatur religioni; ergo amittit dioecesim ad quam antea pertinebat. Quae ratio etiam nunc elucet ex Codicis verbis: "Professus a votis perpetuis sive sollemnibus sive simplicibus amittit ipso iure propriam quam in saeculo habebat dioecesim." [3]

[1] Vide supra pag. 8.

[2] S. C. Ep. et Reg., decr. "*Auctis admodum*," 4 nov. 1892, n. V, A. A. S., XXV, 314; *Abulen.*, 20 nov. 1895, A. S. S., XXVIII 558-559.

[3] Can. 585.

Legislator ergo nunc amplius non distinguit quoad effectum exclaustrationis utrum necne exclaustrandus sit religiosus iuris pontificii vel dioecesani tantum; attendit solummodo ad perpetuitatem votorum; uterque est in pari conditione coram iure quotiescumque impetrat exclaustrationis indultum ab Apostolica Sede. Utrique communis nunc assignatur Episcopus perdurante exclaustratione: . . . "Ordinario territorii ubi commoratur, loco Superiorum propriae religionis, subditur etiam ratione voti obedientiae."[4] Neque idem legislator amplius distinguit inter motivum exclaustrationis impetrandae: utrum necne scilicet indultum impetratum sit inchoatio subsecuturae postea saecularizationis, vel solummodo necessaria extra claustra permansio religiosi, v. g. valetudinis recuperandae gratia. Saecularizatio enim, quam ante Codicem vocabant "*ad interim*" non amplius datur; abrogata est per distinctionem in iure factam inter "indultum manendi extra claustra, sive temporarium, id est indultum *exclaustrationis,* sive perpetuum, id est indultum *saecularizationis;*[4] ergo non datur aliquid tertium.[6] Effectus proinde iuridicus huius immutationis in iure vigente consistit in principio generali: "Ordinario territorii ubi commoratur subditur."

Sub dispositione iuris superioris religiosus in sacris constitutus non potuit sub poena suspensionis a divinis egredi e religione, nisi prius sibi invenerit Episcopum benevolum receptorem et constituerit ecclesiaticum patrimonium. Per Codicem tamen aliquatenus eius conditio, perdurante exclaustratione, mitigata est. Ad rem ita dicit Vermeersch-Creusen: "Cum religiosus maneat, exclaustratus per se de quaerendo episcopo receptore non debet esse solicitus; sacra ministeria exercere pergit."[7] Quae immutatio iuris quoad exclaustrati conditionem consistit praecipue in eo, quod, nunc post Codicem, Episcopus benevolus receptor non sit amplius conditio sine qua non. Ipse legislator ipsi assignat competentem Episcopum, scilicet "Ordinarium loci ubi commoratur."[8] Vi professionis perpetuae adscriptus quidem remanet propriae religioni; perdurante tamen indulto transit sub iurisdictionem et potestatem dominativam illius et non alterius, Ordinarii ubi instaurat suam commorationem, aliis verbis,: legislator ipse assignat ei iuridicam

[4] Can. 639.

[5] Can. 638.

[6] Vide supra pag. 8-9.

[7] Vermeersch-Creusen, Epit. 441.

[8] Can. 639.

dependentiam a territoriali habitatione. Ergo penes ipsum Ordinarium loci est facultas per se vel concedere exclaustrato, si sit clericus, exercitium sacri ministerii, vel non; item, penes hunc Ordinarium plena remanet potestas vel determinare exclaustrato ambitum exercendae potestatis ordinis et iurisdictionis aut totaliter aut tantum ex parte, ut puta, pro sola Missa celebranda in aliquo instituto religioso; potest etiam concedere ipsi consuetas facultates pro tota dioecesi. Haec admissio ad exercitium sacri ministerii ergo penitus dependet ab arbitrio ipsius Ordinarii territorii ubi exclaustratus commoratur. Ad rem ita Leitner: " Si exclaustratus religiosus sit sacerdos vel clericus, tunc potest Episcopus suae commorationis eum ad spirituales functiones admittere." [9]

Nulla tamen lege talis Ordinarius loci obligatur, ordinarie loquendo, ad concedendas exclaustrato facultates ad sacra ministeria peragenda; neque pariter ulla lege adstringitur, ut in casu necessitatis provideat de congrua exclaustrati sustentatione. Ratio est, quia exclaustratus non est Ordinarii loci eo in casu clericus proprius sensu iuridico; clericus proprius enim solummodo est per incardinationem in dioecesim ab Episcopo legitime factam, vel per "receptionem tonsurae." [10] Ergo nulla obligatio ex parte Ordinarii exoritur quoad exclaustrati honestam sustentationem providendam; neque exclaustratus ius habet postulandi talem sustentationem ab Ordinario loci intuitu illius nudae receptionis in dioecesim, seu potius admissionis ad exercitium sacri ministerii. Neque Episcopus potest eum suae dioecesi incardinare; religiosus enim adhuc est; idcirco vi professionis votorum perpetuorum manet suae religioni adscriptus.[11]

Exclaustrando ipsi proinde curandum est ut ante exclaustrationis inchoationem sibi satis provideat necessaria ad honestam sustentationem, de qua etiam nunc post Codicem in rescripto pontificio cautum est. Quoniam eiusmodi rescriptum datur oratori ab Apostolica Sede ordinarie *in forma commissoria,* proinde ex ipsius rescripti tenore deducenda est provisio honestae sustentationis exclaustrati, praesertim si sit clericus in sacris constitutus.

[9] Leitner 479: "Ist der exklaustrierte Ordensmann Priester oder Kleriker, so kann der Bishof seines Aufenthaltes denselben zu geistlichen Funktionen zulassen. . . ."

[10] Can. 111, § 2; 979; 980; 981.

[11] Chelodi 447, nota 2; Leitner III 479.

Quodsi rescriptum sonet: "pro arbitrio et conscientia Superioris . . . et statim redire teneatur, si forte, perdurante Indulto, a suis legitimis Superioribus ad claustra revocetur," [12] luculenter ex contextu eruitur, commorationem privilegiati extra claustra esse totaliter dependentem a Superioribus propriis, atque ipsorum etiam conscientia gravari, sicuti eruitur ex talis indulti contextu, ut ipsi etiam extra claustra degenti provideant de honesta sustentatione. Nihil tamen obstat, quominus orator in supplicibus litteris petat ab Apostolica Sede, ut liceat sibi extra claustra commorari ad nutum S. Sedis et ea ministeria exercere quae Episcopus commorationis suae ipsi conferre paratus est. Ex ista officii collatione honestae oratoris sustentationi erit provisum.[13] Orator revera ex eiusmodi rescripti tenore deprehendit simul et conditionem sub que exclaustrationem accipit, et ab Apostolica Sede licentiam obtinet exercendi sacra ministeria intuitu honestae sustentationis. Cui conclusioni etiam concinit Chelodi: "In quo indulto etiam dispositio circa *exercitium ministerii* ex parte religiosi in sacris qui dioecesim amisit contineri potest. Hoc deficiente autem eiusmodi religiosus in eadem conditione esse videtur ac saecularizatus. . . ." [14]

Quid autem iuris, si exclaustrandus acceperit quidem rescriptum in forma commissoria et proprius Superior competens pro suo arbitrio et conscientia annuerit ut possit uti indulto, sed nondum potuit invenire Episcopum benevolum receptorem? Possetne Superior proprius ipsi concedere meram licentiam manendi extra claustra, ut per illud tempus infra sex menses a iure statutum [15] sibi quaerat aliquem Episcopum, de cuius consensu posset sacra ministeria exercere? Et respondendum est: affirmative. Ratio est, quia ad interim est dependens a proprio Superiore ad normam iuris intra ambitum eiusdem canonis; ubi autem primum aliquis Ordinarius loci paratus sit ipsum admittere ad sacra ministeria, potest statim frui indulto exclaustrationis fitque subiectus illius Ordinarii loci ubi commoratur.[16]

Dictum fuit superius: nulla tamen lege talis Ordinarius loci obligatur, *ordinarie loquendo,* ad concendendas exclaustrato facultates ad sacra ministeria peragenda: nam ut notat Bizzarii: "S. C.

[12] Cfr. Periodica VII 270.

[13] Cfr. Periodica VII 270-272.

[14] Chelodi 447, nota 2.

[15] Can. 606, § 2.

[16] Cfr. Höller, L Q S LXXII 591-593.

aliquando, si gravis causa concurrat, cogit Episcopos ad recipiendos in suas Dioeceses Saecularizatos [lege: etiam nunc exclaustratos], qui ante sollemnem professionem eorum iurisdictioni subiiciebantur. Id tamen raro admodum durante meo munere factum est, licet *S. C. super Statu Regularium* declaraverit posse ad effectum reformationis Ordinum Regularium obtinendae etiam invitis Episcopis saecularizationes [etiam nunc exclaustrationes] concedi caute tamen, et prudenter perpensis peculiaribus rerum adiuntis."[17]

ART. II. DE EXCLAUSTRATO CUM VOTIS TEMPORARIIS TANTUM.

Vigilanti verbo quidem Ecclesiae legislator utitur in istis septem canonibus de egressu e religione.[1] Indicavit tamen, etsi admodum succinte, naturam et effectum votorum temporariorum in casu egressus ex parte religiosi talibus votis ligati. Elucet quoque ex paucis his iuris nunc vigentis clausulis prudens legislatoris spiritus regendi istiusmodi religiosos hoc modo, ut eorum consuleret libertati ad nuncupanda vota perpetua atque simul disciplinae uniformitatem abhinc sequendam introduceret.

Imprimis per Codicis promulgationem abolita sunt ea quae antea in Ordinibus regularium et monialium vocabantur vota simplicia perpetua ex parte voventis. Quae vota olim ab Apostolica Sede erant praescripta sub poena nullitatis nuncupandi vota sollemnia ante triennium expletum.[2] Abhinc enim mutatur status et conditio religiosi, quia solummodo vota temporaria emitti possunt ad normam iuris: " In quolibet Ordine tam virorum quam mulierum et in qualibet Congregatione quae vota perpetua habeat, novitius post expletum novitiatum, in ipsa novitiatus domo debet votis perpetuis sive sollemnibus sive simplicibus, praemittere . . . votorum simplicium professionem ad triennium valituram, vel ad lon-

[17] Bizzarri 712, nota.

[1] Can. 637-643.

[2] Pius IX, const. "*Ad universalis,*" 7 febr. 1862, Bizzarri 862-864; S. C. super Statu Regularium, litt. encycl. "*Neminem Latet,*" 19 mart. 1857, Bizzarri 853-855; decl. 12 iun. 1858, n. I., Bizzarri 856; 20 ian. 1860, ad 3, Bizzarri 859; 25 ian. 1861, Bizzarri 859; S. C. Ep. et Reg., decr. "*Perpensis,*" 3 mai 1902, n. 1, 2, 5, Vermeersch, De Religiosis, II 183-185; S. C. de Religiosis 30 iul. 1909, ad I, A. A. S., I 609; decr. 1 ian. 1911, n. 4, A. A. S., III 29-36; decr. 3 maii 1914, n. 1, A. A. S., VI 229.

12

gius tempus, si aetas ad perpetuam professionem requisita longius distet, nisi constitutiones exigant annuales professiones." [3] Nulla ergo amplius habentur vota simplicia ad triennium, quae simul ex parte voventis perpetua essent. Quamobrem consulitur magis et libertati religiosorum et uniformitas introducta est eo sensu, quod omnes votorum temporariorum religiosi cum iuris pontificii tum dioecesani in aequali sint nunc conditione; possunt enim "expleto votorum tempore libere . . . religionem deserere." [4]

Effectus huius innovationis a Codice introductae consistit in eo, quod 1) religiosus quilibet nunc temporariis tantum votis ligatus non amittat propriam quam in saeculo habuit dioecesim.[5] 2) In casu egressus e religione "religiosus in sacris constitutus . . . debet, non renovatis votis, vel obtento saecularizationis indulto, ad propriam redire dioecesim et a proprio Ordinario recipi." [6] Ratio est, quia religioni quis quidem adscribitur omni professione religiosa; sed ante professionem perpetuam haec adscriptio non est absoluta, cum per eam non amittatur dioecesis legislatore ita statuente.[7]

Qui iuvenes ingrediuntur religionem aliquam utique non possunt promoveri ad ordines maiores ante professionem perpetuam sive sollemnem sive simplicem vi iuris: "Superiores professis votorum simplicium, de quibus in can. 574, litteras dimissorias concedere possunt dumtaxat ad primam tonsuram et ordines minores; ordinatio ceterorum omnium alumnorum cuiusvis religionis regitur iure saecularium, revocato quolibet indulto Superioribus concesso dandi professis a votis temporariis litteras dimissorias ad ordines maiores." [8] Pro talibus non est mutatio haec a Codice introducta magni momenti; econtra, quoniam interdum clerici saeculares in maioribus ordinibus constituti, ingrediuntur aliquam religionem, ipsis consulit legislator, ne absque Ordinario proprio et dioecesi propria remanerent. Si ergo casus ferat ut tales post emissa vota temporaria exclaustrationis indultum obtinerent quamcumque ob causam, habent propriam dioecesim ad quam pergere possunt; habent quoque ius ut recipiantur a proprio Ordinario, vel de eius licentia exercere valeant sacri ministerii exercitia.

Idcirco talis religiosus non debet esse sollicitus de quaerendo

[3] Can. 574.

[4] Can. 637.

[5] Can. 585.

[6] Can. 641, § 1; 648.

[7] Cfr. Can. 115; 585.

[8] Can. 964, 3°, 4°.

Episcopo benevolo receptore; vi iuris habet Ordinarium loci, ad cuius dioecesim antea pertinebat; de eius licentia proinde posset exercere sacra ministeria etiam extra religionem. Quaesitum enim fuit a S. C. Ep. et Reg.: "Utrum in casu egressus ab Instituto per dimissionem, vel dispensationem iidem pertineant ad iurisdictionem Episcopi, ubi est sita domus, cui sunt adscripti, vel ad Episcopum, cui erant subiecti etiam prius ante adscriptionem ad Institutum? Et responsum fuit: 'Negative ad primam partem, affirmative ad secundam.'"[9] Quodsi necessitate coactus in alia deberet dioecesi commorari, tali in casu ex iure item designatur ei Ordinarius loci, scilicet: "et Ordinario territorii ubi commoratur, loco Superiorum propriae religionis, subditur etiam ratione voti obedientiae."[10] Nequit tamen alteruter eum incardinare suae dioecesi, quia adhuc religiosus est; ergo propriae religioni adhuc remanet adscriptus.

Quoad sacri ministerii exercitium adhuc fortasse adiiciendum esset: ipsum posse ad illud admitti sive ab Ordinario proprio, sive ab Ordinario territorii ubi commoratur. Imo in supplici libello ad Apostolicam Sedem potest et talis exclaustratus votorum temporariorum rogare, ut sibi liceat exercere sacra ministeria perdurante indulto, et hoc modo erit provisum pro sua honesta sustentatione.[11]

Quodsi religiosus iuris dioecesani impetret exclaustrationis indultum ab Ordinario loci ubi domui religiosae adscriptus erat, tunc ille Ordinarius loci potest ei in rescripto exclaustrationis easdem praestare concessiones.[12]

ART. III. DE EXCLAUSTRATO CUM IURAMENTO PERSEVERANTIAE VEL QUADAM PROMISSIONE TANTUM.

Praeter religiosos qui vota perpetua vel temporaria in religionibus propriis iuxta constitutiones emittunt, habentur quoque instituta religiosa seu societates religiosae quorum sodales non vota, sed

[9] S. C. Ep. et Reg., *Tarvisina*, 6 maii 1864, ad 4, Bizzarri 711-712: 4. "In caso di egresso dall' Istituto per dimissione, o dispensa, i medesimi appartengono alla giurisdizione del Vescovo, ove è situata la casa, a cui sono ascritti, o al Vescovo, al quale erano soggetti anche prima dell' ascrizione all' Istituto? "Emmi Patres, referente Emmo Bizzarri, rescripserunt: Ad 4. Negative ad primam partem, affirmative ad secundam."

[10] Can. 639.

[11] Cfr. Periodica VII 270-271.

[12] Leitner III 479.

solummodo iuramentum perseverantiae vel peculiares promissiones ad normam propriarum constitutionum edunt. Neque hos legislator silentio praetermisit; novem canones ipsis specialiter devovet.[1]

Vi iuris, societates istae possunt esse clericales vel laicales, iuris pontificii vel dioecesanae.[2] Quaedam ex iis quae iuris pontificii dicuntur, etiam privilegio exemptionis frui possunt: sic *Pia Societas Missionum,* seu Pallotinorum, quae praeterea ampla donata est communicatione privilegiorum etiam cum regularibus stricte dictis.[3] Maior tamen ipsarum numerus est iuris dioecesani.[4]

Quoad regimen eiusmodi societatum religiosarum legislator statuit: "Regimen determinatur in uniuscuiusque societatis constitutionibus; sed in omnibus serventur congrua congruis referendo, can. 499-530."[5] Vult insuper legislator ut secundum constitutiones proprias vivendo etiam propius ipsorum regimen accedat ad ius commune, quibusdam tamen exceptionibus factis, scilicet, "nisi ex natura rei vel ex sermonis contextu aliud constet . . . [et] nisi constitutiones aliud ferant."[6]

Attamen mirum, quod legislator expresse omittat mentionem de ipsorum exclaustrationis normis quae ipsis applicandae essent; loquitur tamen de ipsorum transitu ad aliam societatem vel ad aliquam religionem; de sodalium exitu; de dimissione.[7] Rationem autem cur de ipsorum exclaustratione legislator tacet, adducit Biederlack-Führich: "Notandum est 1. de indulto exclaustrationis et saecularizationis sermo esse non potest, quia haec deficientibus votis non sunt necessaria. 2. Quae autem de modo legitime egrediendi dici possunt, adeo a diversis constitutionibus pendent, ut generalis regula statui non possit."[8]

[1] Can. 673-681.

[2] Cfr. can. 673, § 2.

[3] Vermeersch-Creusen, Epit. 462.

[4] Historiam variarum eiusmodi societatum cum uberiori bibliographia invenies in Heimbucher, "Die Orden und Kongregationen der Katholischen Kirche," III 401-580. Canonicam disciplinam de his societatibus religiosis tradunt: Vermeersch-Creusen, Epit. 461-466; Biederlack-Führich, De Religiosis 310-312; Charles Augustine III 416-420; Fanfani, De Iure Religiosorum 209-212; Schäfer, Das Ordensrecht 374-378; Prümmer 347-348; Blat, Commentarium etc., II 653-657.

[5] Can. 675.

[6] Can. 679, § 1.

[7] Cfr. Can. 681.

[8] Biederlack-Führich 312.

Inter eiusmodi societates habentur etiam tales in quibus sodales emittunt perseverantiae votum vel iuramentum conditionate tantum ita, ut sodalibus liberum sit egredi ad libitum absque ullo Superiorum praeiudicio vel aliqua iuridica obligatione. Ad rem dicit Vermeersch-Creusen: " Quando tamen nulla est obligatio perseverantiae, ita ut qualibet hora integrum sit sodalibus societati valedicere, subiectio non est nisi conditionata, seu " quamdiu perseveravero ": satis similis est subiectionis novitiorum. Id tamen interest, quod novicii nulla promissione formali mancipantur. Sunt Congregationes in quibus vota emittuntur sub conditione " Donec in Congregatione vivam." [9] Quoniam igitur vota eiusmodi sodalium ad profitentis nutum solubilia sunt, idcirco etiam Pontificia Commissio C. I. C. declaravit, tali professioni nullum deberi praemitti triennium votorum temporaneorum.[10] Iuridica proinde de talium sodalium egressu non potest institui dissertatio, praesertim si egrediens sit laicus.

Quoad clericos autem dicendum, ipsos, secluso speciali privilegio ab Apostolica Sede obtento, regi normis iuris communis quando agitur de ordinatione, et in casu egressus de quaerendo Episcopo benevolo receptore. Iuvat adducere ea quae habet Prümmer: " Clerici talium societatum censentur esse clerici saeculares, ac proinde iisdem obligationibus tenentur quantum ad studia, ad ordinationes etc. quibus ligantur clerici saeculares, *nisi tamen adsint specialia statuta S. Sedis.*" [11] Quoniam igitur et ipsorum vota perpetua sensu stricto iuridico non sunt, ideo etiam certe non amittunt quam in saeculo habuerunt dioecesim.[12]

Difficultas tamen non evanescit in specie determinando ipsis domicilium in casu egressus e societate sive sponte, sive cum debita faculate, sive utendo iure sui instituti.[13] Ad rem Vermeersch-Creusen: " Plerumque res incommodo carebit. Si enim ordinantur iure saecularium, eorum promotio ipsum episcopum habebit auctorem. In literis autem quibus S. Sedes concedit privilegium

[9] Vermeersch-Creusen, Epit. 463, nota 1.

[10] Pont. Com. C. C. I., 1 mart. 1921, A. A. S., XIII 177.

[11] Prümmer 348.

[12] Cfr. Can. 585.

[13] Cfr. Vermeersch-Creusen, Epit. 464; Comment. pro Rel., I 178; Charles Augustine III 417, nota 1; Biederlack-Führich 175, 311; Fanfani 212; Prümmer 348; Schäfer 376-378.

dimittendi, poterit cavere ut ordinatus qui societatem relinquat benevolum receptorem quaerere debeat. Si autem indultum sine tali cautione concessum sit, nascetur sane istud incommodum, episcopum obligari ad recipiendum clericum in sacris a cuius promotione omnino alienus fuit. Haec sunt quae fortasse suadent authenticam declarationem extensivam, quae ad huiusmodi ordinatum in sacris c. 585 traducendum esse dicat. Atque in casu particulari, S. C. de Religiosis, declaravit c. 585 valere de sodali qui ad societatem sine votis, sed exemptam pertinuerat." [14]

In casu particulari ergo ipsorum egressus totaliter dependet a tenore constitutionum, quae proculdubio pro ipsis constituunt ius particulare, minime Codicis canonibus derogans.

Explicit tractatus de exclaustratione.

N. B. Questiones: "*de recusatione rescripti*" et "*de quibusdam iuris inderdictis*" habentur in tractatu de saecularizatione.—Cfr. pag. 257, et pag. 234.

[14] Vermeersch-Creusen, Epit. 464.

PARS III.

DE SAECULARIZATIONIS INDULTO.

CAPUT I.

DE FONTE SAECULARIZATIONIS.

Quemadmodum exclaustrationis fons in Codice primarius et per se pro omnibus religiosis assignatur, et alter aequivalens et secundarius, sed pro religiosis tantum iuris dioecesani, ita etiam vi iuris nunc vigentis statuitur quoad saecularizationis indultum: "Indultum manendi extra claustra . . . perpetuum, idest indultum *saecularizationis,* sola Sedes Apostolica in religionibus iuris pontificii dare potest; in religionibus iuris dioecesani etiam loci Ordinarius."[1]

Vi huius canonis ergo magna introducta est mutatio disciplinae canonicae quoad ius religiosum. Mutatio haec attinet: a) ipsum fontem seu principium a quo procedit indultum ipsum; b) nomen iuridicum et stabile saecularizationis; c) effectum mutationis iuridicum. Sit de singulis seorsim.

Art. I. De ipso fonte saecularizationis.

Legislator brevitati simul et perspicuitati in tota Codicis legislatione studens, paucis verbis aperuit mentem suam, quaenam abhinc principia sequenda sint in impetrando saecularizationis indulto. Nullam quidem innovationem disciplinae canonicae introduxit ratione ipsius fontis quoad religiosos iuris pontificii; bene tamen quoad religiosos iuris dioecesani. Dicitur: *ratione ipsius fontis,* quia in ceteris saecularizationis elementis habentur utique immutationes, et quidem magnae quoad religiosos etiam iuris pontificii, ut ex dicendis apparebit.

Canonis proinde supra citati verba repetunt, vel potius confirmant ius Apostolicae Sedis exclusivum concedendi indultum secularizationis pro religiosis iuris pontificii; hi enim per plura iamiam saecula sub immediata Sanctae Sedis iurisdictione erant; iuxta permultorum saeculorum disciplinam sub sola et exclusiva Apostolicae Sedis tutela constituti, vota emittebant sollemnia vel saltem perpetua ex parte voventis. Ergo nulla potuit introduci innovatio ratione ipsius fontis quoad religiosos iuris pontificii, quoniam Romanum Pontificem semper tamquam supremum Superiorem habe-

[1] Can. 638.

bant. Quapropter ipse solus, sive per se sive per Congregationes a se constitutas, sive etiam per Praelatos a se deputatos semper erat ultimum principium a quo procedebat votorum in eiusmodi religionibus emissorum relaxatio, dispensatio vel commutatio.[2]

Ius ergo concedendi saecularizationem religiosis iuris pontificii reservatur soli Apostolicae Sedis adeo, ut nullus Superior ecclesiasticus Papa inferior valeat imponere manum suam in eiusmodi vota, seclusa delegatione Apostolicae Sedis. Ita v. g. enuntiavit Gregorius XIII quoad vota simplicia Societatis Iesu: ". . . triaque huiusmodi Societatis vota tametsi simplicia, ut substantialia Religionis vota ab hac Sede fuisse admissa, illaque emittentes, in statu Religionis vere constituti. . . . In quibus votis nullus praeter Romanum Pontificem potest manum apponere. . . ."[3] Item postea factum est per declarationem Pii IX mediante S. C. super Statu Regularium quoad vota simplicia emissa in Ordinibus regularibus: "Vota simplicia, de quibus agitur, perpetua erunt ex parte voventis. . . . Eorundem votorum simplicium dispensatio reservata est Romano Pontifici. . . ."[4] Rationem autem huius reservationis ita explicat Suarez: "Papa potest dispensare in professione religiosa, adeoque efficere ut qui fuit hactenus religiosus professus, non sit amplius religiosus. . . . Haec potestas dispensandi in professione religiosa nunc de facto in solo residet summo pontifice, qui videtur istam sibi reservasse, dum sibi coepit reservare religionum approbationem aut votorum perpetuorum dispensationem. Unde ante istam pontificum reservationem, quando episcopi poterant instituere et approbare religiones, atque acceptare per se vel alios religiosam traditionem ac vota religiosa, tunc videntur etiam potuisse cum suis religiosis subditis dispensare in professione religiosa ac in votis religiosis, sicuti poterant dispensare in voto virginitatis. Et quamvis urgente gravi necessitate etiam nunc iuxta communem doctorum sententiam possint in votis papae reservatis dispensare, utendo epiikia, aut interpretatione; non videtur tamen ista potestas nunc extendi ad dispensandum in solemni voto

[2] Notitia huius rei historico-canonica habetur apud Bizzarri, Prologus IX-XV; Biederlack-Führich 13-22. Vermeersch, De Religiosis, I 44-60; Bouix I 185-193. Piat I 4-25; Lehmkuhl I 350-362; Bączkowicz I 514-527.

[3] Gregorius XIII, const. "*Ascendente Domino*," 25 maii 1584, § 18, Fontes n. 153.

[4] S. C. super Statu Regularium, declar. "*Sanctissimus*," 12 iunii 1858, Bizzarri 856-857.

religionis quocumque casu aut necessitate occurrente, uti usus universalis et consuetudo probat."[5] Quam iugem S. Sedis praxim saecularizandi religiosos iuris pontificii etiam reaffirmavit Pius VI ad Episcopum Brunensem: "Neque tu potes jure ordinario concedere, ut recte cogitas neque Nos tibi ejus tribuendae jus vel potestatem delegamus."[6] Ergo etiam apparet ratio cur in Codice nunc dicitur: "indultum *sacularizationis,* sola Sedes Apostolica in religionibus iuris pontificii dare potest."

Magna tamen per Codicem facta est innovatio quoad religiosos iuris dioecesani. Duplex pro ipsis designatur fons a quo impetrare possunt saecularizationis indultum: primarius et per se est item Apostolica Sedes; secundarius, attamen competens, etiam Ordinarius loci. Nihil obstat quominus et ipsi directe adeant Sanctam Sedem; non tamen est necesse, quia vi iuris nunc vigentis etiam Ordinarius loci accipit potestatem aequivalentem, atque pleno iure fruitur potestate ipsis concedere totalem relaxationem votorum necnon regresum in saeculum; nulla amplius restrictio adiicitur, quia sensus canonis est obvius: "indultum *saecularizationis* . . . dare potest . . . in religionibus iuris dioecesani etiam loci Ordinarius."[7]

Verumtamen, etsi haec potestas Ordinario loci tributa vi huius canonis videatur prima fronte aequivalens, non tamen revera talis est sub omni respectu. Potest quidem Ordinarius loci oratori postulanti illud concedere valide in omni casu; non autem licite, quia subauditur clausula, quae olim adiecta fuit a Leone XIII in facultate Episcopis Americae Septentrionalis concessa: "Episcopo alumnas sodalitatum dioecesanarum professas dimittendi potestas est, votis perpetuis aeque ac temporariis remissis. . . . Cavendum tamen ne istiusmodi remissione ius alienum laedatur; laedetur autem, si insciis moderatoribus, id fiat iusteque dissentientibus."[8] Aliis verbis: Apostolica Sedes semper valide et licite cuilibet religioso saecularizationis dare potest indultum; Ordinarius loci

[5] Suarez, De religionis virtute et statu, part. II, tract. VII, l. VI, c. 16-18.

[6] Pius VI, breve ad Episcopum Brunensem, 12 apr. 1782, Anal. Eccl. II 415; cfr. etiam, Leo XIII const. "*Conditae a Christo,*" 8 dec. 1900, § 2, n. II, A. S. S., XXXIII 344.

[7] Can. 638.

[8] Leo XIII, const. "*Conditae a Christo,*" 8 dec. 1900, § 1, n. VIII, A. S. S., XXXIII 343.—Cfr. etiam Conc. Plen. Balt. III. n. 93.

quoad religiosos iuris dioecesani semper quidem valide; licite tamen tunc tantum agere potest, quando praemonuit Moderatores respectivae religionis atque diiudicavit: utrum necne iniuste dissentiant in concedendo indulto oratori saecularizando.[9]

ART. II. DE SAECULARIZATIONIS NOMINE IURIDICO ET STABILI.

Legislationis praesentis magnum emolumentum etiam habetur in statuendo saecularizationis termino iuridico et stabili. Abolitae sunt duae aliae species saecularizationis antea in usu, scilicet: saecularizatio ad interim, et saecularizatio temporanea. Prior totaliter eliminata est, utpote nullius amplius nunc valoris in disciplina canonica.[10] Saecularizatio temporanea quidem existit, attamen vi iuris nunc vigentis nomen ipsius mutatum est atque canonizatum in "*exclaustrationem.*" Non habetur etiam amplius nomen *saecularizationis perpetuae,* sed saecularizationis simpliciter.

Terminologia haec nova abrogavit quoque illam quam antea vocabant dispensationem a votis. Ratio huius termini antea in usu canonico ita redditur a Wernz: "*R. Pontifex per dispensationem* professum votorum simplicium atque adeo etiam solemnium ab omnibus suis obligationibus religiosis ita liberare *potest,* ut simpliciter *desinat* esse in statu religioso; at de facto hac potestate solummodo utitur quoad professos votorum *simplicium;* professis vero votorum solemnium, si opus sit, solummodo partialem concedere solet dispensationem vel commutationem ab obligationibus in statu religioso susceptis, imo ex praxi recepta gratiam dispensationis restringit ad solam *saecularizationem religiosi,* si ita incommodis sufficienter occurratur." [11] Quae dispensatio a votis fundamentum suum habuit iuridicum olim in distinctione quoad saecularizationem vota inter sollemnia et simplicia. In Codice econtra distinctio iuridica habetur in nostro casu vota perpetua inter et temporaria.

Mutatis proinde hisce terminis diversis saecularizationis, et eliminato prorsus verbo dispensationis a votis, nulla amplius ambiguitas habetur de quanam saecularizationis specie sit sermo. Nunc duo tantum habentur in Codice termini iuridici qui aeque applicabiles sunt religiosis sive iuris pontifici sive dioecesani, videlicet exclaustratio et saecularizatio. Alterutro prolato, quivis statim percipere

[9] Vide supra pag. 83-84. [10] Vide supra pag. 8. [11] Wernz III n. 677.

potest de quonam agitur et iuridicum ipsius effectum statim cognoscit.

ART. III. DE EFFECTU MUTATAE TERMINOLOGIAE IURIDICAE.

Stabilito terminorum sensu exclaustrationis et saecularizationis, legislator statim accuratius determinavit etiam limites uniuscuiusque indulti. Consuluit per hunc modum agendi conditioni tum exclaustrati tum etiam saecularizati eo sensu, quod nunc quilibet orator a priori praevidere potest conditionem suam extra claustra iuridicam; nulli amplius ambiguitati est locus.

Iuxta legislationem superiorem nulla uniformitas habebatur in concedendis rescriptis sive exclaustrationis sive saecularizationis. Effectus uniuscuiusque iuridici poterant deduci solummodo ex ipso rescripto. Conditiones erant diversae quoad religiosos diversi iuris et ob diversitatem votorum, quibus erant ligati. Iuxta praesentem tamen legislationem, utriusque iuris religiosi in pari sunt conditione coram legislatore. Omnibus applicantur eaedem conditiones; nulla exceptio datur in applicandis normis a Codice statutis, utpote quoad depositionem habitus, quoad obligationes vi votorum, quoad obligationes clericorum communes.[12]

Quaeri tamen potest, utrum necne per Codicem introducta sit vis retroactiva quoad effectum saecularizationis indulti ante Codicem obtenti? Ratio dubitandi est, quia obtinentes saecularizationis indultum ante Codicem, si essent professi votorum sollemnium, separabantur quidem ab Ordine suo, attamen remanebant regulares sub obedientia Ordinarii domicilii cum onero servandi votum castitatis sub clausula, "ut deferant interius aliquod signum habitus sui religiosi."[13] Post Codicem tamen, qui saecularizantur, totaliter excidunt e statu religioso neque amplius debent ligari conditionibus antea impositis vi rescripti.—Attamen dicendum est: omnes ante Codicem saecularizatos remanere adhuc regulares eo modo quo cautum erat tempore indulti obtenti. Imprimis vi principii: "lex retro non respicit," concludendum est: ipsorum conditionem per Codicis promulgationem non fuisse mutatam. Deinde, ipsis applicari possit clausula iuris vigentis: "Iura aliis quaesita, itemque privilegia atque indulta quae, Apostolica Sede ad haec usque tempora personis . . . concessa, in usu adhuc sunt nec revocata, integra

[12] Cfr. Can. 638, 639, 640, 641.

[13] Formula saecularizationis olim concessae habetur A. A. S., IV 389-390.

manent, nisi huius Codicis canonibus expresse revocentur."[14] Nullibi autem in canonibus contrarium invenitur, neque hucusque authentica prodiit interpretatio ab Apostolica Sede. Ergo non tollitur ipsis ius quaesitum. Libenter subscribimus opinioni a Vermeersch propositae: "Ipsos, nisi ad Sanctam Sedem recurrant, manere regulares. . . . Excidere enim statu religioso ipsis non modicum detrimentum afferet, quod, dum petebant saecularizationem, praevidere nequaquam poterant. Si ergo, sine voluntate sua, nunc beneficium status religiosi amitterent, lex re vera ius quaesitum tolleret, quod Codex, ex c. 4 facere noluit."[15]

[14] Can. 4.

[15] Vermeersch-Creusen, Epit. 443.

CAPUT II.

DE SAECULARIZATI CONDITIONE IURIDICA.

Quaecumque olim movebantur dubia a theologis etiam primae notae de potestate Romani Pontificis quoad dispensationem a votis sollemnibus, aliis ipsi hanc potestatem denegantibus duce St. Thoma Aquinat.,[1] aliis vero recte affirmantibus,[2] in hodierno iure legislator peremptorie edicit: "Qui, impetrato saecularizationis indulto, religionem relinquit: 1°. A sua religione separatur, habitus eiusdem exteriorem formam debet deponere, et in Missa et horis canonicis, in usu et dispensatione Sacramentorum saecularibus assimilatur."[3]

Vi huius canonis ergo saecularizatus: a) totaliter separatur a sua religione; b) privatur habitu religioso; c) saecularibus assimilatur. Separatim de hisce agemus.

Art. I. De saecularizati totali separatione a religione.

Disciplina prorsus nova inducitur per Codicis promulgationem; antiquitus enim saecularizationis indultum intactam reliquit votorum obligationem. Iuxta Wernz enim saecularizatio *perpetua* erat: "indultum Sedis Apostolicae, quo regularis (ordinarie) *solemniter* professus gravibus ex causis in perpetuum *solvitur a vinculo* cum religione inito ita, ut dimisso habitu regulari extra claustra in saeculo vivere possit firmis tantum manentibus *votis* in professione religiosa emissis."[4] Concedebatur sub antiqua disci-

[1] S. Thomas, Summa theolog., IIa IIae, q. 88, 11: ". . . et ideo non potest fieri per aliquem praelatum Ecclesiae, quod ille qui votum solemne emisit, desistat ab eo, ad quod est consecratus . . . et simili ratione Papa non potest facere, quod ille qui est professus religionem, non sit religiosus; licet quidam juristae ignoranter contrarium dicant . . . et ideo in voto solemnizato per professionem religionis non potest per Ecclesiam dispensari."—Salmanticenses, Cursus Theologicus, lib. XX, disput. I, 94.—Sylvester, Capreolus, citati apud Suarez, ut infra nota 2.

[2] Suarez, De religionis virtute et statu, part. II, l. VI, cap. 16, qui etiam pro sua sententia adducit Caietanum, Paludanum, Scotum, Richardum, Valentiam, Toletum, Sanchez, Lessium.—*Ibid.;* Benedictus XIV, De Synodo Dioec., l. VII, cap. VII, n. 7.

[3] Can. 640, § 1, 1°.

[4] Wernz III. n. 678.

plina quidem saecularizationis indultum, attamen non totaliter separabatur saecularizatus a sua religione; nonnisi ex gravissima causa concedebatur totalis solutio ab obligationibus sollemnium votorum. Ad rem ita etiam Piat: "In votis solemnibus, solus R. Pontifex, qui hac potestate plenarie uti non solet, nisi gravissima de causa. . . . Unde hujusmodi dispensatio saepius denegata fuit et ex praxi recepta gratia dispensationis restringitur ad solam *saecularizationem religiosi,* si ita incommodis sufficienter occurratur." [5]

Saecularizatio proinde etiam perpetua, iuxta antiquam disciplinam erat media quaedam via hodiernam exclaustrationem inter et nunc vigentem saecularizationem. Sedes Apostolica iuxta praxim tunc receptam oratori ita prospexit, "ut salvis tectisque manentibus substantialibus obligationibus per professionem religiosam contractis, perpetuo solveretur ab obligationibus erga religionem, et vicissim religio solveretur ab obligationibus erga religiosum." [6] Rationem autem cur Apostolica Sedes non solebat concedere plenam a religione separationem ita exponitur a Lehmkuhl: "Axioma est apud iurisperitos, rem vero sensu *consecratam* ex se irrevocabiliter Deo esse devotam humanisque usibus subtractam, ita ut sine sacrilegio in profanos usus converti non possit: quare ne diruta quidem ecclesia eius locus eiusve materia profanis usibus cedit . . . qui sollemnibus votis Deo consecratus est, ita ligatus est in materia votorum, ut tum ex parte sua, tum ex parte Ecclesiae, per se irrevocabiliter Deo devinctus sit. Neque alius praeter R. Pontificem eum a tali divino servitio extrahere potest, sicuti nemo praeter R. Pontificem rem consecratam statuere potest esse execratam: immo vix umquam hominem sollemni voto ligatum R. Pontifex ita solvit, ut saecularis et quasi profanus plane reddatur." [7]

Separatio omnimoda proinde a religione non habebatur per saecularizationem olim concessam, quia iuxta antiquam disciplinam non dabatur plena votorum solutio, praesertim quoad votum castitatis. Habebatur plerumque potius votorum suspensio quam dispensatio. Ad rem quae sequuntur a Nilles sunt mutuata: "Solutionem voti quod spectat, per gratiam pontificiam eius vinculum ita non auferri quam ad tempus intra certos limites suspendi est dicendum; ea quippe est conditio eorum, qui solemniter religionem professi, sed

[5] Piat I 184. [6] Cfr. A. S. S., IV 389. [7] Lehmkuhl I n. 649.

ad unas (ut fieri solet) nuptias celebrandas a Papa veniam iustis de causis sunt assecuti, ut vivente uxore ad castitatem coniugalem servandam obstringantur, ea defuncta vero novum matrimonium inire nequeant: vim suam iterum ipso illo quod semper perstiterat, exerente voto, pristinaque ejusdem obligatione, quae durante matrimonio erat suspensa reviviscente."[9]

Interdum autem Romanus Pontifex suprema sua iurisdictione, occurrente casu, ita rem componere solebat, ut, commutando oratoris priora vota sollemnia, ipsum iuberet ad alium ordinem transire, in quo votum castitatis coniugalis tantum nuncupabatur,[10] attamen matrimonium permittebatur "cum unica tantum et virgine. . . ."[11]

Quidquid sit, exempla sat rara fuere sub priori disciplina ut totalis concederetur solutio a votis sollemnibus et praesertim voti castitatis. Exempla quidem quaedam allegantur ab auctoribus quae vocari solebant per modum exceptionis a regula generali: "*firmis manentibus votis.*"[12]

Quoad vota simplicia perpetua quae solemnem in Ordinibus proprie dictis utriusque sexus praecedebant professionem, item vota simplicia perpetua in congregationibus iuris pontificii emissa dicendum est, ipsa quoque fuisse Romano Pontifici reservata. Quapropter in voto obedientiae et paupertatis totaliter dispensabatur; in voto castitatis non dabatur plena dispensatio, sed potius commutatio, teste Bizzarri, qui de votis monialium scribit: "Tandem notandum est super voto simplici perpetuae castitatis non concedi a S. C. absolutam dispensationem, sed dumtaxat commutationem cum dispensatione mixta ea praesertim conditione, quod si mulier viro suo supervixerit, alias nuptias minime inire possit absque nova S. Sedis commutatione."[13]

[9] Nilles, A. f. k. K., LXI 329-330.

[10] Tales erant tres Ordines hispani, scilicet: S. Jacobi de Spatha, de Alcantara, de Calatrava; Ordo sabaudus SS. Mauritii et Lazari.—Cfr. A. f. k. K. LXI 336, nota 2.

[11] Gregorius XIII, const. "*Christiani populi,*" 16 sept. 1572, Bullarum . . . Taurinensis editio, VIII 16-19; const. "*Pro commissa,*" 13 nov. 1572, *ibid.* 21-24.

[12] Cfr. Ferraris, v. Matrimonium, art. 7, n. 4; lege tamen omnino Additiones Casinenses ibi adiectas. Criticam horum factorum expolitionem tradit Nilles, A. f. k. K., LXI 331-341.

[13] Bizzarri 455, nota.

13

Quoad Congregationes iuris diocesani, Episcopi quidem dispensare valebant in votis paupertatis et obedientiae, non vero in voto perpetuae castitatis absolute emisso, nisi speciali gaudebant indulto.[14]

Qui modus retinendi eiusmodi clausulas in concedendis indultis saecularizationis nunc per Codicem prorsus abolitus est. Legislator praecipuam fecit distinctionem inter religiosos iuris pontificii et iuris dioecesani. Quivis religiosus impetrans saecularizationem ab Apostolica Sede, nunc iuxta normas iuris, solvitur totaliter ab obligationibus professionis sive sollemnis sive simplicis; nullum amplius remanet vinculum religiosum inter et propriam religionem. Nulla amplius habetur votorum commutatio, sed vera solutio. Religioni prorsus extraneus fit saecularizatus; neque ille ullum ius abhinc habet ut denuo recipiatur a religione. Vinculum religiosum enim vigore praesentis iuris auctoritate pontificia ita aufertur, ac si nunquam antea existeret. Religiosus penitus restituitur saeculo.

Eadem quoque potestate nunc gaudet Ordinarius loci quoad religiosos iuris dioecesani sibi subditos; nihil excipitur, ne quidem ipsum castitatis perpetuae votum, quia nullibi amplius in Codice ipsius potestas restringitur. Aliunde, quia et ipse ex iure constituitur fons aequivalens et competens saecularizationis, et quidem ordinarius quoad religiosos iuris dioecesani,[15] ergo et ipse totalem concedere valet saecularizationem.[16] Ratio est, quia Ordinarii loci potestas solvendi omnia vota in professione religiosa emissa nullibi amplius restringitur, ne quidem ipsum votum perpetuae castitatis excipitur, sicuti olim sub superiori disciplina.[17] Econtra per saecularizationem cessant vota quaelibet publice emissa in religione.[18] Proinde si votum etiam perfectae et perpetuae castitatis emissum fuerit una cum duobus ceteris votis religiosis in professione, saecularizatio etiam ab Ordinario loci obtenta totaliter liberat quemlibet saecularizatum ab omni voto. Excipe tamen casum, si religiosus antea votum perfectae ac perpetuae castitatis privatim emiserit,

[14] Cfr. Piat I 185; Cfr. etiam supra pag. 80-81.

[15] Vide supra pag. 187.

[16] Cfr. Pont. Com. C. I. C., 12 nov. 1922, ad 1: "Utrum can. 640, § 1 comprehendat omnes qui saecularizationis indultum obtinuerint sive a Sede Apostolica sive ab Ordinario loci?—Resp. Ad 1. "Affirmative."—A. A. S., XIV 662.

[17] Vide supra pag. 80; 82.

[18] Cfr. Can. 1308, § 1 una cum can. 640, § 1, 2°.

quia tunc utique pro tali voto solvendo indigeret distincta dispensatione vel commutatione ab Apostolica Sede.[19]

Quae innovatio a Codice facta proculdubio magni momenti est atque funditus contraria opinionibus veterum theologorum necnon canonistarum superius allatorum. Ex hac tamen funditus nova Codicis dispositione clarius elucet Romani Pontificis plena potestas a Christo sibi commissa quoad vota etiam sollemnia totaliter solvenda.

Art. II. De saecularizati obligatione deponendi habitum religiosum.

Quod attinet saecularizati obligationem deponendi habitus exterioris formam, nonnisi logica conclusio est conditionis iuridicae in qua nunc quilibet saecularizatus versatur. Quoniam ex supra dictis saecularizatus cessat simpliciter esse religiosus, neque amplius ullum existat vinculum inter ipsum et propriam religionem, idcirco etiam cessat quaelibet ratio permittendi ipsi ut deferre habitum religiosum exteriorem queat.

Agendo supra de exclaustratione (necnon licentia degendi extra claustra), iamiam adductae sunt rationes et argumenta respectivis Apostolicae Sedis declarationis comprobata, quare legislator non vult, ut religiosi extra claustra degentes deferant habitum religiosum.[20] A fortiori ergo urget ratio cur praecipiat ut saecularizatus habitus exterioris formam deponat.

Primo intuitu haec clausula iuris videtur esse inutiliter in respectivo canone posita. Etenim iam sub antiqua disciplina solebat iniungi in indulto saecularizationis perpetuae haec clausula: "SSmus . . . benigne annuit pro gratia perpetuae saecularizationis . . . ut ipse Orator in saeculo extra suae Religionis claustra in habitu clericali vel decenti saeculari, quoad vixerit, commorari licite possit et valeat. . . ."[21] Numquid reapse inutilia haec verba sint in Codice, qui alioquin pressis et parcis utitur verbis? Minime sane; legislatoris mens accuratius est investiganda.

Imprimis proculdubio obligatio haec sumenda est sensu com-

[19] Can. 1309: "Vota privata Apostolicae Sedi servata sunt tantummodo votum perfectae ac perpetuae castitatis. . . ."—Quapropter saecularizatus procul dubio speciali adhuc indigeret dispensatione huius voti ab Apostolica Sede.—Cfr. etiam Leitner III 480.

[20] Vide supra pag. 105; 107.

[21] Cfr. A. S. S., IV 389.

posito, i. e. "impetrato saecularizationis indulto" et simul "religionem reliquit." Alterutro deficiente, nondum obligatio urget deponendi habitum religiosum. Ratio est, quia religiosus etiam post obtentum saecularizationis indultum, remanendo adhuc in religione, propositum suum mutare potest. Quoadusque ergo remanet in claustris, retinendo habitum religiosum et sub Superiorum obedientia constitutus peragit adimplere vitae communis obligationes, non censetur saecularizationis indultum formaliter acceptasse. Quae quidem legislatoris dispositio tendit primario in saecularizati bonum, ne scilicet ipsum privet occasione mutandi consilii quoadusque remanet in domo propriae religionis. Item nondum urget haec iuris dispositio in casu, quando saecularizandus iam degit extra claustra de licentia Superioris, expectando saecularizationis rescriptum ab Apostolica Sede. Quamvis enim iam degat extra religionem et expectat rescriptum, iuridico sensu tamen nondum est saecularizatus. Ergo nondum tenetur habitus exterioris formam deponere. Censetur enim adhuc sub legitimi Superioris obedientia manere. Ad religionem ergo pertinet quoadusque non acceptet formaliter saecularizationis rescriptum.

Finis huius clausulae alter etiam est uniformitas necnon stabilitas abhinc introducenda. Sub antiqua enim disciplina, ut dicit Wernz: "Conditiones et effectus saecularizationis, quatenus ex generali notione non iam patent, praesertim colligantur necesse est *ex rescripto pontificio* sive in forma gratiosa sive commissoria sive mixta sive mere executoria dato. . . ." [22] Quamvis enim olim haec solebat esse consueta conditio, nondum tamen habuit vim legis universalis. Nunc autem vi huius clausulae fit lex stabilis et universalis, afficitque quemlibet saecularizandum sive rescriptum obtinuerit ab Apostolica Sede sive ab Ordinario loci quoad religiosos iuris dioecesani. Verba enim dicti canonis postulant talem legis interpretationem: "Qui, impetrato saecularizationis indulto, religionem relinquit . . . habitus eiusdem exteriorem formam debet deponere.[23] Aliunde, cum dubitatum fuit, utrum necne ista canonis dispositio comprehendat omnes qui saecularizationis indultum obtinuerint sive a Sede Apostolica, sive ab Ordinario loci, responsum erat a Pontificia Commissione C. C. I.: "Affirmative." [24]

[22] Wernz III n. 678.

[23] Can. 640, § 1, 1.o

[24] Pont. Com. C. C. I., 12 nov. 1922, ad 1, A. A. S., XIV 662.

Legislator loquitur tantum de deponenda habitus exterioris forma, tacet vero de obligatione retinendi aliquod signum habitus proprii, quod regulariter intelligebatur scapulare Ordinis proprium. Olim enim haec obligatio saecularizato imponebatur: ". . . servatis tamen per eundem substantialibus votorum suae religiosae professionis, quae semper quantum in huiusmodi statu fieri poterit in suo robore remaneant, retentoque interius ad excitandum iugitur istius obligationis memoriam aliquo sui habitus regularis signo."[25] Quaeri proinde possit: utrum talis obligatio adhuc existat? et deinde utrum necne sit urgenda?

Iamvero dicendum est: obligationem deferendi habitum interiorem proprii Ordinis seu scapulare amplius post Codicem non existere. Imprimis iuxta notum adagium: "Legislator quidquid voluit expressit, quod noluit tacuit." Nihil dicit de obligatione deferendi istud signum sui habitus; ergo non amplius existit.

Neque talis obligatio amplius urgenda est, quia deest paritas saecularizationis obtentae olim ante Codicem et post ipsius promulgationem. Olim talis obligationis finis, ut supra expressus in indulti rescripto, fuit, ut per hoc signum seu scapulare excitetur momoria istius obligationis cui adhuc tenebatur. Quoniam autem post Codicem saecularizatus totaliter separatur a sua religione, idcirco deest fundamentum iuridicum; ergo etiam deest ratio urgendi talem obligationem.

Quaeri ulterius possit: utrum necne saecularizato postulanti Superiores possint permittere tale scapulare? Et respondendum est: id vi iuris non esse prohibitum. Aliunde cum legislator nullam hac de re fecerit mentionem, taxative tamen enumerando alias conditiones, concludendum est: id Superiores permittere posse postulanti. Ratio est, quia etiam saeculares utriusque sexus aggregantur tertio Ordini et in signum suae aggregationis tale scapulare gestant. Quoniam igitur ob talem aggregationem mediante scapulari tertii Ordinis permultae gratiae adscriptis conceduntur ab Apostolica Sede, idcirco admodum utile foret, si saecularizatus tali saltem scapulari adscriberetur, et hoc modo aliquam pristini status memoriam recoleret, participando insimul quasdam gratias spirituales pristinae religionis.

[25] A. S. S., IV 389.

ART. III. DE SAECULARIZATI PLENA ET IURIDICA ASSIMILATIONE SAECULARIBUS.

Alia magna quoque per Codicem facta innovatio consistit in eo, quod quilibet nunc saecularizatus in omnibus assimilatur saecularibus sive ille sit clericus sive laicus. Mens legislatoris exprimitur in Codice hisce verbis: "Qui, impetrato saecularizationis indulto, religionem relinquit . . . in Missa et horis canonicis, in usu et dispensatione Sacramentorum saecularibus assimilatur." [26]

Primario proinde et per se haec iuris clausula attingit eos qui in religione erant clerici in maioribus ordinibus constituti, prout deducitur ex verbis: "in Missa et horis canonicis . . . et dispensatione sacramentorum"; secundario et implicite etiam includit ceteros, scilicet sive erant clerici in minoribus ordinibus sive religiosi-laici tantum, idque vi particulae: "in usu . . . Sacramentorum."

Quae saecularibus assimilatio est communis in quibusdam quoad omnes saecularizatos; diversa tamen ob diversitatem ordinum quibus insigniti erant durante vita religiosa et cooptati in hierarchia ecclesiastica. Agemus separatim: a) De communi omnium e religione egredientium saecularibus assimilatione; b) de saecularizati conditione in ordinibus maioribus; c) de reductione ad statum laicalem.

§ 1. *De saecularizatorum omnium communi saecularibus assimilatione.*

Omnis religiosus, qui impetrato saecularizationis indulto iam reliquit religionem, ipso facto amittit omne privilegium quod habuit intuitu religionis; item privatur quolibet favore religiosis propriae religioni ab Ecclesia concesso.

Imprimis nullum ius habet ut, deposito habitu religioso, deinceps in saeculo gerat nomen religiosum quod ipsi momento vestitionis impositum est.[27] Ratio est, quia religioso cuilibet, approbante Ecclesia, datur momento vestitionis nomen novum una cum titulo *Fratris* vel *Sororis* distinctionis gratia a ceteris fidelibus, ac illud veluti tessera habetur cooptationis in familiam religionis respectivae. Quoniam autem iuxta hodiernam disciplinam per saecu-

[26] Can. 640, § 1, 1.o

[27] Jansen 211; Brandys 96; Schäfer 344.

larizationem totaliter quilibet religiosus excidit a religione, idcirco nulla est ratio ut ei concederetur deinceps favor utendi hoc nomine religioso. Ad rem ita Brandys: " Saecularizatus nequit amplius gestare habitum religiosum pristinae suae religionis, neque suum hucusque nomen religiosum deinceps gerere, neque uti quolibet privilegio vel favore aliquo eiusdem." [28]

Deleto proinde nomine ex catologo religiosae familiae, deletur quoque omnis privilegiorum communicatio sive inter vivos sive etiam post mortem. Ratio est, quia privilegia alicui religioni concessa a Sede Apostolica dantur tantum mediantibus Superioribus in bonum familiae religiosae. Atqui saecularizatus cessat esse membrum religionis. Ergo nulla amplius possit haberi participatio eorundem. Aliunde etiam exclaustratus privatur quolibet religionis privilegio. Ergo a fortiori debet saecularizatus quolibet privari privilegio.[29]

Quilibet saecularizatus privatur etiam omnibus gratiis mere spiritualibus propriae religionis. Ergo per se a) privatur omnibus indulgentiis, quae competunt membris respectivae religionis sive directe ab Apostolica Sede concessis, sive per communicationem cum ceteris religionibus ante Codicem legitime acquisitis; b) Non amplius fit particeps meritorum atque bonorum operum quae a membris propriae fiunt religionis.

Dictum fuit superius *per se,* quia per accidens potest fieri particeps quarundam saltem gratiarum spiritualium, si nempe recipiatur in tertium Ordinem mediante scapulari religioso atque consuetas adimpleat conditiones pro tertiariis praescriptas.

Amittit tandem quilibet saecularizatus ius ad suffragia post mortem. Ratio est, quia ius ad suffragia post mortem habent solummodo ii qui aliquo saltem modo adhuc sunt membra eiusdem familiae religiosae. Atqui saecularizatus cessat simpliciter esse membrum religionis, et quidem quolibet titulo. Ergo etiam ex nullo titulo oritur ius ad suffragia persolvenda post eius mortem.[30] Uno verbo: quilibet saecularizatus amittit ius ad quodlibet privi-

[28] Brandys 96: " Die säkularisierte Ordensperson darf weder das Ordenskleid ihrer früheren Ordensgemeinschaft mehr tragen, noch auch ihren seitherigen Ordensnamen weiterführen, noch auch von irgendeinem Vorrecht oder einer Vergünstigung derselben fernerhin Gebrauch machen."

[29] Cfr. supra de exclaustrati privatione privilegiorum, pag. 109; 110.

[30] Cfr. Schäfer 344; Brandys 96; Jansen 211.

legium et consideratur eo modo ac si numquam religiosus esset; redit in saeculum spoliatus quocumque titulo, privilegio atque favore religionis.

§ 2. *De sacularizati conditione iuridica in ordinibus maioribus.*

Praeter hanc generalem assimilationem omnibus saecularizatis communem, datur adhuc diversa ob diversitatem ordinum quibus respectivus religiosus erat insignitus durante vita religiosa. Clerici in maioribus ordinibus constituti, quoniam erant iamiam cooptati in hierarchia ecclesiastica, remanent vi characteris impressi clerici, sed, iuxta mentem legislatoris, prorsus aequiparantur in omnibus clericis saecularibus. Et quidem, ut habetur in citato canone: "in Missa et horis canonicis, in usu et dispensatione Sacramentorum saecularibus assimilantur." [31]

Qui ergo est sacerdos, debet, ubi primum relinquit religionem, etiam derelinquere ritum suae religionis proprium si aliquem habuerit in celebratione Missae, et assumere ritum ceteris sacerdotibus saecularibus communem. Ratio est, quia tale privilegium est solummodo respectivae religioni concessum. Aliunde evincitur ex verbis citati canonis: "in Missa . . . saecularibus assimilatur." Quapropter debet assumere etiam Kalendarium istius dioecesis cuius subditus fit,[32] ratione Episcopi benevoli receptoris "sive pure et simpliciter, sive pro experimento ad triennium." [33]

Ob easdem rationes assimilatur ceteris sacerdotibus in dispensatione Sacramentorum. Nequit ergo adhibere ritum proprium religionis, uti etiam animadverit Biederlack-Führich: "In usu et dispensatione Sacramentorum non amplius uti potest ritu suae religionis, si illa proprium ritum habeat, sed eodem uti debet ac sacerdotes saeculares." [34] Quapropter quilibet saecularizatus non amplius potest adhaerere ritui propriae religionis ab Apostolica Sede concesso, ut puta: Ordinis Praedicatorum sacerdos hucusque ritum ambrosianum sequens, derelinquendo religionem, non gaudet amplius tali indulto, sed assumere debet ritum ceteris sacerdotibus illius dioecesis communem. Item nequit amplius uti libris litur-

[31] Can. 640, § 1, 1.o

[32] Decr. auth. n. 1445.

[33] Can. 641, § 2.

[34] Biederlack-Führich 291.

gicis pro sua tantum religione approbatis,[35] sed necessario adhibere debet libros liturgicos pro respectiva dioecesi praescriptos.[36]

Quod attinet ergo omnes nostras dioeceses in Statibus Foederatis Americae Septentrionalis, certum est: omnes sacerdotes sive saeculares sive religiosos, et proinde etiam saecularizatos debere adhaerere ritui romano iuxta praescriptum Concilii Plenarii Baltimorensis II: "Volumus igitur distincteque praecipimus, ut sacerdotes in hisce provinciis universi ea omnia, quae in Romano Missali habentur, adamussim sequantur."[37] Quoad Rituale Romanum ubique apud nos in administratione Sacramentorum servandum, idem Concilium decrevit: "Quanta vero diligentia praedecessores nostri adlaborarint, ut Rituale Romanum accurate et ubique apud nos servaretur, et quanto studio caverint, ne ritus novi aut a S. Romanae Ecclesiae consuetudine alieni inducerentur. . . . Rituale Romanum iam adoptatum a Concilio primo Baltimorensi, accurate servandum in sacris muneribus peragendis ubique in dioecesibus Statuum Foederatorum decernimus, vetantes districte ne consuetudines ritusve a Romanis alieni introducantur."[38]

Quod attinet horas canonicas persolvendas, quilibet saecularizatus in maioribus ordinibus tenetur illas persolvere ratione ordinis maioris suscepti.[39] Attamen etiam in his, aequiparatur ceteris clericis saecularibus, vigore eiusdem clausulae iuris: . . . "in horis canonicis . . . saecularibus assimilatur."[40] Quamobrem, qui impetrato saecularizationis indulto relinquit religionem, non amplius potest uti breviaro et Kalendario propriae religionis, sed adhibere debet breviarium et Kalendarium pro clero saeculari respectivae dioecesis legitime adprobatum.

[35] V. g. pro Ordine Fratrum Minorum specialiter approbati sunt ab Apostolica Sede libri liturgici: Missale, Rituale atque Caeremoniale romano-seraphicum.

[36] Wapelhorst n. 5: "Rituale Romanum est de praecepto in locis (uti in America septentr.), ubi tempore Concilii Tridentini nondum proprium Rituale adhibebatur, veluti Rituale Rom. unquam receptum fuit, vel ubi Rituale particulare adhibetur, cuius ritus in administratione sacramentorum post Concilium Trid. sine indulto Apostolico mutati sunt."

[37] Conc. Pl. Balt. II n. 358; n. 411, 412.

[38] Ibid., n. 210, 218. Cfr. etiam n. 375, 381, 399, 411, 412.

[39] Can. 135; 640, § 1, 2.o

[40] Can. 640, § 1, 1.o

§ 3. *De saecularizati reductione ad statum laicalem.*

Exposita modo assimilatione saecularibus quoad religiosos qui durante vita religiosa erant in ordinibus maioribus, nunc exponenda est disciplina vi Codicis introducta quoad eos, qui momento obtentae saecularizationis erant solummodo clerici in minoribus ordinibus constituti, vel etiam simpliciter religiosi-laici. Quoad eos autem praeter ea quae iamiam supra dicta sunt sub § 1, prorsus nova et fundamentalis quidem mutatio facta est quoad eorum conditionem iuridicam abhinc in saeculo.

Olim sub antiqua disciplina distinctio in iure habebatur inter regulares proprie dictos et ceteros religiosos; item quoad saecularizationis effectum retinebatur iuridica distinctio vota sollemnia inter et simplicia.[41] Quapropter quotiescumque agebatur de saecularizandis in perpetuum sollemniter professis fratribus laicis, monialibus et clericis in minoribus ordinibus constitutis, praeter consuetas conditiones pro saecularizandis clericis in maioribus ordinibus in rescripto expressas,[42] solebat pro eiusmodi religiosis votorum sollemnium adiungi adhuc clausula: *"firmo voto castitatis,"*[43] aliis verbis: omnes votorum sollemnium religiosi sive in maioribus ordinibus constituti, item fratres laici et moniales privabantur quidem communione bonorum spiritualium et temporalium propriae religionis; item quilibet eorum cessavit esse membrum familiae religiosae,[44] attamen non prorsus censebatur saecularibus assimilatus. Remanebant enim vota religiosa quoad substantiam, et proinde adhuc vinculum quoddam inter ipsum et suam religionem, simile huic quod nunc post Codicem habetur quoad exclaustratos.[45]

Vi ergo huius vinculi, etiam clerici in minoribus ordinibus et ceteri religiosi saecularizati adhuc erant regulares coram Deo; considerabantur etiam coram Ecclesia sensu iuridico personae Deo consecratae. Ergo non penitus assimilabantur saecularibus.[46] Iuxta enim probabiliorem opinionem, quilibet saecularizatus etiam pro-

[41] Vide supra pag. 7.

[42] Vide supra pag. 65; 195.

[43] Santi-Leitner III 340; Mocchegiani I 93; Anal. Eccl. II 469.

[44] Mocchegiani I 93; Piat I 186.

[45] Vide supra pag. 7.

[46] Clerici in minoribus ordinibus etiam sub antiqua disciplina, etsi saecularizati, retinebant privilegia a iure ceteris clericis saecularibus concessa, scilicet canonis, fori, immunitatis, exemptionis et competentiae.

fessus laicus gaudebat privilegio fori et immunitatis, uti reperitur apud auctores sub disciplina superiori: "Erga saecularem statum conservat ea privilegia quae eidem competant ob vota sollemnia quibus Deo perpetuo sacratus est, conservat videlicet dignitatem propriam personae per sollemnia vota Deo perpetuo sacrae et inde privilegium fori. Quod quidem clare dignoscitur in Regulari laico saecularizato, qui certe hoc privilegium servat et eam dignitatem prae caeteris fidelibus, cum qua non bene cohaeret nec mancipatio ad vilia saecularia officia et sordes indecorasque artes; neque status militaris." [47]

Quae opinio nitebatur duabus declarationibus ab Apostolica Sede, quarum altera directe et expresse statuit: Privilegium fori competere cuidam laico professo, qui obtento saecularizationis indulto, se cuidam sordae arti mancipaverat. Cum autem aes alienum contraxisset, et solvendo impar esset, in laicum forum vocatus, damnatus fuit ad sancitas poenas subeundas. Interposita ab hac sententia appellatione ad superius tribunal, dubitatum fuit super valididate prioris sententiae ex *defectu iurisdictionis.* Et proposita causa coram S. C. Immunitatis sub dubio: "an Ioseph . . . Professus Ordinis (N.) legitime saecularizatus gaudebat privilegio fori etiam in casu de quo agitur: 'responsum prodiit: *affirmative, et ad mentem: mens est, ut Episcopus cogat Iosephum . . . ad incedendum in habitu decenti et ad se abstinendum a quacumque arte sordida, et indecora.*'" [48] Dictum fuit superius: iuxta opinionem probabiliorem, quia Mocchegiani ad contrarium pervenit conclusionem, quamvis repetat fere eadem verba citati auctoris et etiam prae oculis habuerit responsum S. C. Immunitatis. Conclusio tamen eius non est logica.[49] Altera autem declaratio eiusdem S. C. Immunitatis solvit dubium: "An petitioni, qua clericus professus . . . saecularizatus instat pro cingulo militari, sit annuendum, responsum prodiit: negative." [50]

[47] A. S. S., IV 391. Cfr. etiam Anal. Eccl. II 469.

[48] S. C. Immunitatis, *Anagnina*, 6 iun. 1826, A. S. S., II, 115-116.

[49] Mocchegiani I 95: "Nam dubitari potest, an Religiosus *laicus* professus, perpetuo saecularizatus, gaudere pergat privilegio fori. S. Congregatio Immunitatis in quadam causa Anagnina sub die 6 Iunii 1826, responsum dedit: *Affirmative, et ad mentem:* mens est ut Episcopus cogat Iosephum (laicum professum cuidam sordidae arti mancipatum) ad incedendum in habitu decenti, et ad se abstinendum a quacumque arte sordida et indecora."

[50] S. C. Immunitatis, 22 aug. 1843, A. S. S., IV 392.

Quidquid sit de saecularizatis eiusdem generis sub anteriori disciplina, nunc post Codicis promulgationem nulla amplius habetur ambiguitas quoad ipsorum statum iuridicum coram Deo et Ecclesia. Legislator enim non amplius distinguit: utrum necne saecularizatus sit clericus in minoribus ordinibus vel professus laicus; ambo sunt in pari coram eo conditione. Quoties nunc agitur de saecularizandis religiosis qui non sunt in ordinibus maioribus, ipsi penitus saecularizantur, seu ceteris fidelibus in saeculo assimilantur. Mutationem hanc prorsus iuris novam ita explicat Leitner: "Si religiosi receperint ordines minores vel saltem tonsuram (clerici religiosi), tunc saecularizatio causat eorundem reductionem ad statum laicalem; . . . quoniam si iam dimissi clerici religiosi qui adhuc votis obligati manent, laici efficiuntur, a fortiori tunc saecularizati, qui nullo amplius voto ligantur."[51]

Ergo quilibet saecularizatus (si excipias clericos in maioribus ordinibus ob characterem sacri ordinis) amittit quamlibet dignitatem personae olim religiosae tum coram Deo tum etiam coram Ecclesia. Impetrato saecularizationis indulto, ubi primum religionem relinquit, consideratur nunc vi iuris persona ceteris in saeculo fidelibus aequalis et nullo privilegio ecclesiastico amplius gaudet.

Semper autem in casu praesupponitur: ipsum saecularizatum etiam in conscientia graves ac iustas habuisse rationes ad impetrandum tale indultum. Qui enim dolose obtinuit saecularizationis indultum, talis in foro interno, et proinde etiam coram Deo a votis et obligationibus professionis liber non est.[52]

[51] Leitner III 480: "Haben die Religiosen die niederen Weihen oder wenigstens die Tonsur empfangen (Ordenskleriker), so bewirkt die Säkularisierung derselben ihre Versetzung in den Laienstand . . . , denn wenn schon die entlassenen Ordenskleriker, welche doch durch die Gelübde verpflichtet bleiben, laisiert werden, um so mehr dann die säkularisierten, welche auch kein Gelübde mehr bindet."

[52] Cfr. can. 40; can. 42, § 2;—cfr. etiam Prümmer 335; Raus, Institutiones Canonicae 332, nota 1.

CAPUT III.

DE SAECULARIZATI LIBERATIONE A VOTIS.

Cum iuxta praesentem Codicis legislationem quilibet saecularizatus ceteris saecularibus in omnibus assimiletur, profecto liquet: hanc totalem saecularibus assimulationem debere primario et per se afficere ipsa vota religiosa, quae vinculum constituunt religiosum inter et religionem. Vota in religione emissa praecipua sunt, quae profitentem secernunt a ceteris fidelibus eumque personam Deo sacram faciunt. Firmis manentibus religiosis votis ex parte religiosi, iuxta superiorem disciplinam, ipse semper remanebat religiosus quamvis non viveret in communitate religiosa.

Iuxta hunc modum concipiendi statum religiosum proinde bene intelligitur, cur iuxta antiquam disciplinam saecularizatus in perpetuum cessaverit quidem esse membrum propriae religionis, non ligatus amplius regulae praeceptis quae non directe respiciebant vota, vivendo prorsus extra claustra et nihilominus coram Deo et Ecclesia consideraretur religiosus.[1] Item potest concipi religiosus commorans extra propriam religionem de venia Romani Pontificis vel in perpetuum, firmis manentibus votis ceterisque suae professionis obligationibus adstrictus, ut fit cum illo qui renuntiatur Cardinalis vel Episcopus,[2] vel ad tempus, ut etiam nunc post Codicem habetur in casu exclaustrati.[3] Remanent vota religiosa quoad substantiam firma in sua integritate; indulgetur tamen a competente Superiore diversus modus in iis servandis. Remanet enim votum castitatis in suo robore; ob obedientiae votum subditur iurisdictioni Ordinarii territorii ubi commoratur exclaustratus; modificatur modus servandi votum paupertatis eo sensu, quod exclaustratus possit sibi acquirere et ad interim administrare bona necessaria ad honestam sui sustentationem, dum cetera omnia bona industria acquisita pertinent ad propriam religionem.[4]

Iamvero non potest concipi sensu iuridico religiosus, prorsus avulsus a sua religione, qui insimul etiam esset totaliter solutus

[1] Piat I 186; Wernz III n. 678; Anal. Eccl. II 468; A. S. S., IV 392.

[2] Can. 627-629.

[3] Can. 639.

[4] Vide supra pag. 96-97.

a tribus religiosae vitae votis essentialibus. Ubi primum enim quis totaliter solvitur ab hisce tribus votis cuilibet religioni essentialibus,[5] prorsus cessat esse religiosus.

Quae disciplina est nunc iuxta Codicem prorsus nova; Codex amplius non admittit partialem tantum saecularizationem. Quoties nunc post Codicem religiosus egreditur in saeculum, aut conceditur ipsi exclaustratio aut saecularizatio perfecta; non datur aliquid tertium. Legislator enim, peremptoriis verbis novam hanc disciplinam ita annuntiat: "Qui, impetrato saecularizationis indulto, religionem relinquit . . . a votis liberatus manet, firmis oneribus ordini maiori adnexis, si in sacris fuerit; non tenetur obligatione horas canonicas vi professionis recitandi nec aliis regulis et constitutionibus adstringitur."[6]

Tria proinde haec iuris dispositio continet: 1) cessationem votorum; 2) onera ratione ordinis maioris; 3) cessationem obligationum regulae et constitutionum. Sit de singulis hisce per distinctos articulos.

Art. I. De cessatione votorum.

Legislator, plurium saeculorum experientia quoad saecularizationum indulta edoctus, prorsus novam voluit per Codicis promulgationem introducere praxim. Quae praxis nunc inaugurata, undequaque si consideratur, melior est necnon efficacior. Pro semper enim e medio auferuntur permulta incommoda tum ex parte Ecclesiae, tum etiam ex parte saecularizati. *Ex parte Ecclesiae:* iuxta superiorem enim disciplinam qui religiosi sollemniter professi saecularizabantur, neque prorsus erant saeculares neque religiosi pleno iure. Quamobrem saecularizatio ante Codicem erat potius vulnus disciplinae ecclesiasticae, utpote non adaequata ad secernendos saeculares et clericos sensu stricte ecclesiastico. Olim saecularizati potius efformabant quamdam fidelium categoriam a clericis et laicis distinctam, ad instar ex iure romano minimae capitis diminutionis:

[5] Dicitur tribus votis essentialibus, quia dantur religiones in quibus etiam alia vota emittuntur, v. g. in Ordine S. Joannis de Deo emittitur quartum adhuc votum, scilicet hospitalitatis seu inserviendi perpetuo infirmis miseris; in Societate Iesu professioni simplici trium votorum religionis substantialium adiicitur votum de ingrediendo definitive Societatem. Cfr. Biederlack-Führich 158, nota; Prümmer 227.

[6] Can. 640, § 1, 2.o

ratione voti obedientiae erant sub tutela Ordinarii benevoli receptoris; ratione voti paupertatis sub curatela Apostolicae Sedis; ratione voti castitatis perpetuae considerabantur adhuc personae Deo sacrae. Hinc etiam persaepe inefficacitas iuris superioris ad remedia opportuna ferenda ad abusus cohibendos, qui enascebantur cum quoad Episcopum benevolum receptorem tum etiam quoad saecularizatum. Quoniam sollemniter professus saecularizabatur ab Apostolica Sede tantum firmis manentibus votis,[7] idcirco Episcopus receptor solummodo olim habebat in eum iurisdictionem ab Apostolica Sede delegatam.[8] Tale iurisdictionis exercitium proinde in saecularizatos cum maioribus ordinibus erat in rebus disciplinaribus sat complicatum.

Incommoda quoque magna erant *ex parte ipsius saecularizati.* Qui enim in sacris erat clericus, firmis manentibus votis, praeter onera ordini sacro adnexa, adhuc ligabatur oneribus vi votorum et regulae; ideo neque clericus saecularis erat pleno iure neque religiosus. Qui vero non erat clericus in maiori ordine, in peiori adhuc erat conditione. In saeculum reversus et cum saecularibus conversans, immemor suae conditionis iuridicae ob remanentia adhuc firma vota religiosa, persaepe etiam ad desideria prorsus saecularia transibat, in dedecus status religiosi.[9]

Aliunde ipsa legislatio superior non erat uniformis. Effectus et conditiones desumebantur ex solo indulti rescripto. Iuxta communiter receptam praxim, quilibet saecularizatus: 1) ob votum paupertatis quoad substantiam remanens, neque verum dominium neque proprietatem potuit acquirere; incapax quoque erat ad disponendum de bonis per actus inter vivos, vel causa mortis praesertim per testamentum absque peculiari expresso S. Sedis indulto.[10] Quapropter excluso speciali indulto de suis bonis disponendi, ius succedendi in haereditatem talis saecularizati competebat Sedi Apostolicae, seu bona relicta, quae non erant religionis seu monasterii, cedebant Camerae spoliorum; si autem quae bona erant religionis seu monasterii, revertebantur ad respectivam religionem vel monasterium.[11] Raro concedebatur indultum quo

[7] Wernz III n. 678; Piat I 186.

[8] Vide pag. 227, nota 11.

[9] Cfr. A. S. S., II 115-116; IV 392.

[10] Mocchegiani I 94: Piat I 187.

[11] Bizzarri 52-54; Bouix II 490-491; Santi-Leitner III 340.

possent de bonis testari.[12] Proinde, ut animadvertit Piat: "Saepius tamen conceditur [concedebatur] ut valeant de bonis alio modo quam per testamentum disponere. Unde rite inspiciendus est indulti tenor." [13] Uno verbo: "non poterat sibi vindicare ea iura quae propria sunt ceterorum; sive quia in saecularizationis indulto non expresse concessa; sive quia in iure Regularibus expresse denegata; sive quia cum observantia votorum non undequaque compatibilia, cuiusmodi est ius ad ecclesiastica Beneficia obtinenda, et quod magis est, ad ecclesiasticas dignitates." [14] Poterant unum obtinere beneficium eiusque fructus percipere, atque iisdem ad honestam sustentationem frui si id expressis verbis in indulto contineretur.[15]

2) Ob votum castitatis perpetuae, etiam professi laici non poterant transire ad matrimonia. Hac de re suo tempore scripsit Pius VI: ". . . quisque debet versari in saeculo, memor vocationis suae, eiusque tenax disciplinae et vitae regularis, cui se pridem adscripserit. . . . Sacrilegium profecto esset, si quid a purissima castitatis obligatione detraheretur." [16] Si proinde ante Codicem regulares aut moniales saecularizati matrimonium contrahere attentaverint, praeter eius invaliditatem ob sollemne votum castitatis quo adhuc ligabantur, olim incurrerunt in excommunicationem Romano Pontifici reservatam; inde autem a temporibus Pii IX, secundum constitutionem "*Apostolicae Sedis,*" in excommunicationem Ordinario loci reservatam.[17]

Post Codicis autem promulgationem alia prorsus disciplina viget quoad omnes saecularizatos. Qui saecularizandus non est in maiori ordine, simpliciter solvitur ab omnibus votis per professionem re-

[12] S. C. Ep. et Reg., 13 mai 1820, Anal. Jur. Pont. XVI 856, n. 1482.

[13] Piat I 187.

[14] A. S. S., IV 392.

[15] S. C. super Disciplina Regularium, 31 ian. 1899; 21 febr. 1899, apud Mocchegiani I 96-97; Piat I 187.

[16] Pius VI, breve ad Episcop. Brunensem, 12 Apr. 1782, Anal. Eccl. II 468; Vermeersch, De Religiosis, II 290-291.

[17] C. 10 X, *de conversione coniugatorum*, III, 32; C. 3, 7, X, *qui clerici vel voventes matrimonium contrahere possunt*, IV, 6; c. un., *de voto et voti redemptione*, III, 15, in VIo; c. un., *de consanguinitate et affintate*, VI in Clem.; Conc. Trident., sess. XXIV, *de matrimonio*, can. 9, Richter 216; Gregorius XIII, const. "*Quanto fructuosis*" 1 febr. 1583, Fontes, n. 150; const. "*Ascendente Domino*", 25 mai 1584, § 22, Fontes n. 153; Pius IX, const. "*Apostolicae Sedis,*" 12 oct. 1869, § III, n. 1, Collectanea n. 1348.

ligiosam nuncupatis coram Deo et Ecclesia. Restituitur vi iuris nunc vigentis in integrum ad statum laicalem, seu reducitur ad conditionem saecularem ita, ac si nunquam vota emisisset. Consideratur sensu iuridico mortuus erga religionem. Reversus proinde in saeculum iam nihil amplius remanet de pristinis votis. Ad rem dicit Prümmer: "Si ergo nunc frater conversus sollemniter professus indultum saecularizationis obtinuit, est prorsus sicut quaelibet persona laica; libere potest disponere de bonis suis atque etiam matrimonium inire. Sacerdos autem religiosus post saecularizationem obtentam liberatus est a votis paupertatis et obedientiae, manet autem obstrictus voto castitatis propter subdiaconatum susceptum." [18]

Dictum supra fuit: *coram Deo et Ecclesia,* quia si fortasse dolo obtinuerit saecularizationis indultum quamvis in foro externo liber existat a votis, in foro tamen conscientiae non est. Ob votum sollemne castitatis perpetuae certe invalide contraheret matrimonium; [19] ob votum simplex castitatis sive temporarium sive perpetuum illicite contraheret; si autem irritatio specialis Sedis Apostolicae praescripto pro quadam religione statuta fuerit, etiam invalide.[20]

Autumat Leitner: "Si frater religiosus vel monialis (soror) ante diem 19 mai 1918 saecularizaretur et rescriptum contineret clausulam: 'servato voto perpetuae castitatis,' tunc clausula haec excidit una cum Codicis promulgatione praefata die iuxta tenorem can. 640, § 1 n. 2." [21]

Quidquid sit de auctoritate cl. Leitner, eius tamen opinio nullo nititur fundamento probabili. Totum eius argumentum deducitur ex can. 640 § 1, n. 2; quod tamen non valet ob latiorem eius conclusionem, quam legislator intendit. Notum enim est principium, quod etiam incorporatur in Codice: "Leges respiciunt futura, non praeterita, nisi nominatim in eis de praeteritis caveatur." [22] Quoad-

[18] Prümmer 336.

[19] Can. 1073.

[20] Can. 1058, § 2.

[21] Leitner III 480: "Wurde ein Ordensbruder oder eine Ordensfrau (Schwester) vor dem 19 Mai 1918 säkularisiert und enhielt das Reskript die Klausel '*mit Aufrechterhaltung des ewigen Keuschkeitsgelübdes,*' so fiel diese Einschränkung mit Inkrafttreten des Kodex vom genanntem Tage auf Grund des Can. 640 § 1 n. 2."

[22] Can. 10.

usque ergo nulla authentica ab Apostolica Sede interpretatio, seu potius vis retroactiva quoad saecularizatos ante Codicem non prodierit, dicendum est: saecularizatos ante Codicem manere adhuc clausula hac obstrictos, nisi in individuo recurrant ad Apostolicam Sedem huius clausulae derogationem obtenturi. Valent proinde rationes quae supra adductae sunt.[23]

Art. II. De saecularizati oneribus ratione ordinum maiorum adnexis.

Quamvis legislator per Codicis promulgationem eliminaverit saecularizati obligationes votorum ita, ut, qui non esset in maioribus ordinibus constitutus, totaliter saecularibus assimilaretur, noluit tamen idem legislator aliquam immutationem facere quoad saecularizati conditionem qui tempore obtenti indulti erat in aliquo ordine maiori. Solvitur quidem et ipse ab omni vinculo intuitu pristini status religiosi; non autem ratione ordinis maioris: "A votis liberatus manet firmis oneribus ordini maiori adnexis, si in sacris fuerit."[1]

Ratio fundamentalis huius distinctionis saecularizandi religiosos qui in ordinibus maioribus constituti sunt, et qui iisdem carent, invenitur in eo quod per ordinem maiorem character imprimitur iuxta doctrinam Conc. Tridentini: "Quoniam vero in sacramento ordinis, sicut et in baptismo et confirmatione character imprimitur, qui nec deleri nec auferri potest. . . ."[2] Aliunde idem Concilium docet, etiam subdiaconatum pertinere ad maiores ordines: "nam subdiaconatus ad ordines a Patribus et sacris conciliis refertur."[3]

Quoniam igitur religiosus in maioribus ordinibus non cessat esse clericus, idcirco ex innovatione Codicis assimilatur ceteris clericis saecularibus. Ad rem ita cl. Ojetti: "Ille, qui ordinis sacramentum recepit, vere et proprie ad laicalem statum reduci nequit; retinet enim semper characterem ordinis indelebilem in anima impressum . . . Datur autem reductio quaedam impropria et extrinseca, non solum quae illegitime fiat privato arbitrio, sed etiam legitime facta, interveniente scilicet ecclesiae auctoritate . . . quando non agitur

[23] Vide supra pag. 189-190; cfr. etiam Vermeersch-Creusen, Epit. 443.

[1] Can. 640, § 1, 2°.

[2] Conc. Trident., sess. XXIII, *de ordine*, c. 4, Richter 173.

[3] Conc. Trident., sess. XXIII, *de ordine*, c. 2, Richter 173.

de clerico maiorum ordinum . . . Clericis maiorum ordinum ad laicalem statum redactis ordinarie remittitur vel commutatur obligatio recitandi horas canonicas; obligatio autem castitatis servandae firma retinetur. . . ."[4]

Quivis proinde saecularizatus in ordine maiori ordinarie non eximitur ab oneribus huic ex iure communi adnexis. Quapropter, ratione subdiaconatus, a nuptiis arcetur et servandae castitatis ita tenetur, ut contra eandem peccans sacrilegii quoque reus sit.[5] Item per se tenetur "obligatione quotidie horas canonicas integre recitandi";[6] attamen abhinc iuxta ritum et ordinem dioecesis ubi commoratur vel cuius subditus fit.[7]

Utpote ceteris clericis saecularibus assimilatus in omnibus, pergat frui privilegiis quae vi iuris ipsius concessa sunt ratione ordinis maioris;[8] attamen quoque abhinc tenetur ad omnes obligationes quae ceteris clericis imponuntur ex iuris praescriptis.[9]

Dictum supra fuit, *per se tenetur obligatione recitandi horas canonicas,* quia si solummodo fuerit subdiaconus vel diaconus, et, saecularizationis indulto impetrato, prohibitus vel incapax ad presbyteratum suscipiendum, per accidens posset ab Apostolica Sede, et quidem sola,[10] rogare commutationem officii divini in alias preces vel aliud opus pium; imo, ob graves et iustas causas, petere possit dispensationem a recitando officio divino.[11]

Nihil obstat, quominus saecularizatus subdiaconus vel diaconus ab Episcopo benevolo receptore dioecesi incardinatus ad normam iuris,[12] studiis requisitis a iure completis et ceteris de iure servandis, ad superiores ordines maiores promoveatur. Quoniam autem fuit religiosus ad saeculum regressus, idcirco tenetur ad quaedam iuris interdicta quoad quaedam beneficia obtinenda, de quibus sermo erit infra.[13]

[4] Ojetti, v. reductio ad statum laicalem.

[5] Can. 1072; 132.

[6] Can. 135.

[7] Vide supra pag. 200.

[8] Can. 118-123.

[9] Can. 124-144.

[10] Can. 81.

[11] Wernz II n. 195: "Solus Romanus Pontifex iure proprio dispensandi potestate pollet, et quamvis *valide* absque ulla causa . . . tamen de *facto* illam per Secretarium Brevium vel per S. C. C. aliter concedere non solet, nisi ex iusta causa et facta substitutione aliarum precum."

[12] Vide infra pag. 230-232.

[13] Vide infra pag. 238-242.

Art. III. De cessatione obligationum vi regulae et constitutionum.

Praeter tria vota religiosa cuilibet religioni nunc ex iure communi[1] essentialia,[2] permultae aliae etiam, ut dicit Biederlack-Führich: "Peculiares religiosorum obligationes ex diversis oriuntur fontibus. Nimirum aliquae oriuntur ex votis, quae religiosi emittunt, sive ea sint omnibus communia sive sint quibusdam religionibus particularia. Aliae oriuntur ex statu quem religiosi assumpserunt, qualis est obligatio tendendi ad perfectionem. Aliae iterum ex regulis et constitutionibus ac legitimis consuetudinibus uniuscuiusque religionis habentur."[3] Inter obligationes ex regula religiosis impositas habetur in antiquis ordinibus regularium obligatio ad horas canonicas persolvendas a professis clericis et monialibus. Ita v. g. in Ordine Fratrum Minorum, iuxta probatos auctores,[4] omnes clericos sollemniter professos, etiam vi regulae ad divinum officium recitandum teneri dubium non est, et quidem sive in choro sive etiam privatim. Ad rem Kazenberger: "Fratres Minores clerici sollemniter professi ex vi regulae tenentur sub peccato mortali recitare Horas Canonicas iuxta ritum sanctae Romanae Ecclesiae."[5] Quinimo non solum religiosi sollemniter professi, verum etiam religiosae votis sollemnibus adstrictae, tenentur recitare, sive in choro sive privatim officium divinum, ceu declaratum fuit pluries ab Apostolica Sede.[6] Ex eadem regula Ordinis Fratrum Minorum,[7] etiam fratres laici sollemniter professi obligantur sub mortali loco officii divini ad certas preces tum etiam

[1] Can. 487.

[2] Quaestio inter auctores controversa est: utrum ad essentiam status religiosi *proprie dicti* nunc requirantur vota perpetua, vel temporaria tantum sufficiant. Ferreres, (Inst. Can. I 306), autumat: vota perpetua requiri. Biederlack-Führich (pag. 14) econtra tenet: vota temporaria, elapso tamen tempore renovanda sufficere, atque argumentum suum deducit ex can. 487.

[3] Biederlack-Führich 177.

[4] Kazenberger 64-70; Mocchegiani II 3-5; Piat I 343.

[5] Kazenberger 66.

[6] S. C. Ep. et Reg., *Cenomanen*, 19 apr. 1844, Bizzarri 495-497; 26 nov. 1852, Mocchegiani II 5; Piat 341.

[7] Regula O. F. M., cap. III: "Laici vero dicant viginti quatuor Pater noster pro Matutino; pro Laude quinque; pro Prima, Tertia, Sexta, Nona, pro qualibet istarum, septem; pro Vesperis autem duodecim; pro Completorio septem; et orent pro defunctis."

ex declaratione Clementis V, statuendo verba haec regulae esse obligatoria.[8]

Multae aliae quoque possunt haberi obligationes cuique religioni propriae et quidem sub gravi, uti iterum habetur ex Regula Fratrum Minorum, v. g. quoad ieiunium servandum certis diebus, de non equitando extra casum necessitatis etc. Patet enim haec obligatio tum ex regula, tum etiam ex eiusdem authentica declaratione Clementis V, qui expresse dicit: "verba eiusmodi obligationes imponentia esse aequipollentia praeceptis."[9]

Imo possunt etiam diversae religiones antiquae diversas habere obligationes sub voto, v. g. de infirmis curandis, de iuventute educanda etc.[10]

Quidquid sit de diversis obligationibus exortis sive ex regula, sive ex constitutionibus, sive ex consuetudine praescripta, eae omnes cessant, quoties religiosus aliquis nunc revertitur in saeculum, uti constat nunc ex iuris dispositione: "Qui, impetrato saecularizationis indulto, religionem relinquit . . . non tenetur obligatione horas canonicas vi professionis recitandi nec aliis regulis et constitutionibus adstringitur."[11]

Olim, cum saecularizatio in perpetuum concederetur sub clausula: "firmis manentibus votis," potuit dubitari de quibusdam obligationibus in specie; attamen opinio communis etiam tales eximebat ab obligationibus quae oriebantur ex regula; salvis semper obligationibus ex voto.[12]

Quae cessatio omnium eiusmodi obligationum, nunc ex mente prudentis legislatoris, est consentanea tum aequitati canonicae tum rationi. Et *quidem aequitati canonicae:* saecularizatus non amplius ullo modo pertinet ad religionem; cessant omnia vota in professione religiosa emissa; nullum amplius habetur vinculum quo ligaretur in conscientia coram Deo et Ecclesia. *Consentanea est*

[8] Clemens V, decl. "*super Regulam Fratrum Minorum,*" art. III, n. 2, Monum. Selecta Iuris Regularis 44-45.

[9] Cfr. Regula O. F. M., cap. III; Clemens V, decl. "*super Regulam Fratrum Minorum,*" II Nonas Maii 1312, art. III, n. 2, Monum. Selecta Iuris Regularis 45.

[10] Cfr. Prümmer 227.

[11] Can. 640, § 1, 2°.

[12] Cfr. Bizzarri 720-721, nota; Mocchegiani I 94; Piat I 186: "Unde iuxta plures, non amplius ligatur Regulae praeceptis, quae vota non respiciunt."

rationi: honores et privilegia dantur propter onera. Saecularizatus autem amittit omnes honores et quaelibet privilegia vi pristini status religiosi. Ergo nulla etiam est ratio, ut aliqua onera adhuc ipsi imponantur.

Accedit etiam causa, quia habetur mutatio status maxima. Quoniam reducitur ad statum laicalem, satisfit, si abhinc leges ecclesiasticas ceteris fidelibus communes adimpleat. Quoadusque enim fuit in religione, Superiorum erat curam gerere de eius necessariis ad vitae sustentationem. Quoniam autem post reditum in saeculum ipse manuum labore vel industria necessaria sibi procurare debet, ideo benignus legislator voluit consulere misero saecularizato, ne "afflicto nova afflictio adderetur"—et ne, ob aliqua onera pristinae vitae, haberet excusationes in peccatis, quibus certo certius plerumque exponeretur in saeculo talium onerum adimplendi gratia.

CAPUT IV.

DE CLAUSULIS QUOAD SAECULARIZATUM REVERTENTEM AD PROPRIAM RELIGIONEM.

Prudens legislator non amisit spem quod saecularizatus, rebus in saeculo adversis edoctus vel ad meliorem frugem progrediente aetate reductus, anhelaturus sit ad iteratum in propriam religionem regressum. Consuluit quidem ipsius conditioni eo modo, quod non prorsus ei interdixerit regressum in religionem et iteratam votorum nuncupationem, attamen consuluit etiam religioni hoc modo, quod prorsus novam hac in re inauguraverit disciplinam. Omnes omnino religiosi sive iuris pontificii sive dioecesani a promulgatione Codicis invalide denuo reciperentur ad novitiatum a Superioribus, nisi specialis accedat dispensatio a S. Sede: "Invalide ad novitiatum admittuntur: . . . Qui . . . obstricti fuerunt vinculo professionis religiosae." [1]

Dispensatio autem quoad revertentem ad religionem reservata est Apostolicae Sedi in quolibet individuo casu, et aliae adhuc duriores impositae conditiones: "Si ex apostolico indulto in religionem rursus recipiatur, novitiatum ac professionem instaurat et locum inter professos obtinet a die novae professionis." [2] Quapropter quilibet saecularizatus ad religionem iterum reversus, tribus restrictionibus nunc iuxta Codicem statutis subiacet: 1) indiget indulto apostolico; 2) debet peragere novitiatum; 3) nullo privilegio fulcitur ob vitam in religione anteactam.

Art. I. De necessitate indulti apostolici.

Per Codicem nova prorsus inauguratur methodus quoad saecularizatum revertentem etiam ad propriam religionem. Nova haec disciplina procul dubio optima dicenda est, utpote nitens aequitati canonicae; tendit enim ad minuendum saecularizatorum numerum ob conditiones iuridicas sane sat duras revertenti a priori imponendas nunc vi iuris communis.

Ius recipiendi revertentem saecularizatum ad religionem reservat sibimetipsi Apostolica Sedes. Quae reservatio certissime hunc ob

[1] Can. 542, 1°.

[2] Can. 640, § 2.

finem apposita est, ne Superiores maiores interdum humanis ex motivis, tam facile aperirent religionis portam revertenti.

Solebat iamiam Sancta Sedes antea, praesertim tempore perturbationis alicuius politicae maioris momenti, quibusdam saecularizatis concedere indultum cum hac clausula: "quamdiu hodierna perduraverint adiuncta et ultra ad nutum S. Sedis." [2a] Clausula haec adiecta in indulto prohibebat, ne saecularizatus rediret ad religionem nisi de venia S. Sedis. Altera saecularizationis perpetuae species aliquando dabatur per modum expulsionis, aut adnexam habuit perpetuam suspensionem a divinis.[3] Etiam in hoc casu talis religiosus non poterat claustris rursus recipi nisi ex auctoritate S. Sedis.[4] Quod attinet autem saecularizatos vi indulti, nihil certi hac de re olim ex iure habebatur.[5] Iuxta Piat, olim perpetuo saecularizatus potuit etiam recipi de sola licentia Superiorum maiorum: "Posterior [saecularizatus] . . . indiget Religionis vel S. Sedis consensu, si facultas illa locum tenuerit expulsionis." [6] Quoad Ordinem Fratrum Minorum, disciplina ante Codicem quoad recipiendos saecularizatos revertentes ita describebatur in antiquis constitutionibus: "Saecularizatus in perpetuum, si ratione vitae in saeculo peractae nihil obstet, consentiente Ministro Generali eiusque Definitorio, ad Ordinem denuo admitti potest, quin ad id Religio teneatur.—Saecularizatus ad nutum S. Sedis ad Ordinem denuo admitti neque debet, neque potest, nisi speciale ad hoc Indultum a S. Sede, et consensum Ministri Generalis eiusque Definitorii obtinuerit." [7]

Quidquid proinde sit de disciplina superiori quoad revertentem in religionem, nunc uniformitas et stabilitas est introducta quoad omnes religiosos saecularizatos. Per se nullum ius habent ut iterum ad religionem recipiantur; imo non possunt amplius a Superioribus recipi absque indulto apostolico. Exprimitur etiam haec conditio reservativa in Codice: "Si ex apostolico indulto in religionem rursus recipiatur. . . ." [8] Quae conditio proinde sensu compre-

[2a] Piat I 188.

[3] Vermeersch, De Religiosis, I 191; Piat 185.

[4] Nouv. Rev. Theol. XXVI 255; Vermeersch, De Religiosis, I 192.

[5] Vermeersch, De Religiosis, I 191: "Regula *perpetuo* saecularizatis non videtur teneri."

[6] Piat I 186.

[7] Const. Gen. O. F. M. (antiquae), n. 94-96, cit. in Anal. Eccl. II 412.

[8] Can. 640, § 2.

hensivo duo denotat: apostolicum indultum et receptionem ex parte religionis. Alterutro deficiente, non potest recipi. Idem apostolicum indultum requiritur, etsi prorsus diversam religionem ingredi vellet; patet ex verbo "*rursus*" in cit. can.

Quaeri possit: utrum necne saecularizatus (olim religiosus iuris dioecesani), obtinens indultum ab Ordinario loci debeat quoque obtinere indultum apostolicum, ut iterum in religionem propriam recipiatur, vel an sufficiat iterum indultum eiusdem Ordinarii loci? Hac de re tacent auctores. Egger opinatur indultum apostolicum requiri, si recipiatur ad religionem iuris pontificii.[9] Parallelismo canonum tamen de saecularizatione inspecto, contrarium omnino dicendum est: scilicet, etiam pro revertente iuris diocesani necessarium omnino esse indultum apostolicum. Ratio est, quia clausula: "Si ex apostolico indulto in religionem rursus recipiatur" omnino generalis est; deinde ut patet ex contentu, clausulam istam esse exclusivam ita, ut eliminet competentiam Ordinarii loci; aliunde nulla fit mentio de Ordinarii loci potestate. Ergo particula "*rursus*" etiam in tali casu expostulat "*indultum apostolicum.*"

Ceterum videtur etiam hic agi de casu excepto a iure, sicuti in casu transitus ad aliam religionem. Nequit enim Ordinarius loci propria auctoritate talem concedere.[10] Ergo neque iteratam revertentis admissionem ad religionem.

Art. II. De necessitate peragendi novitiatum.

Clausula haec quoad reiterandum a revertente novitatum etiam recens est et solummodo per Codicem iuridice introducta. Obtinet proinde vim legis stabilis necnon uniformis quoad quemlibet saecularizatum et quamlibet religionem.

Olim reiteratio novitiatus non erat obligatoria per modum legis universalis; in quibusdam solummodo religionibus habuit vim iuris particularis mediantibus constitutionibus vel per consuetudinem legitime introductam. Quem modum antiquae disciplinae ita tradit Piat: "Religiosus rediens, sive perpetuum sive temporaneum fuerit indultum, non tenetur novitiatum vel professionem

[9] Egger, 27: "Wird er wieder in den Orden aufgenommen, was nur durch ein päpstliches Indult geshehen kann (bei Genossenschaften päpstlichen Rechtes). . . ."

[10] Cfr. Can. 632.

iterare; nisi contraria adsit consuetudo legitime introducta et praescripta in Ordine." [11] Idem etiam tradit Vermeersch: "Denuo receptus nunquam, nisi aliter ferant Ordinis consuetudines, repetere debet professionem." [12]

Rationem autem de hac non imponenda obligatione ita reddebatur a S. C. Ep. et Reg.: "Professionem religiosam non infirmari per Rescripta, de quibus agitur [nempe saecularizationis], ac proinde non teneri Indultarios Professionem et Novitiatum reiterare, quando petunt ad claustra redire: salva tamen consuetudine legitime introducta, atque praescripta singulorum Ordinum Regularium. Posse tamen per Superiores Religiosos exquiri congrua documenta anteactae vitae, et morum, dum in saeculo versabantur, et obligari ad spiritualia exercitia peragenda." [13] Deficiente ergo aliqua lege positiva atque uniformi, diversa etiam erat methodus iteratae saecularizati adoptionis in religionem.

Iuxta tenorem autem praesentis disciplinae quilibet saecularizatus, post Codicem revertens ad religionem, debet instaurare novitiatum et de novo emittere vota sicuti ceteri venientes prima vice vitae religiosae nuncupandae gratia. Ratio autem huius clausulae in iure canonico evidens est. Saecularizatus iuxta disciplinam nunc vigentem plene et totaliter liberatus fuit a votis; ergo ea amplius non existunt. Econtra olim, etiam in perpetuum saecularizatus non solvebatur a votis religionis essentialibus. Quoniam igitur iuxta praesentem disciplinam nulla amplius vota existunt, impetrato saecularizationis indulto et relicta religione, idcirco in pari conditione coram legislatore est ille qui prima vice advenit ad amplectendam vitam religiosam et ille qui saecularizatus revertitur. Quapropter debet talis regrediens incipere a novitiatu; illo peracto, ad normam iuris, denuo admitti potest ad professionem temporariorum votorum sicuti ceteri novitii, servatis ceteris iuris normis.[14]

Quibus omnibus perspectis, per se patet: talem revertentem ad religionem nullum ius habere ut iterum recipiatur. Ratio est, quia nullibi in iure aliqua clausula ipsi favens invenitur. Imo, Apostolica Sedes reservat sibi exclusive ius talis iteratae receptionis in-

[11] Piat I 187.

[12] Vermeersch, De Religiosis, I 192.

[13] S. C. Ep. et Reg., 30 ian. 1824, ad 3, Bizzarri 48.

[14] Can. 574-586.

dultum concedendi, sicuti eruitur ex verbis citati canonis: "Si ex apostolico indulto in religionem rursus recipiatur. . . ."[15]

Dictum fuit supra: *quilibet saecularizatus post Codicem,* quoniam quoad saecularizatos ante Codicem haec stricta iuris extensio minime potest deduci ex solo Codice. Aliunde ipsis potius favet Codicis provisio: "Leges respiciunt futura, non praeterita, nisi nominatim in eis de praeteritis caveatur."[16] Ergo saecularizati ante Codicem habent ius quaesitum; dum enim saecularizationis indultum petebant, minime praevidere poterant futuram Codicis legislationem, quae prorsus eliminaret vota indultarii religiosa. Detrimentum proinde foret maximum pro iis qui non omnem reditus spem ad religionem antea abiecerint. Quapropter, nisi alia authentica extensio huius clausulae nunc in iure positae prodierit, ipsis adhuc legislatio favet.[16a] Talem modum interpretandi etiam praebet Vermeersch-Creusen, Cocchi;[17] contradicit Leitner.[18]

Caeterum, quoniam lex haec prorsus nova est ad interim nihil obstat, quominus legislator statim non applicet immediate totalem novae disciplinae rigorem, quemadmodum in casu individuo id fecisse cognovimus. Quidam enim saecularizatus ante Codicem, per plures annos degebat in saeculo. Recenter voluit intrare propriam religionem. Apostolica Sedes dispensavit cum ipso a repetendo novitiatu et professione. Lex haec utpote mere ecclesiastica, certe est dispensabilis ob diversas personarum circumstantias, praesertim si saecularizatus ante Codicem et nunc cupiens reverti, vitam exemplarem duxerit recepitque favorabilem Episcopi benevoli receptoris recommendationem ad Apostolicam Sedem directam.

Art. III. De saecularizati privilegiorum nova acquisitione.

Iuxta legislatoris mentem reversus ad religionem nullum ius habet ad praecedentiam vel titulos ob vitam anteactam. Ad evitandos quoslibet abusus, qui forsan possent exsurgere in casibus

[15] Can. 640, § 2.

[16] Can. 10.

[16a] Can. 4: "Iura aliis quaesita, itemque privilegia atque indulta quae, ab Apostolica Sede ad haec usque tempora personis physicis . . . concessa, in usu adhuc sunt nec revocata, integra manent, nisi huius Codicis canonibus expresse revocentur."

[17] Vermeersch-Creusen, Epit. 443; Cocchi IV 234.

[18] Leitner III 480.

possibilibus, legislator providit iam normam permantem in iure: "... locum inter professos obtinet a die novae professionis."[19]

Quae norma prima facie tendit ad mensurandam iustitiam et concordiam in respectiva religione. Qui enim prior tempore peregit novitiatum, potior est iure in praecedentia assequenda. Revertenti ergo nulla fit iniuria, si, peracto novitiatu, ceteris paribus assimiletur. Vitam enim religiosam reassumendo, consideratur nunc in iure aequalis illi, qui prima vice institutum amplexus est. Exceptiones nimiae a regula generali vulnera potius sunt disciplinae religiosae. Quapropter legislator vult, ut norma statuta a iure prevaleat, nempe ut nova professio sit initium et principium privilegiorum acquirendorum.[20]

Concordiae etiam favet haec legislatoris dispositio. Facile enim evenire posset, ut revertens ad religionem intuitu vitae religiosae anteactae praeveniret una cum praecedentia etiam voce activa et passiva ceteris religiosis semper fidelibus suae vocationi. Merito proinde torvo oculo alii aspicerent et Superiores et revertentem, et hoc modo pax et charitas in communitate pertubaretur. Quamobrem clausula haec solummodo est repetitio specialis decisionis iamiam olim datae a S. Congregatione: "... anterioritatem religiosorum, qui perpetuae saecularizationis Indultum consequuti sunt, a die reditus in Religionem computandam esse."[21]

Clausula haec, reapse primo intuitu levioris momenti considerata, nihilominus habet suum valorem iuridicum pro communitate religiosa. Dicenda ergo est etiam optima atque prudentia legislatoris iuri inserta, ad iustitiam et concordiam religiosorum tuendam conducit.

[19] Can. 640, § 2.
[20] Cfr. Can. 578, 3°.
[21] S. C. Ep. et Reg., 30 apr. 1838, Bizzarri 436.

CAPUT V.

DE IURIDICA CONDITIONE SAECULARIZATI IN SACRIS CONSTITUTI.

Postquam legislator determinavit, etsi succinctis verbis, conditionem saecularizati qui non fuit in sacris, specialem direxit attentionem suam ad eum qui in sacris ordinibus constitutus religionem relinquit. Habebantur quidem et in antiqua disciplina clausulae, quae tamen decursu temporis non sat erant efficaces, et proinde melius perficiendae. Quamobrem legislator quasdam clausulas superioris disciplinae reassumpsit in Codicem; quasdam ex parte modificavit ita, ut nunc speciali canone pressius determinet methodum abhinc sequendam tum ex parte saecularizati tum ex parte Episcopi benevoli receptoris. Canon iste nova indutus veste canonica statuit: "Si religiosus in sacris constitutus propriam dioecesim ad normam can. 585 non amiserit, debet, . . . obtento saecularizationis indulto, ad propriam redire dioecesim et a proprio Ordinario recipi; si amiserit, nequit extra religionem sacros ordines exercere, donec Episcopum benevolum receptorem invenerit, aut Sedes Apostolica aliter providerit." [1]

Idem legislator providit, ne saecularizatus, absque dioecesi relictus, perpetuo vagus existeret et, cum dedecore sacri ordinis, tandem in fine mendicus evaderet. Circumscripsit proinde Episcopi benevoli receptoris limites in utendo servitio gratuito saecularizati hisce verbis: "Episcopus religiosum recipere potest sive pure et simpliciter, sive pro experimento ad triennium: in priore casu religiosus eo ipso est dioecesi incardinatus; in altero, Episcopus potest probationis tempus prorogare, non ultra tamen aliud triennium; quo etiam transacto, religiosus, nisi antea dimissus fuerit, ipso facto dioecesi incardinatus manet." [2]

Legislatio haec proinde tria iterum exponit: 1) statum saecularizati iuridicum qui non amisit dioecesim; 2) eius conditionem qui amisit; 3) methodum inardinationis pro semper abhinc sequendam ex parte Episcopi benevoli receptoris. Agemus de singulis per distinctos articulos.

[1] Can. 641, § 1.

[2] Can. 641, § 2.

Art. I. De saecularizato qui non amisit propriam dioecesim.

Ecclesia semper solicita erat ne clerici praesertim in maioribus ordinibus propriam, quam habuerunt in saeculo dioecesim amitterent. Quapropter iamiam a primis Ecclesiae saeculis plura sacra Concilia necnon Romani Pontifices [1] decreverunt, quod postea etiam Conc. Trident. renovavit: "Unusquisque autem a proprio episcopo ordinetur." [2]

Proprius autem alicuius Episcopus, iuxta ea quae praefinit Bonifacius VIII: "intelligitur in hoc casu episcopus, de cuius dioecesi est is, qui ad ordines promoveri desiderat, oriundus, seu in cuius dioecesi beneficium obtinet ecclesiasticum, seu habet (licet alibi natus fuerit) domicilium in eadem. Inferiores quoque praelati, religiosi vel alii, nisi eis, quod suos clericos aut subditos possint a quo voluerint episcopo facere ordinari, a sede apostolica sit indultum. . . . Religiosi vero, a suis superioribus in non exemptis prioratibus deputati, priores et eorum socii possunt a locorum dioecesanis, quamdiu morantur in ipsis prioratibus, ordinari licite, licet non sint de eorum dioecesibus oriundi." [3]

Quas sanctiones canonicas postea subsequentes Romani Pontifices adhuc pressius determinavere,[4] atque nunc in Codice paucis canonibus comprehensae,[5] normas peremptorias constituunt, iuxta quas abhinc religiosi cooptandi sunt in hierarchiam ecclesiasticam cum effectu ad Episcopum proprium.

Finis harum Ecclesiae legum procul dubio est ille, ne clerici in sacris ordinibus constituti, et praesertim religiosi in saeculum regressi, vagabundi fierent. Quae leges in Codice nunc pro semper stabilitae, maximi momenti sunt quando agitur de religiosis saecularizatis.

[1] Cfr. C. 1, D. LXXI (conc. Sard.); c. 2 *ibid.* (Innoc. I); c. 3 *ibid.* (conc. Nicenum); c. 4, *ibid.* (conc. Chalc.); c. 2, D. LXXII, (conc. Carth. III); c. 6, C. IX, qu. 2, (conc. Antioch.).

[2] Conc. Trident., sess. XXIII, *de ref.*, c. 8, Richter 184.

[3] C. 3, *de tempore ordinandorum et qualitate ordinandorum*, I, 9, in VI°.

[4] Sixtus V, const. "*Sanctum et salutare,*" 5 ian. 1589, § 2, Fontes n. 166; Clemens VIII, instr. "*Sanctissimus,*" 31 aug. 1595, § 4, Fontes n. 77; Urbanus VIII, const. "*Secretis,*" 11 dec. 1624, § 2, Fontes n. 205; Innocentius XII, const. "*Speculatores,*" 4 nov. 1694, § 2, 3, Fontes n. 258; Benedictus XIV, const. "*Etsi pastoralis,*" 26 maii 1742, § VII n. VIII, IX, Fontes n. 328; S. C. de Prop. Fide, instr. 25 febr. 1896, A. A. S., II 102; S. C. C., decr. "*A primis*" 20 iul. 1898, *ibid.* 103-104; 24 nov. 1906, *ibid.* 105-106.

[5] Cfr. Can. 955, 956, 964, 965, 966, 967.

Prudens legislator, novam disponens per Codicis promulgationem disciplinam, voluit tamen religiosos cum votis perpetuis et insimul in sacris constitutos eo efficacius alligare propriae religioni. Quapropter eos voluit etiam spoliare propria quam in saeculo habebant dioecesim dum stabilem abhinc sequendam iuris normam proposuit: " Professus a votis perpetuis sive sollemnibus sive simplicibus amittit ipso iure propriam quam in saeculo habebat dioecesim." [6]

Vi huius canonis proinde legislator non attendit directe ad sollemnitatem votorum sed tantum ad perpetuitatem. Qui vero religiosi non nuncupaverunt vota perpetua sive in religione iuris pontificii sive dioecesani, sed tantum vota temporaria, post obtentum saecularizationis indultum non debent esse solliciti de Episcopo benevolo receptore; ex iure ipsis assignatur episcopus proprius qui eos recipere debet. Etenim alio iterum canone sancitur: " Si religiosus in sacris constitutus propriam dioecesim ad normam can. 585 non amiserit, debet, non renovatis votis, vel obtento saecularizationis indulto, ad propriam redire dioecesim et a proprio Ordinario recipi." [7]

Sed aliquis forsitan obiiceret: quomodo id fieri possit ut religiosus votorum tantum simplicium valeat etiam esse in sacris constitutus dum alibi in eodem iure cautum sit: " Superiores professis votorum simplicium . . . litteras dimmissorias concedere possunt dumtaxat ad primam tonsuram et ordines minores." [8]

Iamvero respondendum est, hic non agi de religiosis qui iuvenes ingrediuntur religionem votorum perpetuorum sive sollemnium sive simplicium; hi enim non possunt promoveri ad maiores ordines nisi votis perpetuis emissis.[9] Legislator tamen praevidit casum, quando clericus saecularis iamiam in ordinibus maioribus constitutus, religionem ingressus est. Peracto novitiatu ex iure nunc vigente, potest facere tantum " votorum simplicium professionem ad triennium valituram, vel ad longius tempus, . . . nisi constitutiones exigant annuales professiones. Hoc tempus legitimus Superior potest, renovata a religioso temporaria professione, prorogare, non tamen ultra aliud triennium." [10] Quamobrem, si eiusmodi re-

[6] Can. 585.

[7] Can. 641, § 1.

[8] Can. 964, 3°, 4°.

[9] *Ibid.*

[10] Can. 574, § 1, § 2; cfr. etiam can. 575: "Exacto professionis tempo-

ligiosus in sacris ordinibus, et praesertim sacerdos, impetret saecularizationis indultum, absque hac iuris clausula, esset sine propria dioecesi. Vi autem huius dispositionis in iure, si tantum sit cum votis temporariis, nondum amisit dioecesim. Ius proinde habet, ut revertens ad propriam dioecesim, ab Episcopo proprio, ex iure adhuc ipsi assignato, recipiatur.

Eadem regula quoque valet pro sodalibus qui, iuxta proprias constitutiones, non emittunt vota perpetua sed temporaria tantum.[11] Quoniam hi igitur omnes quoad ordinationem reguntur iure saecularium,[12] idcirco quoties etiam isti, expiratis votis vel iuramento perseverantiae, vel peculiaribus quibusdam promissionibus ad normam suarum constitutionum, revertuntur in saeculum, habent Episcopum proprium vel dioecesim propriam. Ad rem, inter alios ceteros auctores [13] clare animadvertit Schäfer: " Sodalis in maioribus ordinibus, qui societatem (etiam exemptam) sponte et quidem legitime derelinquit, non amittit adscriptionem ad propriam dioecesim." [14]

Refert Vermeersch-Creusen: ". . . in casu particulari S. Congregatio de Religiosis declaravit c. 585 valere de sodali qui ad societatem sine votis sed exemptum pertinuerat." [15] Quoniam autem casus ille erat particularis, dicendum est: ipsum minime valere ad infirmanda supra allata. Casus ille fuit singularis neque publici iuris factus in Commentario Officiali A. A. S. Potuit enim S. Congregatio speciales quoque habere rationes ad concedendum tale indultum. Aliunde exceptio singularis non evertit regulam generalem. Ergo concludendum est: religiosos tantum votorum perpetuorum sive sollemnium sive simplicium amittere ipso iure propriam quam in saeculo habebant dioecesim; minime vero religiosos votorum temporariorum,[16] sive pertineant ad religionem

rariae tempore, religiosus, ad normam can. 637, vel emittat perpetuam professionem, sollemnem vel simplicem secundum constitutiones, vel ad saeculum redeat."

[11] Vide supra pag. 178, 179, 181.

[12] Can. 678, 964, 4°.

[13] Vermeersch-Creusen, Epit. 464; Goyeneche, Comment. pro Rel., I 178.

[14] Schäfer 378: " Ein Sodale in höheren Weihen, der die Vereinigung (auch eine exempte) freiwillig und zwar rechtmässig verlassen hat, verliert die Zugehörigkeit zur Diözese nicht."

[15] Vermeersch-Creusen, Epit. 464.

[16] Cfr. Can. 585, 641, § 1.

iuris pontificii sive dioecesani, sive exemptam sive non. Quamvis per simplicem professionem quis fuerit respectivae religioni adscriptus, tamen, ut animadvertit Chelodi: "Adscriptio, quae, durante vita religiosa, manserat quodammodo suspensa, omnes iam suos effectus producit."[17] Ergo derelinquendo religionem, recta via debet pergere ad propriam quam habebat in saeculo dioecesim et ab Episcopo recipi.

De officiis tamen et muneribus ipsi a iure quibusdam interdictis agetur infra.[18]

Art. II. De saecularizato qui amisit dioecesim.

Principium illud fundamentale sub superiori disciplina inculcatum, quod oporteat quemlibet clericum esse alicui ecclesiae seu dioecesi adscriptum[1] per se nondum fuit undequaque perfectum, quia, ut notat Maroto: "aliqui casus fingi poterant in quibus reapse clericus *acephalus* de facto esset."[2] Qui defectus disciplinae superioris praesertim attingebant religiosos ad maiores ordines promotos et postea regressos in saeculum.

Praesens tamen disciplina per Codicem inaugurata et ultimo perfecta, sequens pressius naturam atque distinctionem inter adoptionem et adrogationem ex iure romano,[3] pro semper necessitatem adscriptionis canonicae pro quolibet clerico stabilivit: "Quemlibet clericum oportet esse vel alicui dioecesi vel alicui religioni adscriptum, ita ut clerici vagi nullatenus admittantur."[4]

Quae adscriptio tamen distinguenda est ab incardinatione proprie dicta sicuti genus a specie. Clericus enim saecularis sensu canonico dioecesi determinatae per receptionem primae tonsurae

[17] Chelodi 175.

[18] Vide pag. 238-243.

[1] C. 1, 2, D. LXX; Conc. Trident., sess. XXIII, *de ref.*, c. 11, 13, 16, Richter 199, 201, 207; Innocentius XIII, const. "*Apostolici ministerii,*" 23 maii 1723, Fontes n. 280; Benedictus XIII const. "*In supremo,*" 23 sept. 1724, § 2, 6, 28, Fontes n. 283; const. "*Pastoralis officii,*" 27 mart. 1726, § 1, 2, 3, 5, Fontes n. 292; Benedictus XIV const. "*Impositi Nobis,*" 27 febr. 1747, § 2, 3, 4, 5, 6, 7, 8, Fontes n. 376.

[2] Maroto I 567, nota 1.

[3] Cfr. I. 1. 9. 2.; D. 1. 7. 1.: "Filios familias non solum natura, verum et adoptiones faciunt. Quod adoptionis nomen et quidem generale, in duas autem species dividitur, quarum altera adoptio similiter dicitur, altera adrogatio, adoptantur filii familias, adrogantur qui sui iuris sunt."

[4] Can. 111, § 1.

. . . adscribitur seu, ut aiunt, *incardinatur* dioecesi pro cuius servitio promotus fuit;[5] religiosi, econtra per professionem religiosam tantum adscribuntur, seu: mutuato termino ex iure romano, solummodo religioni adrogantur.[6] Effectus eiusmodi adscriptionis religioni iuridice consistit in eo, quod religiosi per professionem votorum temporariorum quicumque illi sunt non amittunt nunc vi iuris vigentis propriam quam habebant in saeculo dioecesim.[7] Econtra quilibet votorum perpetuorum professus talem amittit sive sit iuris pontificii sive dioecesani, sive religio sit exempta sive secus. Legislator enim normam generalem statuit: "Professus a votis perpetuis sive sollemnibus sive simplicibus amittit ipso iure propriam quam in saeculo habebat dioecesim."[8]

Innovatio haec per Codicem facta magni est momenti in casu nostro quoad saecularizatum in ordinibus maioribus. Sub antiqua disciplina solummodo religiosus votorum sollemnium amisit propriam dioecesim.[9] Nunc autem legislator quoad effectum saecularizationis non amplius attendit ad sollemnitatem votorum, sed eorundem perpetuitatem. Quapropter ne religiosus votorum perpetuorum in casu egressus e religione acephalus efficeretur, et in dedecus status clericalis, absque sufficienti sustentatione derelictus, mendicus fieret, legislator ex parte sequens disciplinam antiquam et ex parte eam immutans quoad modum, statuit, quod quilibet saecularizatus in sacris ordinibus nequeat "extra religionem sacros ordines exercere, donec Episcopum benevolem receptorem invenerit, aut Apostolica Sedes aliter providerit."[10] Dictum fuit supra: legislator ex parte sequens disciplinam antiquam, quia olim religiosi sollemniter professi obtinentes saecularizationis perpetuae

[5] *Ibid.*, § 2.

[6] Maroto I 577-578, nota 3: "Religiosorum clericorum adscriptio suae religioni nequit proprie incardinatio appellari, vel ad summum vocari posset incardinatio aequivalens aut improprie dicta, sicut recessus a religione posset ita aequivalens aut impropria excardinatio nuncupari. Sane illa religiosorum adscriptio et recessus a religione non sunt vere incardinatio nec excardinatio, quae tantum dioecesim aliquam respiciunt, unde in illa adscriptione et recessu non sunt servandae regulae et sollemnitates incardinationis et excardinationis; sed tantum pro clericis religiosis aequivalet incardinationi sub pluribus respectibus; quatenus nempe per ipsam clerici religiosi vagi non sunt, sicuti nec clerici saeculares per incardinationem."

[7] Vide supra pag. 223-225.

[8] Can. 585.

[9] Vide supra pag. 8.

[10] Can. 641, § 1.

indultum iure delegato tantum adscribebantur Episcopo benevolo receptori; sensu tamen canonico erant sub immediata iurisdictione Apostolicae Sedis.[11] Religiosus vero votorum simplicium perpetuorum iure ordinario retinebat proprium Ordinarium sive ratione domicilii sive suscepti ordinis maioris.[12] Nunc autem omnes religiosi votorum perpetuorum in aequali sunt conditione coram lege; omnes amittunt per professionem votorum perpetuorum propriam quam in saeculo habebant dioecesim.

Ex parte tamen legislator temperavit superiorem disciplinam. Iuxta probatos auctores, olim quilibet votorum sollemnium clericus in maioribus ordinibus constitutus, si impetraverit saecularizationem perpetuam, tempore impetrati indulti iamiam debuit probare: se habere legitimum patrimonium et Episcopum benevolum receptorem. Diaconis et subdiaconis saecularizatio perpetua aliquando concedebatur ea lege, ut suspensi remanerent donec patrimonium sibi constituerint et Episcopum benevolum receptorem invenerint. Si tamen ipsi fuerint tantum simpliciter professi, et duabus citatis conditionibus satisfecerint, aliquando super votis simplicibus *paupertatis et obedientiae* cum illis dispensabatur. Si agebatur de laico sollemniter professo sufficiebat quod posset sibi sufficienter providere.[13] Quoad saecularizatos votorum simplicium, attamen perpetuorum, S. C. Ep. et Reg. nonnisi saeculo exeunte undevicesimo decrevit: "Qui in Sacris Ordinibus constituti et votis simplicibus obstricti sive perpetuis, sive temporalibus, sponte dimissionem ab Apostolica Sede petierint et obtinuerint, vel aliter ex Apostolico privilegio a votis simplicibus vel perpetuis vel temporaneis dispensati fuerint, ex claustro non exeant, donec Episcopum benevolum receptorem invenerint, et de ecclesiastico patrimonio sibi providerint, secus suspensi maneant ab exercitio sus-

[11] Cfr. A. A. S., X 24, votum consultoris: "In primis attendum esse in casu, agi . . . de religioso solemniter professo et ad saeculum reducto in vim rescripti Apostolici. Porro religiosi quum impetrant perpetuae saecularizationis decretum, sub immediatam S. Sedis iurisdictionem facto et iure descendunt; ipsi enim per sollemnem professionem, *originalitatem*, seu Episcopum *originis* amittunt . . . sed praevia designatione Episcopi *benevoli receptoris*, S. Sedes indulget, ut religiosus in saeculo maneat sub dependentia illius *determinati* Episcopi. . . ."

[12] Vide supra pag. 222.

[13] Cfr. Piat. 187 cum nota 4; Wernz III n. 678; Vermeersch, De Religiosis, I 191.

ceptorum Ordinum."[14] In defectu tamen patrimonii sufficiebat "peculium ex reditibus Monasterii . . . donec Orator provideatur."[15] Olim ergo, patrimonium legitimum et inventio Episcopi benevoli receptoris erant conditio sine qua non. Saecularizatus enim obtento indulto amittit titulum ordinationis canonicum. Voluit proinde Apostolica Sedes sub priori disciplina in antecessum certior fieri quod saecularizatus habuerit sufficientem sustentationem antequam claustrum desereret.

Iuxta disciplinam autem vigentem, saecularizatus item "nequit extra religionem sacros ordines exercere, donec Episcopum benevolum receptorem invenerit."[16] Verumtamen non amplius exigitur patrimonium a priori constitutum; de hoc enim tacet legislator. Sufficit ergo, quod sibi invenerit benevolum Episcopum receptorem. Ubi primum proinde aliquis Episcopus paratus sit ipsum recipere, possit saecularizandus claustra relinquere atque per exercitium sacri ordinis procurare sibi honestam sustentationem. Si autem non invenerit, nequit uti rescripto, quoniam clausula "donec Episcopum benevolum receptorem invenerit" ex hodierno iure etiam est conditio sine qua non, utique ad liceitatem tantum, non vero ad validitatem. Causa autem, cur non possit extra religionem exercere sacros ordines absque Episcopo benevolo receptore ita redditur a Höller: "Ratio in eo consistit, quia secus religiosus in sacris constitutus ad nullam dioecesim pertineret. Hoc praecipue incommodum vult Apostolica Sedes evitatum scire."[17] Quae clausula proinde nunc vi Codicis, est solummodo urgens, ne saecularizatus existeret vagabundus in saeculo; neque amplius adnexam habet suspensionem a divinis ut antea, sed meram continet prohibitionem.

Quid autem iuris, si saecularizatus, nondum invento Episcopo benevolo receptore, nihilominus vellet relinquere religionem? Iamvero dicendum est, duplici modo patere ipsi effugium ab hac prohibitione: aut permanere debet ad interim in religione et adire Apostolicam Sedem ut ipsa de se aliter provideat,[18] v. g. con-

[14] S. C. Ep. et Reg., decr. "*Auctis admodum,*" 4 nov. 1892 n. V, A. S. S., XXV 314; *Abulen.*, 20 nov. 1895, A. S. S., XXVIII 558-560.

[15] S. C. Ep. et Reg., 20 mart. 1868, A. S. S., III 533-534.

[16] Can. 641, § 1.

[17] Höller, in L. Q. S., LXXII 592: "Der Grund dafür liegt darin, weil sonst der *religiosus in sacris constitutus* keiner Diözese angehören würde. Eben diese Unzukömmlichkeit will der Apostolische Stuhl vermiedem wissen."

[18] Can. 641, § 1.

cendendo sibi exercitium sacri ordinis de licentia cuiuslibet Ordinarii per modum nudi ministerii, aut rogare Superiorem maiorem, ut dependenter ab ipso ad interim exercere posset sacrum ministerium in saeculo donec vel invenerit Episcopum benevolum receptorem vel Apostolica Sedes aliter providerit. Ratio est, quia particula "*donec*" non est amplius irritans, sed tantum mere urgens. Quamvis talis religiosus acceperit saecularizationis indultum, tamen de facto nondum est *formaliter* seu *definitive saecularizatus*. Ex iure enim exercitium sacri ministerii dependet a concessione legitimi eius Superioris maioris sive in religione sive extra illam, donec sibi inveniat Episcopum. Quapropter clausula "*nequit extra religionem sacros ordines exercere*" permittit largiorem interpretationem, scilicet non solum in monasterio, verumtamen etiam extra illud, dependenter tamen a Superiore maiori intra limites potestatis sibi a iure concessae, idest donec alia provisio ab Apostolica Sede pro saecularizato advenerit. Ratio est, quia clericus in maioribus constitutus debet esse dependens ab aliquo Ordinario. Iamvero etsi saecularizationis indultum acceperit, tamen nondum censetur formaliter saecularizatus quoadusque definitive non relinquit religionem. In quolibet tamen casu, talis absentia saecularizandi non posset etiam a legitimo Superiore protrahi ultra tempus a constitutionibus respectivae religionis determinatum; neque in omni casu ultra sex menses;[19] alioquin incurreret praedictam prohibitionem a divinis, nisi rediret ad propriam religionem.

Nullum ergo amplius dubium remanet, hanc clausulam iuris omnes nunc afficere religiosos sive iuris pontificii sive iuris dioecesani quoties agitur de saecularizato cum votis perpetuis. Omnes isti in casu religiosi amittunt propriam quam in saeculo habebant dioecesim; omnes ergo in pari sunt conditione coram lege. Omnes tenentur invenire Episcopum benevolum receptorem. Ad incommoda autem ulteriora evitanda praestat, ut id faciant antequam adveniat saecularizationis rescriptum.

ART. III. DE MODO RECIPIENDI SAECULARIZATUM PER EPISCOPUM BENEVOLUM RECEPTOREM.

Quoniam in praesenti agitur solummodo de saecularizato a votis perpetuis, qui caret iuxta disciplinam vigentem canonica alicui

[19] Can. 606, § 2.

dioecesi adscriptione,[1] idcirco necesse est etiam ut inquiratur de modo iuxta quem Episcopus benevolus receptor procedere potest in admittendo saecularizatum in dioecesim. Quaestio haec eo utilius institui queat, quia ante Codicem plures exhibentur in fontibus casus ubi saecularizatus ob defectum legitimae incardinationis tandem absque dioecesi, necnon honesta inventus est sustentatione.[2]

Quibus malis legislator pro semper volens praevenire atque remedium pro utraque parte afferre, satagens legem abhinc stabilem sequendam, determinavit: " Episcopus religiosum recipere potest sive pure et simplicitur, sive pro experimento ad triennium: in priore casu religiosus eo ipso est dioecesi incardinatus; in altero, Episcopus potest probationis tempus prorogare, non ultra tamen aliud triennium; quo etiam transacto, religiosus, nisi antea dimissus fuerit, ipso facto dioecesi incardinatus manet." [3]

Vi huius paragraphi in canone citato positae, a priori conservatur et ius saecularizati et Episcopi; item pro utroque adstruitur aequitas canonica, ita, ut tum saecularizatus tum etiam Episcopus receptor non absolute ligentur, sed utrique quaedam latitudo relinquatur. Duplex enim a legislatore modus cooptandi saecularizatum dioecesi respectivae proponitur Episcopo: pure et simpliciter, sive pro experimento.

Imprimis custoditur ius saecularizati eo modo, quod ab Episcopo benevolo receptore possit statim incorporari clero dioecesano, et quidem iure ordinario absque ullo ulteriori recursu ad Apostolicam Sedem. Ratio est, quia Episcopus non amplius recipit saecularizatum iure delegato a Sancta Sede, sicuti ante Codicem id factum est quoad religiosum sollemniter professum,[4] sed potestate ordinaria. Semel autem dioecesi incardinatus, pro semper fit eiusdem subditus.[5] Item providetur ipsius conditioni eo modo, quod non ultra sexennium debeat gratis alicui dioecesi inservire, cum periculo remanendi tandem aliquando absque dioecesi.

Ex altera autem parte, legislator voluit etiam Episcopo consulere,

[1] De casu possibili quoad saecularizatum a votis tantum temporariis et simul in sacris ordinibus, vide pag. 223.

[2] Cfr. e. g. Bizzarri 611; A. S. S., XXV 627-634; XXVIII 558-559; A. A. S., X 18-25.

[3] Can. 641, § 2.

[4] Vide pag. 227, nota 11.

[5] Can. 641, § 2: ". . . in priori casu religiosus eo ipso est dioecesi incardinatus."

ne inepto clerico oneretur atque postea etiam respectiva dioecesis indebito onere gravaretur. Possunt enim evenire casus quando saecularizatus, prima facie, videtur utilis servitio alicuius dioeceseos, quin tamen revera talis sit. Quapropter permittit Codex, ut Episcopus recipiat saecularizatum experimenti gratia ad triennium; imo etiam si casus ferat, ad aliud triennium, sed non ultra. Elapso autem hoc altero triennio, nisi Episcopus probandum antea dimiserit, ipso facto dioecesi incardinatus manet.[6]

Dicitur tamen in hac paragrapho: "Episcopus religiosum recipere potest. . . . ," non autem adhibetur terminus "Ordinarius loci." Sensu enim communiter recepto et iuridico per se intelligendus est Episcopus quilibet residentialis qui simul etiam est Ordinarius loci. Terminus ille "Episcopus" ideo adhibitus est ex industria, ne aliquando ambiguitas vel iurium conflictus oriatur. Excluduntur ergo claritatis gratia ceteri Praelati, qui iuxta Codicem etiam vocantur Ordinarii loci sive sede plena, v. g. Vicarius Generalis, Administrator dioeceseos absente Episcopo, Pro-Prefectus, sive etiam sede vacante, Praelati qui ad "interim ex iuris praescripto aut ex probatis constitutionibus succedunt in regimine,"[7] quocumque nomine appellentur. Actus enim incorporandi clericum dioecesi supponit iurisdictionem ordinariam et simul plenam; talis autem unice competit Episcopo residentiali qui est simul et Ordinarius loci. Alibi enim, ubi agitur ex professo de incardinatione clerici, ius edicit: "Incardinationem concedere nequit: Vicarius Generalis sine mandato speciali, nec Vicarius Capitularis, nisi post annum a vacatione sedis episcopalis et cum consensu Capituli."[8] Numquid ergo huius canonis paragraphus applicanda sit etiam in casu incardinandi saecularizatum?—Danda est responsio affirmativa. Ratio est, quia religiosus a votis *perpetuis* obtento saecularizationis indulto nullius Episcopi est clericus proprius.[9] Ergo nullius Episcopi ius laeditur. Aliunde Codex, statuens normas quoad clericorum incardinationem, nihil expresse excepit quoad modum servandum in incardinando saecularizato. Si ergo "necessitas aut utilitas dioecesis id exigat," nihil obstat, quominus, vacante sede, Vicarius Capitularis saecularizatum recipiat ad experimentum et, post annum a vacatione sedis episcopalis et

[6] *Ibid.*

[7] Can. 198, § 1.

[8] Can. 113.

[9] Can. 585, 115.

cum consensu Capituli, illum dioecesi definitive adscribat.[10] Ratio huius deducenda est ex analogia iuris. Potest Vicarius Capitularis cum consensu Capituli,[11] post annum a vacatione Sedis definitive adscribere dioecesi clericum extraneum; ergo et saecularizatum.

Dicitur ulterius: "recipere potest." Ergo per innovationem a Codice factam, religiosus a votis perpetuis in saeculum regressus nullum amplius ius habet nativum, ut ab aliquo Episcopo recipiatur in dioecesim. Gratiam proinde Episcopus saecularizato praestat, si ipsum admittat etiam ad triennii experimentum. Consulit hoc modo legislator Episcopo, ne oneretur indebito saecularizatorum numero. Valde igitur mutata est in melius disciplina canonica hac in methodo recipiendi saecularizatos.[12]

Quoniam autem incardinationis habentur plures formae, ideo quaeri possit, quaenam sollemnitas adhibenda sit ab Episcopo benevolo receptore?—Et respondendum est: nullam quidem per se determinatam esse formam in Codice praescriptam quoad incardinandum saecularizatum. Non praecipitur expressa; sufficit tacita, quae consistit in eo, quod Episcopus recipiat saecularizatum dioecesi carentem experimenti gratia ad unum alterumve triennium. Episcopus neque aliquid dicit neque saecularizatum dimittit; ergo, elapso hoc altero triennio, ipso iure est dioecesi incardinatus. Item per se sufficeret, ut saecularizatum petentem admittat in dioecesim eique statim conferret beneficium residentiale, v. g. paroeciam cum pleno titulo parochi. Attamen, ut dicit Leitner: "Suadendum est, ut simplex vel experimentalis receptio saecularizati in scriptis fiat; saltem de finali receptione in dioecesim debet religio et respectiva societas religiosa certior fieri." [13]

Quid autem iuris, si saecularizatus, elapso altero triennio, ab Episcopo dimittitur non ideo quod male se gesserit, sed quia sae-

[10] Cfr. Can. 117 cum can. 113 et 640, § 2.

[11] In nostra regione Administrator dioeceseos cum consensu consultorum. Cfr. Can. 427, 431.—Cfr. etiam S. C. C. decretum "*de nominandis Administratoribus dioecesanis in Foederatis Americae Statibus,*" 22 febr. 1919, ad triennium, A. A. S., XI 75-76.

[12] Compara S. C. Ep. et Reg., decr. "*Auctis admodum,*" 4 nov. 1892, A. S. S., XXV 312-315 cum can. 641, § 2.

[13] Leitner III 481: "Es empfiehlt sich, dass die einfache oder probeweise Aufnahme eines säkularisierten Religiosen schriftlich geschehe; wenigstens von der endgültigen Aufnahme in ein Bistum ist die Religiosenkongregation und die betreffende Genossenschaft zu verständigen."

cularizatus renuit assumere certas obligationes? Solutio huius quaestionis iterum habetur in generali huius canonis principio: saecularizatus nempe iterum ab alio Episcopo ad experimentum recipi potest. Eadem quoque solutio haberetur, si Episcopus benevolus receptor dimittat saecularizatum, quia idem Episcopus non vult in se suscipere certas obligationes erga saecularizatum, quae ipsi imponere vult prior Antistes ob certas quasdam rationes, puta debita quaedam solvenda etc.[14]

Quidquid sit, videat saecularizatus ne diu permaneat absque formali alicui dioecesi incardinatione, et quidem in scriptis. Documentum enim authenticum sibi ab Episcopo benevolo receptore concessum habebit effectum suum iuridicum semper in casu, si resoluto iure Episcopi receptoris, ab eius successore ex dioecesi dimittendus esset. Item optime consuleretur conditioni saecularizati, si statim invenisset Episcopum, qui vellet eum pure et simpliciter recipere in dioecesim. Facile enim evenire potest, quod experimentorum gratia plures consumat annos vitae sacerdotalis et tandem, tristi historia teste, ineptus ad ulteriorem laborem, per modum misericordiae solummodo sacerdos supernumerarius in aliqua dioecesi fiat. Infelix experimentum aliorum sit ipsi schola prudentiae.

[14] Cfr. Vermeersch-Creusen, Epit. 442.

CAPUT VI.

DE QUIBUSDAM IURIS INTERDICTIS QUOAD RELIGIOSOS IN SAECULUM REGRESSOS.

Generale principium in lege ecclesiastica stabilitum est, ut nonnisi dignis et capacibus praeeminentiae in hierarchia ecclesiastica conferantur. Qui enim aliis praesunt vel praeferuntur, prae aliis quoque specialem aptitudinem ad maiora beneficia et officia possidere supponuntur, non quidem ex natura, sed ex vitae adiunctis. Haec autem aptitudo ad praeeminentias, iuxta mentem legislatoris, designat quoque specialem zelum ad dirigendam salutem animarum sibi commissarum. Qui vero dereliquerunt statum religiosum semel a se electum et alieni facti sunt a vocatione religiosa, in facie Ecclesiae considerantur ut minus stabiles atque minus apti ad alios dirigendos. Ad rem etiam Brandys: "Ratio huius sapientis statuti Sanctae Ecclesiae facile conspici possit, quia illi qui vocationem religiosam quodlibet ob motivum dereliquerunt vel amiserunt, non possunt apparere apti ad praestandum aliis religiosis salutare auxilium in ipsorum vita religiosa."[1]

Legislator igitur more suo verbis concisis mentem suam hac in re aperit: "Quilibet professus ad saeculum regressus licet valeat ad normam can. 641, sacros ordines exercere, prohibetur tamen sine novo et speciali Sanctae Sedis indulto:

1°. Quolibet beneficio in basilicis maioribus vel minoribus, et in ecclesiis cathedralibus;

2°. Quolibet magisterio et officio in Seminariis, maioribus et minoribus seu collegiis, in quibus clerici educantur, itemque in Universitatibus et Institutis, quae privilegio Apostolico gaudent conferendi gradus academicos;

3°. Quocumque officio vel munere in Curiis episcopalibus et in religiosis domibus sive virorum sive mulierum, etiamsi agatur de Congregationibus dioecesanis."[2] Ut autem adaequata horum inter-

[1] Brandys 97: "Der Grund für diese weise Bestimmung der hl. Kirche ist leicht einzusehen, indem jene, die ihren Ordensberuf aus irgendeinem Anlass aufgegeben oder verloren haben, nicht geeignet erscheinen können, um anderen Ordenspersonen in ihren religiösen Leben wirksame Hilfe zuzuwenden."

[2] Can. 642, § 1.

dictorum a iure praebeatur indigatio, solvenda ea suscipimus per duas quaestiones: 1) Quinam religiosi a iure afficiantur his interdictis? 2) Quid regressis in saeculum interdicitur a iure?

Art. I. Quinam religiosi a iure afficiuntur his interdictis?

Imprimis praenotandum est, iuris haec interdicta esse nonnisi recentiorum temporum.[3]

Olim sub anteriori disciplina nulla distinctio habebatur in praeeminentiis conferendis etiam religiosis saecularizatis in perpetuum Exhibentur ab auctoribus plura exempla saecularizatorum, qui erant ad varia officia maiora vel honorifica promoti.[4]

Tempore tamen Pii X, qui voluit "omnia instaurare in Christo," prodiit decretum a S. C. de Rel., vi cuius disciplina hucusque vigens erat mutanda in melius. Ansa enim saecularizandi et adipiscendi officia honorifica a religiosis debuit removeri. Iuvat hic referre rationem et finem ob quem decretum illud celebre in iure religioso fuerit promulgatum: "Quum minoris esse soleat aedificationis, salvis extraordinariis nonnullis casibus, quod in officiis dioecesanis eminere conspiciantur, qui, vel in aliquo Ordine regulari

[3] Cfr. S. C. super Disciplina Regulari, 31 ian. 1899, ad 2, Vermeersch, De Religiosis II 269-270; S. C. Rel., decr. "*Quum minoris*," 15 iun. 1909, A. A. S., I 523; decl. et extensio decr. "*Quum minoris*," 5 april 1910, A. A. S., II 232-233.

[4] Battandier 467: Jusq'à présent, quand un religieux prêtre, sécularisé suivant les règles et avec décret de la S. Congrégation, passait dans le clergé séculier, il entrait dans le diocèse qui voulait le recevoir avec tous les droits qu'avaient les autres prêtres. Il pouvait être appelé aux plus hautes charges du diocèse, en devenir même l'évêque et être créé cardinal. Nous en avons eu des exemples, et nous en avons encore, mais pour se borner aux morts, on peut citer Mgr. Stumpf, Alsacien, qui était entré chez les Pères du Saint-Esprit et du Coeur Immaculé de Marie . . . il quitta son institut, entra dans le clergé séculier, et devenu évêque de Strassbourg, et est mort sur ce siège. Le cardinal Mai était profès de la Compagnie de Jésus; il fut ensuite nommé prélat et préfet de la Vaticane. . . . . Plus près de nous, le Cardinal Tripepi, qui est mort il y a quelques années préfet des Indulgences. . . ."—Cfr. etiam Bizzarri 611: "Presbyter Antonius Guttierez Valdes Monachus Ordinis S. Benedicti . . . expostulaverat a S. C. perpetuam saecularizationem . . . ei collata fuit praebenda Canonicalis in Cathedrali Santanderiensi, et deinde ad Canonicatum in Capitulo Lucensi . . . et tandem . . . ad Canonicatum in Cathedrali Conch. translatus fuit."

vota sollemnia professi, indultum saecularizationis sive perpetuae sive ad tempus obtinuerint, vel in Instituto aliquo religioso, emissis votis perpetuis, ab istis dispensati fuerint; ne alii inde Religiosi induci possint, ut varios egrediendi claustra praetextus exquirant, quod nimis frequens accidere experientia docet . . . adnexae intendantur, licet non expressae, sequentes clausulae, quarum dispensatio Sanctae Sedi reservatur." [5]

Quod decretum fuit a legislatore postea assumptum in Codicem quoad substantiam, mutatione facta accidentali in quibusdam istis clausulis, ut in decursu patebit.

Legislator utitur verbis: "Quilibet professus ad saeculum regressus . . . prohibetur . . . sine novo et speciali Sanctae Sedis indulto. . . ." [6] Quamvis verba haec primo intuitu includere videantur quemlibet professum qui quolibet modo relinquit religionem, sive per modum saecularizationis sive exclaustrationis, nihilominus controversia inter auctores est, quibusdam regressis in saeculum ea interdicta sensu iuridico applicanda sint. Alii quaestionem hanc simplici silentio praetereunt.[7] Alii autumant: illa iuris interdicta attingere solummodo eos qui definitive religionem relinquunt per indultum saecularizationis.[8] Alii econtra, et quidem rectius contendunt: effectum iuridicum extendendum esse quoque ad exclaustratos ita, ut etiam hi interdicantur iure sine novo et speciali Sanctae Sedis indulto ab assequendis beneficiis et muneribus honorificis, de quibus agit iste canon.[9] Numerus autem horum auctorum sane multo maior est.[10]

Huic proinde sententiae omnino adhaerendum est, utpote pro-

[5] S. C. de Rel., decr. "*Quum minoris*," 15 iun. 1909, A. A. S., I 523.

[6] Can. 642, § 1.

[7] Arndt 77-78; Egger 27-28; Biederlack-Führich 293.

[8] Prümmer 337; Vermeersch-Creusen, Epit. 443: "Ne spe cuiuspiam honoris ecclesiastici vel commodi officii a vita religiosa removeantur, c. 642 variis beneficiis et officiis sine novo et speciali S. Sedis indulto prohibet constitutos in sacris, tum professos *saecularizatos*, tum dispensatos a votis temporariis, vel a iuramento perseverantiae, vel a peculiaribus promissionibus sui Instituti, si ultra sex annos iis ligati fuerint."

[9] Can. 642.

[10] Chelodi, 449; Leitner III 482; Schäfer, 347; Papi, Religious in Church Law 155; Cocchi IV 235; Jansen 212; Blat II 627; Fanfani 188 qui pag. 187, n. 375 tamen non clare exprimit, professos vota temporaria per sexennium, prohibitione affici tantummodo si ab iisdem fuerint dispensati.

babiliori iuxta legislatoris mentem. Etenim: 1) verba huius canonis, utpote generalia, includunt quemlibet professum in sacris constitutum qui in saeculum regressus est. Atqui etiam exclaustratus, etsi solummodo ad tempus nihilominus egreditur e religione. Ergo eadem ratio canonica urget, ne scilicet obtento aliquo eminenti beneficio vel munere honorifico, detineretur a reversione in religionem.[11] 2) Paragraphus haec canonis primario quidem agit de saecularizato, uti patet ex allegatione ibi ad canonem praecedentem,[12] attamen non exclusive. Agit enim in fine[13] etiam de sodalibus societatum virorum in sacris constitutis quibus tamen *per se* non applicantur canones de exclaustratione necnon saecularizatione post vota perpetua emissa.[14] Speciali proinde paragrapho hac voluit legislator per extensionem legis etiam hos comprehendere, quia etiam hi aliquo modo professi sunt religionem, scilicet vel vota temporaria, vel iuramentum perseverantiae, vel peculiares quasdam promissiones ad normam suarum constitutionum ediderunt.[15] Ergo nulla ratio contraria apparet, cur professi sensu pleno et iuridico eximerentur ab hisce prohibitionibus. 3) Sensus verborum tandem desumendus est ex duobus illis fontibus qui adnotantur ad hunc canonem iuxta ipsius legislatoris mentem: "Canones qui ius vetus ex integro referunt, ex veteris iuris auctoritate . . . sunt aestimandi." Atqui decreta illa, de quibus agitur in casu, expresse agebant de iis "qui, vel in aliquo Ordine regulari vota sollemnia professi, indultum *saecularizationis* sive *perpetuae* sive *ad tempus obtinuerint,* vel in Instituto aliquo religioso, emissis votis perpetuis ab istis dispensati fuerint."[16] Ergo etiam post Codicis promulgationem canon iste exclaustratos comprehendit, utpote virtualiter inclusos in clausula: "Quilibet professus, ad saeculum regressus," sicuti etiam ante Codicem includebantur.[17]

Clausulae hae tamen, seu potius interdicta iuris non afficiunt re-

[11] Cfr. Chelodi 449; Leitner III 482.

[12] Cfr. Can. 642, § 1 et can. 641, § 1.

[13] Cfr. Can. 642, § 2.

[14] *Ibid.*

[15] *Ibid.*

[16] S. C. de Rel., decr. "*Quum minoris,*" 15 iun. 1909, A. A. S., I 523; item cfr. decr. 5 apr. 1910, A. A. S., II 232-233.

[17] Cfr. Chelodi 449; Leitner III 482; Schäfer 347; Fanfani 188; Comment. pro Rel. V 26-28.

ligiosos a votis temporariis, qui expleto votorum eorumdem tempore derelinquunt religionem. Ratio est, quia canon iste loquitur tantum de professis in maioribus ordinibus constitutis: " Quilibet professus, ad saeculum regressus, licet valeat . . . sacros ordines exercere. . . ." [18] Ergo non includitur: 1) clericus in maiori ordine constitutus qui religionem quidem ingressus est, sed durante novitiatu iterum regressus est in saeculum. 2) Professus, qui quidem emisit vota, cuius tamen professio ob aliquam causam invalida fuit.[19] Per professionem enim nullam, non potest aliquis sensu iuridico dici professus.

Tenentur tamen istis iuris interdictis, " qui vota temporaria, vel iuramentum perseverantiae, vel peculiares quasdam promissiones ad normam suarum constitutionum ediderunt et ab iisdem dispensati fuerunt, si per sex annos eisdem ligati fuerint." [20]

Non autem iterum afficiuntur illi, qui ante sexennium elapsum societatem respectivam *libere* dereliquerunt. Econtra si a votorum, vel iuramenti perseverantiae, vel peculiarium istarum promissionum vinculo dispensati fuerint *cum implicita dimissione,* certe sub his interdictis comprehenduntur.[21]

Art. II. Quid regressis in saeculum interdicitur?

Plures sane prohibitiones habebantur in supra citato decr. " *Quum minoris* " his, quae nunc in Codice exstant. Quasdam aliquatenus temperavit legislator eo modo, ne nimis dura videatur conditio regressorum e religione, in quibusdam saltem circumstantiis. Quae tamen adhuc in Codice retentae sunt profecto hunc habent finem, ut excludantur eiusmodi religiosi a spe facilioris et honoratioris vitae in saeculo.

Interdicuntur imprimis: " Quolibet beneficio in basilicis maioribus vel minoribus, et in ecclesiis cathedralibus." [1] Quoniam in casu stricta adhibenda est legis interpretatio, idcirco solummodo eae ecclesiae intelligendae sunt, quae ad normam iuris veniunt sub nomine basilicae, sive maioris sive minoris,[2] et quorum quatuor

[18] Can. 642, § 1.
[19] Cfr. can. 586.
[20] Can. 642, § 2.
[21] Cfr. Chelodi 449.
[1] Can. 642, § 1, 1°.
[2] Can. 1180: " Nulla ecclesia potest basilicae titulo decorari, nisi ex

tantum maiores et novem minores Romae ab auctoribus recensentur, plures tamen exstant basilicae minores extra Urbem.[3] Nomine ecclesiarum cathedralium item solummodo intelliguntur illae quae tales nunc revera sunt; non autem istae, quae mere honorificum titulum eiusmodi habent, de facto tamen non amplius existunt.[4] Ratio est, quia odiosa sunt restringenda. Attamen intelliguntur etiam ecclesiae cathedrales in Statibus Foederatis Americae, quidquid in contrarium haesitans allegat Charles Augustine.[5] Item non comprehenduntur sub prohibitione iuris ecclesiae collegiatae.[6]

Beneficium vi huius clausulae ipsis intelligitur interdictum iterum sensu canonico: "Beneficium ecclesiasticum est ens iuridicum a competente ecclesiastica auctoritate in perpetuum constitutum, seu erectum, constans officio sacro et iure percipiendi reditus ex dote officio adnexos."[7] Quoniam a Codice fuit suppressa ex superiori lege clausula "*quolibet officio,*" ideo post Codicem amplius non exstat prohibitio, quominus in saeculum regressus in dictis basilicis vel ecclesiis cathedralis possit fungi simplici officio, ut sit v. g. oeconomus, sacrista, capellanus etc. Ratio est, quia iuxta Ojetti, "Officium . . . est titulus beneficialis, annexam habens aliquam administrationem absque iurisdictione et absque praecedentia."[8]

apostolica concessione aut immemorabili consuetudine; cuiusque vero privilegia ex alterutro capite colligantur."

[3] Kirchliches Handlexikon, v. Basilika: "die Rangstufe bedeutender Kirchen, zun. der 4 Patriarchalkirchen Roms (b. maiores) für die 4 Hauptpatriarchen, mit je einer porta sancta (S. Giovanni in Lat., S. Peter, S. Paul, S. Maria Maggiore), dann v. g. anderen Hauptkirchen Roms (S. Lorenzo fuori le mura, S. Croce, S. Sebastiano, S. Maria in Trastevere, S. Lorenzo in Damaso, S. Maria in Cosmedin, SS. Apostoli, S. Pietro in Vincoli) ausserdem auch nachträgl. zu diesen Rang erhob. auswärt. Kirchen, meist an Wallfahrtsorten (Lourdes, Marienthal im Elsass, Vierzehnheiligen in Bayern, S. Maria in valle di Pompei, Kathedrale di Lucera, S. Francesco in Assisi (b. patriarchalis).—Cfr. etiam Real-Encyklopädie, v. Basilika, ubi plures aliae basilicae recensentur.

[4] Leitner III 482.

[5] Charles Augustine III 379: "However, *salvo meliori iudicio*, since penalties are odious, we believe that *benefice* must be taken in the strict sense, and excludes our cathedral churches, though it must be confessed that the intention of the law would also effect cathedral churches of our country."

[6] Blat II 627.

[7] Can. 1409.

[8] Ojetti, v. Officium.—Cfr. etiam can. 145, § 1.

Prohibetur deinde quilibet professus regressus in saeculum: "Quolibet magisterio et officio in Seminariis maioribus et minoribus seu collegiis, in quibus clerici educantur, itemque in Universitatibus et Institutis, quae privilegio apostolico gaudent conferendi gradus academicos." [9] Quae clausula, paulisper immutata terminologia, desumpta est ex lege superiori quoad substantiam.[10] Prohibetur proinde vi huius clausulae a quovis munere vel officio in quibusvis institutis sive saecularibus sive religiosis, ubi candidati instituuntur ad clericatum, quocumquo nomine appellentur.[11] Prohibitio tamen haec non cadit quoad instituta puellarum, quae usitatiori vocabulo academiae appellantur. Quapropter non est contra legem, si regrediens in saeculum adimpleret officium capellani, catechetae, professoris in eiusmodi feminarum institutis, etsi sub potestate Sororum, sed *non pro Sororibus.* Item prohibitio haec non cadit in eiusmodi religiosum, si tale munus vel officium adimpleret in quibusdam institutis piis, sub cura gubernii vel privatorum, et pro laicis tantum, etiamsi ibi aliqui gradus academici conferantur; sunt enim tituli mere saeculares. In casu nostro utique intelligendi sunt solummodo gradus academici ex privilegio apostolico concessi cum effectu canonico in Ecclesia.[12] Item in casu intelliguntur gradus academici acquisiti in studiis "philosophiae, theologiae ac iuris canonici"; [13] ergo non in aliis scientiis naturalibus vel legum.

Iam supra dictum est,[14] religiosum in saeculum regressum, qui antea pertinebat ad Ordinem regularem, debere etiam deponere titulum S. Theologiae Doctoris, si eundem durante vita religiosa acquisierit ab Ordine et ad normam Ordinis constitutionum.

[9] Can. 642, § 1, 2°.

[10] Cfr. decr. "*Quum minoris,*" n. 2°: "quolibet magisterio et officio in seminariis clericalibus maioribus et minoribus aliisque Institutis, in quibus clerici educantur, necnon in Universitatibus et Institutis, quae privilegio apostolico gaudent conferendi gradus academicos in re philosophica, theologica et canonica."

[11] In nostra regione usitatiori vocabulo veniunt eiusmodi instituta sub nomine collegiorum, praesertim penes familias religiosas; nomine Seminarii minoris, si sub cura et tutela Episcoporum existant.

[12] Can. 1377: "Gradus academicos qui effectus canonicos in Ecclesia habeant, nemo conferre potest, nisi ex facultate ab Apostolica Sede concessa."

[13] Can. 1380.

[14] Vide pag. 172, nota 27.

Maximi tandem momenti sunt interdicta, quae pariter ex integro sunt reassumpta ex superiori iure, attamen magis adhuc rigorose et demonstrative per Codicem inculcata, privando eum: " Quocumque officio vel munere in Curiis episcopalibus et in religiosis domibus sive virorum sive mulierum, etiamsi agatur de Congregationibus dioecesanis." [15]

Quaenam officia et munera sub hac prohibitione cadunt, evincitur ex iure, quod statuit: " Curia dioecesana constat illis personis quae Episcopo aliive qui loco Episcopi, dioecesim regit, opem praestant in regimine totius dioecesis. Quare ad eam pertinent Vicarius Generalis, officialis, cancellarius, promotor iustitiae, defensor vinculi, synodales iudices et examinatores, parochi consultores, auditores, notarii, cursores et apparitores.[16] Ab his officiis, quibus iurisdictio aliqua vel pensio ecclesiastica vel praeeminentia coniuncta est, quilibet regressus a iure interdicitur.

Ex iure nunc vigente prorsus etiam excluditur ille a quolibet officio et munere in religiosis domibus sive virorum sive mulierum, etiamsi agatur de Congregationibus dioecesanis. Olim interdicebatur solummodo " officio Visitatoris et Moderatoris domorum religiosorum utriusque sexus, etiamsi agatur de congregationibus mere dioecesanis." [17] Legislator enim, praeteritorum temporum experientia edoctus, cognovit eiusmodi sacerdotem non posse esse exemplo aliis religiosis, Deo fideliter servientibus. Etsi forsitan esset aliunde doctus vel optimae indolis, nihilominus ipsius praesentia in domibus religiosis utriusque sexus posset esse lapis offensionis, praesertim iunioribus; neque ex iure censetur aptus ad alios religiosos efficaciter dirigendos in vocatione religiosa. Quapropter non potest fungi officio, ut tradunt auctores, confessarii, directoris spiritualis, capellani, officiatoris, curati etc.[18] Ratio est quia haec omnia sunt officia quibus iurisdictio aliqua adnexa est.

Quid autem iuris, si casu degens in aliqua domo religiosa vel instituto penes religiosas, puta in nosocomio, et aliquis religiosus vellet apud ipsum confiteri " ad suae conscientiae quietem " ?—Et respondendum est: ipsum in tali casu posse excipere confessionem ad se accedentium per modum exceptionis a lege, dummodo habeat

[15] Can. 642, § 1, 3°.

[16] Can. 363.

[17] S. C. de Rel., decr. " *Quum minoris,*" 15 iun. 1909, n. 3, A. A. S., I 523.

[18] Cfr. Leitner III 483; Brandys 97.

iurisdictionem ab Ordinario loci ad audiendas confessiones; est enim in tali casu confessarius privilegiatus a iure,[19] neque stabile exercet munus.

Extra hunc casum tamen ipse nequit vi huius clausulae iuris, etiam ob penuriam sacerdotum renuntiari ab Ordinario loci capellanus vel confessarius, etiam ad interim, in eiusmodi institutis. Lex enim generalis est et rigorose intelligi debet.

Per Codicem totaliter tamen suppressa est alia sat dura clausula, qua olim interdicebatur: "habituali domicilio in locis, ubi exstat conventus, vel domus religiosa Provinciae, vel Missionis, cui sacerdos vel clericus saecularizatus, vel a votis perpetuis solutus, . . . adscriptus est."[20] Ergo nihil obstat, si nunc post Codicis promulgationem habitualiter commoretur etiam in locis, ubi exstant eiusdem religionis domus.

Quaeri tamen ulterius possit: cuiusnam naturae sint ista iuris interdicta, utrum scilicet agatur de validitate, vel tantum de liceitate? Et respondendum est: hic agi tantum de liceitate.—Ratio est, quia ista inhabilitas legalis est mera prohibitio iuris ecclesiastici, non autem irritans.[21] Aliunde etiam communis auctorum sententia est, hic agi tantum de liceitate, minime vero de validitate.[22]

Quid autem dicendum de iis, qui ante Codicis promulgationem in saeculum regressi sunt, sive per saecularizationis sive exclaustrationis indultum? Ad recte respondendum huic quaestioni succurrit nobis Commissio Pontificia, quae authenticam dedit interpretationem ad dubium propositum: "Utrum prohibitiones de quibus in can. 642, obstent quominus religiosi officia vel beneficia adipiscantur, tantum si ad saeculum post promulgationem codicis sunt regressi; an etiam eos complectantur qui iam ante promulgationem codicis extra religionem, venia pontificia, versabantur, non obstante can. 10? Resp.: Negative ad 1am partem, affirmative ad 2am."[23] Ergo in hoc casu particulari, legis vis est retroactiva. Ratio est, quia iam per plures annos ante Codicis promulgationem

[19] Cfr. can. 519, 522.

[20] S. C. de Rel., decr. "*Quum minoris*," 15 iun. 1909, n. 5, A. A. S., I 523.

[21] Cfr. can. 11.

[22] Chelodi 449; Schäfer 347; Papi, Religious in Church Law 156.

[23] Com. Pont. C. C. I., 24 nov. 1920, n. V., A. A. S., XII 575.

talis prohibitio exstitit.[24] Nullum proinde ipsis permittitur ius quaesitum.[25] Illicite ergo sunt in possessione eiusmodi munerum; attamen confirmari possunt ex benigna Apostolicae Sedis agendi ratione, ut quidam auctores putant.[26] Ratio autem, quare iisdem muneribus effective non spoliantur qui ante Codicem ea obtinuerunt ita redditur a Papi: "Sed neque canon iste neque illa authentica interpretatio contenta in hoc responso prohibet regressis *retinere* beneficia et officia quae potuerint *legitime acquirere ante* Codicis promulgationem." [27] Quoadusque ergo non fuerit aliquid in specie ab Apostolica Sede iterum declaratum, ad interim possunt retinere beneficia et officia sibi ante Codicem concessa utpote antea titulo legitimo.

[24] S. C. Ep. et Reg., 31 ian. 1899, ad 2: "An institutiones Parochorum et Canicorum, ex-Religiosis tantum saecularizatis perpetuo, neque ad Beneficia habilitatis sint invalidae, quamvis bona fide peractae?—Resp.: Ad secundum—Investituras, de quibus in casu, esse nullas in radice." Cfr. Vermeersch, de Religiosis, II 269-270; A. S. S., XXXIII 218.

[25] Cfr. Maroto, Comment. pro Rel., II 38-39, qui rationem quoque affert cur in hoc casu particulari lex vim retroactivam habet.

[26] Cfr. Papi, Religious in Church Law 156; Vermeersch, Periodica, X 255: "Inhabilitas enim et prohibitiones assequendi munera omnibus ex iure vigenti applicantur. Sed munere quod iam assecuti erant non cadunt, atque in eo, ni fallimur, confirmari poterunt, quamvis sit revocabile vel collatum ad certum tempus."

[27] Papi, Religious in Church Law 156: "But neither the canon nor the authentic interpretation contained in this answer forbids ex-religious *to retain* benefices and offices which they may *lawfully* have *obtained before* the promulgation of the Code."

CAPUT VII.

DE IURIS CLAUSULIS RECUPERANDI QUAEDAM PER RELIGIOSOS IN CASU EGRESSUS.

Postquam legislator sapienter statuerat principia diversa abhinc inviolabiliter servanda in concedendis saecularizationis indultis, atque cum accurate praescripserit normas abhinc accurate a saecularizatis servandas, non est oblitus etiam pressius determinare quaedam remedia quoad iniustas egressorum vexationes aliqua recuperandi a religione intuitu praestiti laboris durante vita in religione. Consideratis iustitiae principiis necnon aequitatis canonicae, idem legislator voluit pro semper stabilire quoque remedia tum ad tuenda iura respectivae religionis, tum etiam abolere quoslibet abusus ab abeuntibus in saeculum postulandi aliqua sub quolibet quaesito colore. Intuitu proinde horum duorum principiorum, scilicet iustitiae et aequitatis canonicae, duo etiam statuit, videlicet: 1) pro regressis in saeculum amissionem iuris aliqua recuperandi ob praestitam operam; 2) specialem iuris dispositionem quoad subsidium charitativum in casu egressus religiosae. De singulis horum nobis nunc agendum est sub distinctis articulis.

Art. I. De amissione iuris ex parte egressi aliqua recuperandi ob quamlibet operam religioni praestitam.

Qui per longius tempus vitam religiosam agebant optime norunt, quos futiles interdum praetextus ex parte abeuntis in saeculum propositos fuisse Superioribus religionum aliqua recuperandi ob operam religioni praestitam. Religiosi derelinquentes claustra interdum vindicta, interdum avaritia ducti, exequi volunt quemlibet quadrantem religioni acquisitum durante vita religiosa. Obliti expensarum intuitu eorum a religione factarum, solummodo nudum emolumentum prae oculis habent, quod propriae religioni per laborem acquisierunt. Exempla eiusmodi iniustae vexationis etiam mediante brachio saeculari ex parte derelinquentium erga religionem allegantur ab auctoribus.[1]

Quibus malis occurrere legislator volens, imprimis statuit de quo-

[1] Cfr. v. g. Leitner III 483-484.

libet professo: "Quidquid autem industria sua vel intuitu religionis acquirit, religioni acquirit."[2] Deinde idem legislator, ut in casu egressus religiosi salvum hoc ius religionis remaneret, generale iterum principium proposuit: "Qui e religione, expleto votorum temporariorum tempore aut obtento saecularizationis indulto, egrediantur vel ex eadem fuerint dimissi, nihil possunt repetere ob quamlibet operam religioni praestitam."[3]

Inspecta huius canonis paragrapho profecto liquet, clausulam hanc agere de religiosis quibuslibet qui religionem prorsus derelinquunt sive post elapsa vota, sive etiam per modum saecularizationis sive etiam de illis qui dimissi sunt.[4] Non tamen mentio fit de exclaustratis, quoniam ipsi adhuc ad religionem pertinent et ideo servatis servandis, ius habent ad subsidium charitativum et sustentationem honestam.[5]

Vi proinde huius cautionis a iure factae quilibet religiosus amittit ius exigendi aliquam portionem emolumenti sua industria religioni acquisiti. Quae legislatoris provisio proculdubio nititur iustitiae principiis. Professio enim, ut ait Reiffenstuel: "liberat Professum a patria potestate . . . a die Professionis illico transit Professus in potestatem Superioris . . . eique plene subiicitur; consequenter a patria potestate eximitur, puta, in quantum haec odiosa est Professo, non item in quantum eidem est favorabilis."[6] Quoniam igitur Superior a die professionis curam in se suscipit religiosi loco patris eique necessaria suppeditat ad vitae sustentationem, idcirco etiam iustum est, ut religiosus ad instar filiifamilias omnia bona durante vita religiosa non sibi, sed religioni acquirat. Ad rem ita animadvertit Blat: "Et iuste omnino, quia durante professione voluntas et opera religiosi sunt dicata religioni fructuose ad modum servitii feudalis."[7] Religio enim mediantibus respectivis Superioribus in se etiam suscipit a die professionis cuiuslibet religiosi periculum ad solvendas omnes expensas malo fato natas, ut puta, diversi generis medicorum, valetudinarii, etc. A fortiori autem iustitiae principia urgent, si religiosi per plures annos studiis vacabant et ad ordines maiores in religione promoti sunt; iterum, si agatur de religionibus mulierum, considerandae sunt expensae

[2] Can. 580, § 2.

[3] Can. 643, § 1.

[4] Cfr. can. 671, 5°.

[5] Vide pag. 161-163.

[6] Reiffenstuel, l. III, tit. XXXI, n. 191.

[7] Blat II 628.

studiorum causa factae. Quibus omnibus vitae religiosae adiunctis bene perpensis statim elucet: legislatorem voluisse tueri ius nativum religionis, ne egressi iniustas allegarent rationes aliqua recuperandi ob praestitam religioni operam.

Nihil tamen legislator in hoc canone statuit quoad bona religiosi allata tempore ingressus in religionem. Quapropter quaestio institui possit, utrum necne religio teneatur restituere egresso omnia bona quae ipse secum attulit in religionem? Iamvero ad rectum responsum dandum necessario facienda est distinctio inter professos votorum simplicium et sollemnium. Quoad priores, nulla est difficultas ob alibi in iure statutam cautionem: "Quilibet professus a votis simplicibus, sive perpetuis sive temporariis, nisi aliud in constitutionibus cautum sit, conservat proprietatem bonorum suorum et capacitatem alia bona acquirendi, salvis quae in can. 569 praescripta sunt."[8] Quae proinde bona religioso obveniunt aliunde praeter industriam, ut puta per hereditatem, legatum, certe semper censentur bona religiosi per modum dominii radicalis. Ne igitur religiosus hisce tempore egressus a religione spolietur, iterum legislator providit religiosi bono dum statuit: "Cessionem vel dispositionem . . . [bonorum suorum], professus mutare potest non quidem proprio arbitrio, nisi id constitutiones sinant, sed de supremi Moderatoris licentia, aut, si de monialibus agatur, de licentia Ordinarii loci et, si monasterium regularibus obnoxium sit, Superioris regularis, dummodo mutatio, saltem de notabili bonorum parte, non fiat in favorem religionis; per discessum autem a religione eiusmodi cessio ac dispositio habere vim desinit."[9] Quapropter quilibet professus cum votis simplicibus, qui egreditur e religione vel qui dimissus est, ius habet ut sibi restituantur bona omnia in religionem allata, vel quae etiam alio legitimo titulo acquisivit. Ratio est, quia a iure excipiuntur solummodo bona quae "industria vel intuitu religionis acquirit."[10]

Maior tamen difficultas adest in dirimenda quaestione de bonis regularis sollemniter professi in casu egressus. Quoad religiosas enim habetur specialis iuris proviso.[11] Ratio autem dubitandi est, quia legislator nihil determinat quoad restituenda ei bona in religionem allata; de his enim prorsus tacet.[12] Quod dubium debet

[8] Can. 580, § 1.

[9] Can. 580, § 3.

[10] *Ibid.* § 2.

[11] Vide pag. 250-253.

[12] Cfr. can. 643, § 1.

solvi per locos parallelos. Etenim alibi legislator expresse statuit quoad bona eius qui vota sollemnia est emissurus: "Professus a votis simplicibus antea nequit valide, sed intra sexaginta dies ante professionem sollemnem, salvis peculiaribus indultis a Sancta Sede concessis, debet omnibus bonis quae actu habet, cui maluerit, sub conditione secuturae professionis, renuntiare.—Secuta professione, ea omnia statim fiant, quae necessaria sunt ut renuntiatio etiam iure civili effectum consequatur." [13] Ergo nullum dubium amplius subest, quod, emissa professione sollemni, bona antea possessa in radice, irrevocabiliter pertineant ad eum cui illa renuntiavit.

Quoad bona autem ipsi post professionem quocumque advenientia, iterum legislator statuit: "Post sollemnem professionem, salvis pariter peculiaribus Apostolicae Sedis indultis, omnia bona quae quovis modo obveniunt regulari: 1.° In Ordine capaci possidendi, cedunt Ordini vel provinciae vel domui secundum constitutiones; 2.° In Ordine incapaci, acquiruntur Sanctae Sedi in proprietatem." [14] Ergo, inspectis hisce duobus canonibus, regularis post professionem, si saecularizatus fuerit, nullum ius habet ad bona sive ante professionem in religionem allata, vel etiam quocumque titulo ei post professionem sollemnem advenientia.

Autumat Prümmer: "Quantum ad bona saecularizati post vota sollemnia, Codex iur. can. nihil determinavit. Res est igitur ex aequo et bono componenda. Videtur autem aequum et bonum, ut saecularizatus, sicut nihil recipit pro laboribus in religione praestitis, ita religio nihil retineat bonorum, quae saecularizatus attulit religioni." [15] Quae conclusio a Prümmer deducta tamen vera non est. Etenim quod attinet bona ante professionem in religionem allata, ipse debuit, cui maluerit renuntiare. Legislator nullam facit exceptionem quoad bona post professionem ipsi advenientia. Notatu enim digna sunt verba: "*omnia bona quae quovis modo obveniunt regulari.*" Cum clausula haec sit generalis, et aliunde cum legislator nihil expresse statuerit de restitutione ei bonorum in casu egressus, ideo bona haec irrevocabiliter acquiruntur iuxta principia indicatis duobus canonibus statuta. Ergo opinio a Prümmer allegata non valet. Nullum igitur ius suffragatur saecularizato ut, egressus e religione, bona sua recuperet sive ante professionem sive post professionem religioni concessa. Durus quidem est hic sermo, attamen iuxta sollemnis paupertatis voti spiritum.

[13] Can. 581. [14] Can. 582. [15] Prümmer 338.

Quid autem iuris de subsidio charitativo pro tali religioso saecularizato?—Respondendum est: ipsum vi Codicis nullum quoque ius habere ad aliquod subsidium charitativum per se. Ratio est, quia Codex expressam mentionem facit tantum de religiosa egressa cum dote vel sine dote; tacet omnino tamen de religioso. Ergo propter legislatoris silentium, nullum ius habet postulandi tale subsidium per se. Per accidens tamen etsi non iustitia, tamen aequitas canonica postulat, ut a religione aliquod ei subsidium charitativum adrogetur, ne religiosus talis discedens in saeculum mendicare cogatur.

Charitas christiana ergo postulat, ut abeunti in saeculum, destituto quolibet subsidio proprio, aliquod subsidium charitativum praestetur ad certum tempus iuxta diversas circumstantias. Concinunt ad rem etiam alii auctores.[16] Audiatur Brandys: "Etiamsi persona religiosa in casu sui egressus vel suae dimissionis e religione nullum iuridicum postulatum ad ulteriorem sustentationem facere queat, nihilominus postulat multis in casibus charitas et naturalis aequitas, ut Superiores religiosi illis membris suae religionis qui huic per plures annos deservierint, nunc autem in saeculum redeant vel ob quamlibet rationem dimitti debeant, voluntarium aliquod subsidium tribuant, praecipue si illi nullam habeant substantiam personalem, sed illa destituti sint. Quantitas et modus huiusmodi subsidii debeat relinqui in genere paternae, respective maternae providentiae Superiorum eorumve sapienti iudicio." [17]

Salva igitur auctoritate quorumlibet Superiorum atque dignitate, ipsi certe charitatis christianae limites transgrediuntur, si prorsus nullum vel admodum tenue subsidium talibus religiosis adstipulentur. Quamvis enim saecularizati sint virilis conditionis et ro-

[16] Cfr. Leitner III 484; Brandys 98; Schäfer 349; Jansen 213.

[17] Brandys 98: "Wenn nun auch eine Ordensperson in Falle ihres Austrittes oder ihrer Entlassung aus der Ordensgemeinschaft keine rechtlichen Ansprüche auf weitere Unterstützung machen kann, so verlangt es doch in vielen Fällen die Liebe und die natürliche Billigkeit, dass die Ordensobern jenen Mitgliedern ihrer Genossenschaft, die derselben jahrelang gedient haben, nun aber in die Welt zurückkehren oder aus irgendeinem Grunde entlassen werden müssen, eine freiwillige Unterstützung zuwenden besonders wenn dieselben kein persönliches Vermögen haben sonder unbemittelt sind. Die Höhe und die Art dieser Unterstützung bleit im allgemeinem der väterlichen bzw. mütterlichen Fürsorge der Obern und ihrem weisen Ermessen überlassen.

busti, tamen circumstantiae tales possunt adesse, ut revera nonnisi una alterave hebdomada elapsa aliquam occupationem conditioni propriae consentaneam invenire possint. Ne igitur etiam tales saecularizati opprobrio et desperationis undis statim exponantur, desiderabile foret, ut Apostolica Sedes etiam aliqua explicite statueret suo tempore quoad religiosi a votis sollemnibus saecularizati subsidium charitativum.

Quamvis in foro civili effectus professionis sollemnis canonici non agnoscantur, renuntiatio tamen bonorum titulo donationis vel legati certe ubique debet agnosci. Talem renuntiationem iure civili forma valida urget legislator: "Secuta professione, ea omnia statim fiant, quae necessaria sunt ut renuntiatio etiam iure civili effectum consequatur."[18] Item oportet ut Superiores, cuilibet candidato in religionem advenienti, tradant schedulam renuntiationis intuitu praestiti laboris, cui candidatus subscribat per modum contractus se, durante vita in religione, nihil postulare ob praestitam operam, nisi victum et vestitum; in casu autem egressus solummodo tantam pecuniae quantitatem postulare, ut iterum revertere queat ad locum unde advenerat. Talis adstipulatio ad instar mutui contractus certe agnoscitur etiam in foro civili; liberabit Superiores respectivarum religionum ab inutilibus postea recursibus ad iudices civiles.[19]

[18] Can. 581, § 2.

[19] In nostro Statu Wisconsin quilibet potest revera eiusmodi contractum inire sub legali forma prout habetur in nostro Commissariatu, a quodam iurisperito elaborata: "KNOW ALL MEN BY THESE PRESENTS, Whereas, I, the undersigned being fully acquainted with the laws, rules and regulations of the [Franciscan Order in the Commissariate of the Assumption of the Blessed Virgin Mary in the United States] and with the objects of said Order and fully endorsing them have, by my own accord and free will, made application for membership in said Order, hereby reaffirm all the statements and representations made by me in my application for membership and hereby promise and agree to obey all the laws, rules and regulations of said Order as are now existing or which may hereafter be enacted or adopted, and in all things abide by the same, and agree to perform all work and services as may be required of me by the [Very Reverend Father Commissary or the Superior of any House in the said Commissariate] in which I may be at any time placed or located under the rules and regulations of said Order. And it is expressly understood and agreed by me in consideration of my acceptance in said Order that if at any time hereafter I should leave said Order or be discharged or expelled therefrom either for misrepresentations made in my said appli-

ART. II. DE SPECIALI IURIS DISPOSITIONE QUOAD SUBSIDIUM CHARITATIVUM IN CASU RELIGIOSAE EGRESSAE.

Quae in praecedentibus canonibus de exclaustrationis et saecularizationis indulto explicitior legislatoris aperitio mentis desideratur, certo certius maxima circumspectione usus est in eligendis verbis agendo de conditione religiosae egressae. Longiori et clara terminologia utitur in cudenda hac paragrapho.

Legislator duplicis conditionis religiosae egressae memor, scilicet cum dote vel sine dote receptae in religionem, providit ne in vilem statim abeat vitae cursum. Quamobrem vi legis inculvavit: "Si tamen religiosa sine dote recepta fuerit nec ex propriis bonis sibimet providere valeat, religio ex caritate eidem dare debet ea quae requiruntur ut modo tuto ac convenienti domum redeat, ac providere ut, naturali aequitate servata, per aliquod tempus, mutuo consensu vel in casu dissensus ab Ordinario loci determinandam, honeste vivere possit."[1]

Motivum autem, ob quod legislator alium prorsus modum stabilivit quoad subsidii caritativi obligationem pro religiosa egressa, ita delineatur a Biederlack-Führich: "Ratio hujus differentiae in modo tractandi viros et mulieres certe consistit in maioribus periculis, tum pro vita temporali tum speciatim pro salute animae, cui mulieres sint expositae, si absque mediis ad victum dimitterentur. Si vero religiosa dotem apportavit, tale periculum iam per restitutionem dotis, quae semper facienda est, evitatur."[1a]

Inspecta huius canonis paragrapho certe concludere quisque debet, legislatorem supponere prima fronte, religiosam quamlibet

cation or for disobedience or for violation of any of the laws, rules or regulations of said Order now existing or hereafter adopted, I shall have no right or claim whatever against said Order or against any member thereof either for any work, labor or services rendered or performed by me or for or on account of any claim whatever.

IN WITNESS WHEREOF I have hereunto set my hand this ...... day of ...., 191...."

....

Signed and delivered in the presence of

....

....

[1] Can. 643, § 2.

[1a] Biederlack-Führich 294.

attulisse aliquam dotem ingrediendo religionem. Rationem autem dotis requirendae ab ingrediente adolescentula ita explicat Pellizzario: "Sicut nomine dotis quae solet solvi marito, intelligitur id, quod datur a muliere proprio viro in sustentationem, . . . sic nomine dotis, quae pro Moniali professura solvi consuevit Monasterio, in quo fit professio, intelligitur certa summa pecuniae, taxata a Legitimo Superiore, quae solet dari Monasterio in sustentationem Monialis in eo profitentis; unde jura decreverunt Patrem teneri constituere congruam dotem non solum filiae nubenti, sed etiam Monasterium ingredienti: sicut communiter notant Canonistae, et juris civilis Doctores." [2]

Sub disciplina superiori Apostolica Sedes pluries edidit varia decreta quoad Monialium dotis quantitatem, qualitatem, custodiam et restitutionem in casu egressus e monasterio.[3] Quae disciplina antecedens iterum per legislatorem renovata et compendiose redacta, nunc eminet in Codice per quinque canones.[4] Non quidem determinat absolutam aliquam summam quae debet necessario constituere dotem monialis, sed generali modo annuntiat: "In monasteriis monialium postulans afferat dotem in constitutionibus statutam aut legitima consuetudine determinatam." [5] Quoad alias religiosas item determinat: "In religionibus votorum simplicium, quod ad religiosarum dotem pertinet, standum constitutionibus." [6]

Noluit tamen legislator et inopibus praecludere claustri ianuas. Virginum pauperum commiserans, ut et ipsae vitam suam virgineam possent Deo consecrare, permittit exceptionem: "Dos praescripta condonari ex toto vel ex parte nequit sine indulto Sanctae Sedis, si agatur de religione iuris pontificii; sine venia Ordinarii loci, si de religione iuris dioecesani." [7] Ex quibus verbis

[2] Pellizzario, Tract. de Monialibus, cap. II, sectio II, n. 39.

[3] Cfr. Clemens XIII, const. "*Ci è stato,*" 13 febr. 1759, § 1, e, Fontes n. 450; S. C. Ep. et Reg., *Portugallien.*, 6 iun. 1605, Bizzarri 334; *Massilien.*, mense iun. 1701, Bizzarri 336-337; *Pacen.*, 1 mart. 1703, Bizzarri 337-338; *Comen.*, 1 dec. 1758, Bizzarri 386; *Firmana*, mense iun. 1784, Bizzarri 395; *Fulginat.*, mense martii, Bizzarri 401-402; *Calaguritan.*, 20 nov. 1818, Bizzarri 413; 18 iul. 1834, Bizzarri 423; *Veronen.*, 20 dec. 1844, ad 4, Bizzarri 516; *Fulginaten.* et *Spoletana*, 9 iun. 1848, Bizzarri 560-562; *Novarien.*, 14 aug. 1863, Bizzarri 696-699; decr. *Perpensis*, 3 maii 1902, n. 10, A. S. S., XXXV 33; 28 iun. 1902, ad IV, *ibid.* 37.

[4] Can. 547-551.

[5] Can. 547, § 1.

[6] *Ibid.*, § 3.

[7] *Ibid.*, § 4.

liquet, posse dari religiosas in religionem receptas cum dote vel sine dote. Utrique tamen iuxta suam paternam providentiam prospicere vult in casu egressus; utrique primum sucurrere satagit, ne absque mediis ad vitae honestae sustentationem derelicta, periculo gravis damni exponatur. Religiosa ergo cum dote recepta, iuxta normas iuris communis, ius plenum habet ut sibi restituatur dos in religionem allata: "Dos religiosae professae sive votorum sollemnium sive votorum simplicium quavis de causa discedenti integra restituenda est sine fructibus iam maturis."[8] Et recte; si enim dotis primarius finis sit honestae sustentationis ratio perdurante vita religiosa, ergo ipsa e religione discedens, iterum ius nativum recuperat ut etiam ex eadem dote sibi in saeculo providere queat, vel ut saltem ad interim non mendicare cogatur. Neque Superiorissae ullum ius habent aliquid ex ista dote allata detrahendi intuitu expensarum factarum antea, durante v. g. morbo, ob studia in religione peracta, ob expensas factas intuitu medicorum etc. Ratio est, quia quaelibet religiosa per professionem etiam simplicem fit membrum dictae religionis. Ergo durante vita in religione, plenum ius habet ad omnia vitae necessaria ex bonis religionis communibus; ius enim non admittit peculium privatum.[9] Aliunde religio ius habet, ut quaelibet religiosa vires suas religioni devoveat. Ergo ex iustitia etiam ius ipsa habet, ut sibi suppeditetur quidquid necessarium sit ad vitam communem servandam. Neque religio habet ius aliquid exigendi pro alimentis et habitu religioso a novitiis, nisi aliud expresse cautum sit in constitutionibus vel expressa conventione.[10] Ergo a fortiori neque a professa licet aliquid exigere in casu egressus. Dos proinde est aliquid accessorium atque sub tacita conditione monasterio deposita iterum illam recipiendi in casu discessus.

Novam tamen prorsus disciplinam legislator inauguravit per Codicem quoad egressum religiosae sine dote.[11] Possunt enim accidere casus, ubi adolescentula aliqua ingressa fuit religionem absque

[8] Can. 551, § 1.

[9] Can. 594, § 1: "In quavis religione vita communis accurate ab omnibus servetur etiam in iis quae ad victum, ad vestitum, et ad suppellectilem pertinent."

[10] Cfr. can. 570.

[11] Nova haec disciplina cuique apparet ob defectum fontium adnotandorum in fine huius paragraphi can. 643.

ulla dote atque sine propriis bonis, uti persaepe fit cum orphanis quae in iuventute sub tutela Sororum primum educatae, postea eorundem postulantes fiunt. Neque eiusmodi religiosarum oblitus est legislator in casu egressus: "Si tamen religiosa sine dote recepta fuerit nec ex propriis bonis sibimet providere valeat, religio ex caritate eidem dare debet ea quae requiruntur ut modo tuto ac convenienti domum redeat." [12]

Notatu digna sunt legislatoris verba: "religio ex caritate eidem dare debet." Sicuti enim urget officium iustitiae, ut in primo casu abeunti vel dimissae religiosae dos restituatur, ita nunc urget officium charitatis ex parte religionis erga discedentem religiosam sine dote receptam.[13] Talis religiosa non solum ius habet ut sibi dentur vestimenta saecularia ad abeundum, verum etiam et cetera omnia "ut modo tuto ac convenienti domum redeat." Age, legislatorem nolle omnino ut talis egressa statim sese recipiat ad locum extraneum, sed "domum" seu ad consanguineos vel cognatos quos sibi aliquo naturali vinculo coniunctos considerat, quive habitant penes lares paternas.[14]

Quae subventio religiosae egressae concessa, technico nomine *subsidium charitativum* nuncupatum, a Superiorissis dandum non est iuxta lubitum, sed *naturali aequitate servata.*[15] Quid autem intelligendum sit nomine aequitatis explicat Vicat: "Aequitas est qualitas id assequendi, quod bonum, conveniensque est in iure constituendo, interpretando, adplicando. Ipsi autem *naturalis* epitheton plerumque adiicitur. Sic ex ea aequitate naturali dicuntur nepotes in filiorum locum succedere. . . . Igitur ea tribuitur iuris dispositionibus, quae recte rationi non repugnant. Hinc aequitas compensationis." [16] Qualitas igitur personae Deo dicatae postulat, ut bonam convenientemque occupationem inveniat et non statim vile mancipium evadat. Quoniam autem iuxta temporum et locorum adiuncta persaepe difficile est, praesertim pro mulieribus, invenire occupationem consentaneam, ideo noluit legislator peremptoriam statuere regulam quoad quantitatem et quoad temporis durationem subsidii charitativi; noluit enim praeiudicium seu potius gravamen

[12] Can. 643, § 2.
[13] Cfr. Comment. pro Rel. V 322.
[14] Forcellini, v. domus: "domus per synecdochen dicitur de patria."
[15] Can. 645, § 2.
[16] Vicat, v. aequitas.

afferre religioni respectivae, sed neque vult, ut egressa bono sibi debito spolietur. Quamobrem voluit potius provocare ad aequitatem naturalem, quae adplicari debet conditionibus temporum et respectivae discedenti mediante charitate christiana. Adhibuit ideo verba sat generalia: ". . . per aliquod tempus, mutuo consensu vel in casu dissensus ab Ordinario loci determinandum." [17]

Quaeri igitur oportet: quid veniat sub clausula "*per aliquod tempus*" iuxta mentem legislatoris? Imprimis certo certius nequit hic applicari analogia inter discedentem religiosum et religiosam. Etsi primo discessus momento uterque in pari inveniatur conditione, experientia tamen teste, in peiori semper conditione sunt mulieres in invenienda sibi convenienti occupatione. Temerarium igitur foret restringere particulam illam "*per aliquod tempus*" ad paucas tantum hebdomadas. Quae enim restrictionis computatio hebdomadum valet pro viris,[18] melius fieri debeat computatio per menses quoad mulieres egressas. Computatio igitur *honeste*, sed non more divitum *vivendo* ad minimum per unum vel etiam alterum mensem iuxta consuetudinem respectivae regionis consideranda est. Vermeersch-Creusen ita pro sua regione rem explicat: "Aequum istud subsidium non videtur per se infra mille libellas haerere posse. Saepe etiam, ultra haec, solent religiones discedenti religiosae restituere bona quae religioni dedit, etsi nulla lege naturali vel positiva ad id adigantur." [19] Quae opinio, si nostris circumstantiis in America Septentrionali accomedetur, valeret quoque statuendo subsidium charitativum non debere infra centum scutata haerere in omni casu, utpote necessaria omnino ad honestam sustentationem personae unius intra unum et duos menses.

Notatu digna quoque est animadversio legislatoris: ". . . *vel in casu dissensus ab Ordinario loci determinandum.*" Per hanc clausulam iuris igitur Ordinarius loci constituitur legitimus arbiter. Et recte quidem; ipse enim ob diversas circumstantias temporum et locorum, optime poterit decernere in omni casu quae legislatorem latent.

Ad istud subsidium charitativum ius habet non solum egressa

[17] Can. 643, § 2.

[18] Vide pag. 248-249.

[19] Vermeersch-Creusen, Epit. 444.

absque ulla dote, verum etiam illa cuius dos admodum exigua fuit, ut per aliquod tempus honeste vivere valeat. In casu egressus igitur, ipso iure inspecto, solummodo haberet ius ad sibi restituendam dotem.[20] Talis proinde, in casu egressus, in peiori esset conditione ac illa absque ulla dote. Ad rem Maroto: " Re quidem vera non desunt hodie plures religiones aut monasteria, in quibus dos statuta, praesertim quoad Sorores conversas seu coadiutrices, satis exigua est, v. g. centum libellarum vel francorum, aut ducentarum, tercentarum, quidve simile. Quae pecuniae summa, in casu reditus Sororis ad familiam, erit generatim, nisi ipsa ex aliis bonis sibimet providere valeat, prorsus insufficiens ut modo tuto ac convenienti domum redeat et per aliquod tempus honeste vivere possit; his enim necessitatibus nequit forte subveniri nisi summa longe maiori, mille scilicet libellarum aut etiam amplius." [21]

Cum proinde aliquae Superiorissae nihil amplius interdum vellent discedenti praestare nisi nudam dotem iuxta iuris rigorem, et cum aliunde, ut dicit Vermeersch-Creusen: " ex-religiosi . . . omnino irrationabiliter velint etiam fructus annuos pecuniae quam religioni dederant obtinere," [22] ideo recenter Apostolica Sedes authenticam dedit interpretationem ad quaesitum: " Utrum Religio, in qua dos non pertingit ad rationabilem subsidii caritativi aestimationem, omni obligatione erga Religiosam discedentem liberetur ex simplici dotis restitutione, an e contrario supplere teneatur id quod, iuxta can. 643, § 2 defecerit ad aequum subsidium caritativum constituendum? Sacra Congregatio, re mature perpensa, responsum censuit, prout respondet: '*Negative* ad primam partem, *affirmative* ad secundam; facto verbo cum Sanctissimi.' " [23]

Inspecta igitur hac S. C. de Rel. responsione non absque re dicendum est, eiusmodi interpretationem valde necessariam fuisse etiam pro nostrae regionis commoditate. Dantur enim multae Sororum religiones, quae dotem exiguam viginti quinque vel quinquaginta scutatorum americanorum exigunt. Ergo in casu alicuius egressae, summa haec vix sufficiens erat ad reditum solvendum ad familiam. Iamvero eiusmodi egressae suffragatur legislator, ut ultra quid accipiat etiam pro honesta sustentatione per aliquod

[20] Cfr. Can. 551, § 1.

[21] Maroto, Comment. pro Rel. V 321.

[22] Vermeersch-Creusen, Epit. 444.

[23] S. C. de Rel., 2 mart. 1924, A. A. S., XVI 165-166.

tempus. Etiam nunc post hanc authenticam declarationem patet egressae, in casu dissensus ex parte Superiorissarum, recursus ad Orinarium loci.

Quae supra dicta sunt de conventione facienda religionem inter et postulantem in scriptis forma etiam civili valida, apprime valent de postulantibus in religionibus mulierum.[24] Talis conventio scripta persaepe liberabit Superiorissas ab iniustis vexationibus egressae, si ultra id peteret quod, aequitate naturali servata, recepit etiam intuitu subsidii caritativi.

---

[24] Vide pag. 249.

APPENDIX.

DE RECUSATIONE RESCRIPTI.

Ecclesia semper summopere desiderabat, ut omnes religiosi, "ad regulae, quam professi sunt, praescriptum vitam instituant et componant."[1] Vota enim religiosa fideliter servata proculdubio sunt summa perfectionis christianae ab ipso Christo omnibus commendatae. Etenim ut ait Marchant: "Tripliciter perfectio status religiosi excedit communem statum christianae perfectionis, nimirum, efficacia mediorum, excellentia operationum, puritate et unitate finis."[2] Haec est praecipua ratio cur Ecclesia semper suam ostendit reluctantiam in concedendis indultis ad deserendam religionem sive ad tempus sive in perpetuum. Concedit quidem indultum sive exclaustrationis sive saecularizationis, ast piae matris instar, potius id facit commiserans precibus petentibus. Non vult aliquem cogere ad perseverandum in statu religioso semel a respectivo religioso electo, sed cuique relinquit usum liberi arbitrii.

Quoniam in casu nostro agitur de religiosi libero egressu e religione, idcirco etiam supponitur in eius modo agendi voluntarium. Iuxta Scotum enim, "cum actus humanus is sit, qui causatur per intellectum et voluntatem in homine intendente finem eius actus . . . ea necessitate in eis reperitur *voluntarium,* quanta ad ipsos influit voluntas; sic autem concurrit, ut eius actione non intellecta nullus supersit actus humanus."[3]

Maximi igitur momenti semper est plenae libertatis usus in praecipuis vitae religiosae stadiis. Ecclesia semper invigilabat, ne aliquis invitus cogatur ad ingrediendam religionem.[4] Item ad valorem religiosae professionis praescripsit atque requirit plenam voventis libertatem.[5] Attamen ex altera parte, Ecclesia non per-

[1] Conc. Trident., sess., XXV, *de regularibus,* c. 1, Richter 394.

[2] Marchant, tract. I, tit. unic., q. III.

[3] Scotus, Summa Theologica, IV, q. VI, art. I.

[4] C. 1, X, *de his, quae vi metusve causa fiunt,* I, 40; Conc. Trident., sess. XXV, *de regularibus,* c. 17, Richter 420-421; c. 18, 19, Richter 422-423; Clemens VIII, const. "*Cum ad regularem,*" 19 mart. 1603, § 5, 6, Fontes n. 189; can. 571, § 1.

[5] Conc. Trident., sess. XXV, *de regularibus,* c. 17, Richter 420-421; c.

mittit, ut, aliquis vitam religiosam semel professus, eam iterum temere derelinquat, nisi accedente pleniore deliberatione. Ne igitur saecularizandus absque tali plena deliberatione egrediatur e religione et postea ipsum poeniteret eiusmodi gressus infelicis, admittitur nunc in iure quae vocatur *recusatio rescripti.* Et bene quidem, quia ut dicit S. Thomas: "Tunc videtur homo agere propter finem, quando deliberat; sed multa homo agit absque deliberatione, de quibus etiam quandoque nihil cogitat . . . non ergo homo omnia agit propter finem." [6]

Per inductionem plenioris adhuc deliberationis mediante recusatione rescripti igitur legislator relinquit petenti indultum plenam libertatem in ultimo adhuc momento illud acceptandi vel recusandi. Commiserans reapse instabilitatis humanae, etsi verbis non expressis, tamen implicitis id innuit, dum statuit: "Qui impetrato saecularizationis indulto, religionem relinquit." [7]

Quibus canonis verbis bene inspectis erui potest: legislatorem ex parte indultum petentis duos distinctos inter se actus supponere: *impetrationem indulti,* necnon eiusdem postea acceptationem formalem, *per derelictionem religionis.* Ad rem etiam concinit Maroto: ". . . duo videntur requisita pro effectu secutae saecularizationis, nempe impetratio indulti et derelictio religionis. Igitur post impetratum ac etiam executum rescriptum, videtur requiri novus actus Religiosi quo Religionem relinquat; et quia ista derelictio non censetur esse ipse materialis egressus e domo religiosa, intelligendus est egressus formalis seu actus quo Religiosus acceptet indultum saecularizationis, ac ita statui religioso valedicat." [8]

Quae species plenioris deliberationis ex parte religiosi egressuri e religione per modum recusationis vel acceptationis rescripti inducta est in ius religiosorum nonnisi recentioribus temporibus. Genesis eiusdem reperitur in casu generis quidem simili, specie tamen diversa a recusatione rescripti saecularizationis in nostro casu.[9] Non recte igitur adducitur iste casus ab auctoribus quasi

19, Richter 422-423; S. C. C., 7 sept. 1726, Richter 430; 7 mai 1735, Richter 432; S. C. Ep. et Reg. 24 apr. 1846, Bizzarri 537; can. 572, § 1, 4°.

[6] S. Thomas, Summa Theologica, Ia IIae, q. I., art. I, 3.

[7] Can. 640, § 1.

[8] Maroto, Comment. pro Rel. IV 105.

[9] Cfr. Acta Ordinis Minorum XI 68-69: "Fr. N . . . , Clericus Pro-

praecursor recusationis rescripti prout nunc revera a Codice admittitur.[10] Melius enim ipso documento inspecto, directe agebatur de validitate votorum simplicium et per consequens etiam postea de validitate votorum sollemnium ab eodem religioso nuncupatorum tribus annis elapsis, uti patet ex dubio proposito et soluto ab Apostolica Sede: "Utrum Fr. N. . . . petitione sua die 4 Septembris non obstante; super votis simplicibus Rescripto 4 Septembris, vel eius executione die 8 Septembris 1888 *reapse dispensatus extiterit* ut eius sollemnis professio *invalida* censenda sit?—Sacra Congregatio super Disciplina regulari praeposito dubio mature perpenso reposuit: "*Negative,* quoad utramque partem."[11] Notatu digna sunt verba istius dubii soluti: "Negative, quoad utramque partem." S. Congregatio solummodo agnovit validitatem votorum in dicto casu tum simplicium tum etiam sollemnium; nullam tamen rationem allegavit.

Quaeri igitur possit: ubinam ultimo quaerenda sit ratio canonica in isto casu. Religiosus in foro externo mutavit voluntatem suam, seu resipuit eadem die, qua rescriptum dispensationis ab Apostolica Sede promanavit.—Item, uti ipse in litteris ad Ministrum Provincialem scripserat, "se a daemone deceptum falsam in petitione exposuisse causam." Quapropter iuxta stylum Curiae sub disciplina superiori, duplicem ob rationem tantum potuit sustineri validitas horum votorum in casu ab Apostolica Sede: vel ob expositionem falsi seu obreptionem ex parte oratoris, vel ob resipiscentiam ante executionem rescripti a Ministro Generali in casu. Si primum adfuerit, certe rescriptum ipsum erat tunc invalidum,

vinciae N . . . , postulavit dispensationem super votis simplicibus emissis die 6 Martii 1887, asserens se, ob infirmam valetudinem, non posse in Ordine permanere. Die 4 Septembris 1888, S. Congregatio super Disc. Reg. *benigne* annuit Patri Ministro Generali ad effectum de quo in precibus; qui die 8 Septembris 1888 his verbis: dispensamus, et ab omni vinculo et obligatione dictorum votorum liberum vitae saeculari restituimus. . . . , Rescriptum executioni demandavit. . . . Interim vero die 4 Septembris, Fr. N . . . ad Ministrum Provincialem scripserat: *se a daemone deceptum falsum in petitione exposuisse causam,* quapropter velle se in Ordine mori, et rogabat ne dispensatio a votis simplicibus sibi intimaretur.—Cfr. etiam A. S. S., XXVI 320.

[10] Cfr. Comment. pro Rel. IV 101-102; Vermeersch, Periodica XI 151.

[11] S. C. super Disciplina Regulari, 15 martii 1892, Acta Ordinis Minorum XI 68-69; A. S. S., XXVI 320.

sicuti et hodie iuxta normam iuris.[12] Si alterum, item vota simplicia et consequenter etiam postea sollemnia ut valida sustinebantur ab Apostolica Sede, quia rescriptum illud erat in forma executoria; proinde tempus etiam sub superiori disciplina currebat, sicuti etiam nunc vi Codicis currit, non a die concessionis rescripti ab Apostolica Sede, sed a die exsecutionis.[13] Quidquid sit, merito potuit dubitari in foro externo de validitate votorum in casu, attamen ob duplicem tantum istam rationem, quia scilicet eadem die concessum indultum fuit qua resipuit orator. Non dabatur aliquid tertium ante Codicem, scilicet resipiscentia etiam post rescripti exsecutionem per eiusdem *formalem recusationem* ex parte oratoris. Nullibi fundamentum eiusmodi in iure superiori invenitur; neque apodictice probari possit ex allegato documento; illud fortasse tamen potuit praebere fundamentum "*rescripti recusationis*" prout nunc revera agnoscitur ab Apostolica Sede.

Quae recusatio rescripti fundamentum suum habet in innovatione a iure inducta quoad immutatum imprimis nomen dispensationis a votis in technicum terminum saecularizationis.[14] Ad rem etiam cl. Maroto: "Nuperrime Sacra Congregatio de Religiosis suas hac de re formulas rescriptorum innovavit easque reduxit omnes ad saecularizationis indulta, sepositis illis quae votorum dispensationes nuncupabantur; sic nimirum formulae istae videntur melius Codicis menti respondere. Itaque hodie conceduntur saecularizationis indulta quibuslibet religiosis sive clericis ordinum maiorum sive laicis tum viris tum feminis; nec distinctio habetur nisi quoad clausulas et conditiones pro diversitate personarum appositas."[15] Deinde iterum in natura ipsius rescripti, quod iuxta praevalentem disciplinam sive in re exclaustrationis sive saecularizationis ordinarie dantur in forma commissoria,[16] vel

[12] Cfr. can. 40: "In omnibus rescriptis subintelligenda est, etsi non expressa, conditio: *Si preces veritate* nitantur." Cfr. etiam can. 42, § 2.

[13] Can. 41: "In rescriptis quorum nullus est executor, preces veritate nitantur oportet tempore quo rescriptum datum est; in ceteris tempore exsecutionis."

[14] Cfr. can. 638.

[15] Maroto, Comment. pro Rel. IV 66.

[16] Bizzarri 612-615; Pirhing, in Ius Can., lib. 1, tit. III, n. 128: "Excutio Rescriptorum, quae emanant a Sede Apostolica, vel Legatis eius, aut delegatis ab eis nonnisi personis Ecclesiasticam dignitatem aut personatum obtinentibus . . . committi potest et debet . . . idque statutum

uti quidam malunt etiam per modum privilegii,[17] ideo legislator potuit duo praecipua etiam momenta admittere quoad effectum indulti, scilicet executionem et acceptationem eiusdem formalem ex parte oratoris.

Quae duo rescripti momenta revera implicite nunc in Codice admittuntur, dum statuitur a legislatore: " Qui, impetrato saecularizationis indulto, religionem relinquit." [18] Verumtamen dubitari merito potuit, utrum necne haec duo momenta formaliter inter se distincta admitti possint necne, quia talis iuridica distinctio sapit innovationem et quidem magnam in iure communi, scilicet: an possit dari recusatio rescripti in casu ita, ut idem non habeat iuridicum effectum nisi accedente formali eiusdem acceptatione ab oratore, cum effectu suspensivo ad interim a momento executionis? Propositum igitur hoc fuit dubium S. C. de Religiosis: " An Religiosus qui saecularizationis indultum aut simplicium votorum dispensationem impetravit, possit primum aut alteram recusare cum a locali Superiore eiusdem notitiam accipit, quamvis Superior Generalis in scriptis iam executoriale decretum rescripti emiserit ad normam can. 56 Codicis iuris canonici. Praerequisito igitur Consultorum voto, dubium propositum fuit Emis PP. in plenario coetu diei 9 iunii 1922, qui re mature perpensa, respondendum censuerunt: *Affirmative*; dummodo Superiores graves rationes in contrarium non habeant, quo in casu ad Sacram Congregationem referant." [19]

Ex hac Apostolicae Sedis ergo declaratione concludere licet, penes ipsum impetrantem esse potestatem rescriptum sive dispensationis a votis sive saecularizationis acceptare vel recusare. Non vult legislator aliquem religiosum privare dono vocationis religiosae, sed econtra: ex hac innovatione vi huius rescripti inducta, potius desiderat ut quilibet plena libertate utendo adhuc deliberet, utrum necne ipsi claustra deserenda sint. Apparet exinde tum iuridica tum philosophica ratio legislatoris in danda hac declaratione. Ad rem Vermeersch: " *Iuridica* responsi ratio desumi potest ex c. 37,

fuit tum ob honorem Sedis Apostolicae, ne eius auctoritas in ministro inferiore vilipendatur: tum ob utilitatem impetrantium; ut peritos et dignos habeant executores. . . ."

[17] Cfr. Comment. pro Rel. IV 103-104, et auctores ibi allegatos.

[18] Can. 640, § 1.

[19] S. C. de Rel., 1 aug. 1922, A. A. S., XIV 501.

qui validum rescriptum cum eius non usu componit. Quod de rescripto impetrato pro alio ibi statuitur, id de rescripto impetrato pro se nunc valere decernitur. *Philosophica* seu moralis ratio afferri potest, favor quem Ecclesia constantiae in vocatione religiosa tribuere solet." [20]

A libero arbitrio igitur ex parte religiosi dependet acceptatio vel recusatio rescripti. Nihil refert quale indultum impetravit; non censetur iuridice adhuc exclaustratus vel saecularizatus, nisi formaliter illud acceperit seu, uti habetur in cit. canone, religionem reliquerit. Sedes Apostolica vult ut potius ad interim suspendantur principia iuris quoad executionem rescripti aliunde stabilita ideo, ut serventur a religioso potius vota Deo semel promissa.

Quid autem iuris, si orator iam formaliter ratum habuerit indultum, subscribendo, v. g. rescripto, sed ante egressum e religione completum ipsum peniteat de acceptatione indulti? Debetne iuridice considerari saecularizatus vel non? Opinatur Vermeersch, per formalem rescripti acceptationem actum esse iuridice completum: "Acceptatione religiosi, iuridicus actus est perfectus, ita ut in unius partis faculatate iam non sit se eius effectibus subtrahere. Propriae religionis Constitutiones et usus in primis consulenda sunt. Verum, nonne, ad mentem praesentis responsi, permitti potest ut consentientes Superior et dispensatus actum pro infecto habeant, si mox retractatus fuerit; praesertim si nondum innotuerit? Sic ante Codicem, pro non interrupto habebatur novitiatus novicii qui mox post discessum reverteretur, sic ante externam executionem, pactio mutuo consensu rescindi potest." [21]

Qui tamen modus opinandi a Vermeersch propositus non est rectus iuxta mentem legislatoris. Saecularizandus in casu nondum est formaliter saecularizatus, quia nondum religionem effective relinquit. Subscriptio rescripti seu acceptatio eiusdem, quamvis instrumentaliter agnita ab oratore, nondum completa omnino censenda est, sed solummodo inchoatio est ipsius. Completus enim actus saecularizationis non dependet adhuc ab ipsa subsignatione rescripti, sed ab egressu completo seu formali e religione per actum externe manifestatum. Ita in casu novitii, etsi iamiam paratus esset ad egrediendum a novitiatu et, etiamsi iam ad ianuam monasterii constiterit, si tamen resipuerit et e domo tamen non exierit,

[20] Vermeersch, Periodica, XI 151.

[21] Vermeersch, Periodica, XI 151.

novitiatus nondum censendus est interrumptus.[22] Actus enim derelictionis nondum erat iuridice completus, etsi anticipatus: "*e domo tamen non exierit.*" Ergo etiam in casu nostro, etsi saecularizatio iamiam inchoata per documenti subscriptionem, tamen iuridice nondum completa censenda est.

Aliunde, in casu Superior localis nihil concurrere potest ad actum iuridicum; est solummodo testis authorizabilis in casu de usu vel non usu rescripti. Testis autem authorizabilis tantum testimonium praestat de iis quae externe fiunt in quibusdam actibus legalibus, puta: sacerdos assistens matrimonio, quod de venia Sedis Apostolicae celebrari potest mediante dispensatione ab impedimento aliquo dirimente. Acceptavit sponsus rescriptum; omnia iamiam parata sunt in Ecclesia ad matrimonium celebrandum. Attamen momento consensus praestandi, idem sponsus declarat se nolle actum complere et recedit ab altari. Nonne hic censendus est matrimonium contraxisse? Habebatur inchoatio actus per documenti acceptationem, sed defecit eiusdem actus consummatio; idcirco non est usus indulto et actus non est completus sensu iuridico.

Ergo, neque in casu nostro religiosus revera saecularizatus est, etsi omnia parata essent ad egressum etiam per acceptationem rescripti inchoative; etenim deerat eiusdem actus consummatio ob defectum formalis egressus. Ideo etiam vis rescripti nondum sortita est iuridcum effectum. Recurrendum tamen esset ad Apostolicam Sedem, ut ipsa certior fieret de non-usu rescripti *consummative.* Ceterum admondum utile foret, si suo tempore etiam illa circumstantia clarius definiretur ab ipsamet Sede Apostolica.

Quae modo dicta sunt de recusatione rescripti ab Apostolica Sede impetrati, ea quoque, mutatis mutandis, de rescripto ab Ordinario loci valent quoad religiosum iuris dioecesani. Rationes enim eaedem militant in casu, quia etiam religiosus iuris dioecesani tale indultum sibi pro non opportuno, mutato consilio, iudicare possit.

Item principia hic adducta a fortiori applicari possunt de recusatione rescripti exclaustrationis. Religiosus talis potest simpliciter illud recusare, quia penes ipsum potestas est uti privilegio sibi a Superiore ecclesiastico concesso vel non. Principium idem recurrit: Ecclesiam summopere velle, ut religiosus permaneat in sua sancta vocatione.

[22] Cfr. can. 556, § 1.

Universitas Catholica Americae

Washingtonii, D. C.

Facultas Iuris Canonici

1924-1925

No. 29.

THESES.

DEUS LUX MEA

THESES

QUAS

AD DOCTORATUS GRADUM

IN

IURE CANONICO

Apud Universitatem Catholicam Americae

CONSEQUENDUM

PUBLICE PROPUGNABIT

FR. CYRILLUS PIONTEK, O. F. M.,

COMMISSARIATUS PULASKIENSIS
(IN STATU WISCONSIN)

IURIS CANONICI LICENTIATUS

HORA X A. M. DIE XIX MAII A. D. MCMXXV.

Ex Iure Canonico.

I.

Canones 1–4. De normis generalibus.

II.

Canones 5–7. De consuetudinibus, de disciplina vigente, immutata necnon totaliter nova inde a Codicis promulgatione.

III.

Canones 8–15. De legibus ecclesiasticis.

IV.

Canones 36–40. De rescriptis.

V.

Canones 63–70. De privilegiis.

VI.

Canones 80–86. De dispensationibus.

VII.

Canones 108–110. De clericis in genere.

VIII.

Canones 215–217. De clericis in specie.

IX.

Canones 329–340. De episcopi potestate, qualitatibus requisitis, necnon obligationibus.

X.

Canones 518–530. De confessariis et capellanis.

XI.

Canones 637–645. De egressu e religione.

XII.

Canones 755–761. De ritibus et caeremoniis baptismi.

XIII.

Canones 806–813. De sacerdote Missae sacrificium celebrante.

XIV.

Canones 824–834. De Missarum eleemosynis seu stipendiis.

XV.

Canones 845–852. De ministro sacrae communionis.

XVI.

Canones 871–879. De sacramenti poenitentiae ministro, iurisdictione ordinaria et delegata.

XVII.

Canones 893–900. De peccatorum reservatione; de quantitate, qualitate et cessatione reservationis.

Canones 908–910. De loco ad confessiones excipiendas.

XVIII.

Canones 1019–1026. De iis quae matrimonii celebrationem praemitti debent.

XIX.

Canones 1047–1052. De dispensatione impedimentorum matrimonii.

XX.

Canones 1154–1160. De locis sacris.

XXI.

Canones 1239–1242. De iis quibus sepultura ecclesiastica concedenda est aut neganda.

XXII.

Canones 1307–1315. De voti obligatione, dispensatione et cessatione.

XXIII.

Canones 1422–1428. De beneficii translatione, unione et dismembratione.

XXIV.

Canones 1544–1551. De piis fundationibus.

XXV.

Canones 1556–1568. De foro competenti.

XXVI.

Canones 1572–1579. De tribunali ordinario primae instantiae.

XXVII.

Canones 1606–1607. De tribunali delegato.

XXVIII.

Canones 1646–1654. De actore et de reo convento.

XXIX.

Canones 1701–1705. De exstinctione actionum.

XXX.

Canones 1742–1746. De interrogationibus partibus in iudicio faciendis.

XXXI.

Canones 1812–1818. De probatione per instrumenta.

XXXII.

Canones 1825–1828. De praesumptionibus.

XXXIII.

Canones 1902–1907. De re iudicata et de restitutione in integrum.

XXXIV.

Canones 1933–1938. De accusatoria actione et denuntiatione.

XXXV.

Canones 1960–1965. De foro competenti in causis matrimonialibus.

XXXVI.

Canones 2013–2018. De notario, cancellario et advocatis.

XXXVII.

Canones 2195–2198. De natura delicti eiusque divisione.

XXXVIII.

Canones 2236–2240. De poenarum remissione.

XXXIX.

Canones 2306–2313. De remediis poenalibus.

XL.

Canones 2404–2414. De ponis contra abusum potestatis vel officii ecclesiastici.

Ex Iure Romano.

XLI.

De personis physicis.

XLII.

De servitute.

XLIII.

De manumissione.

XLIV.

De iure postliminii.

XLV.

De familia.

XLVI.

De exstinctione personae physicae.

XLVII.

De tutela et curatela.

XLVIII.

De persona morali.

XLIX.

De sponsalibus.

L.

De conditione matrimonii.

Ex Iure Internationali.

LI.

The conception of those rules and principles of which international law treats has varied greatly with periods, with conditions, and writers.

LII.

The provisions of the Peace of Westphalia, while not creating a code to govern international relations, did give legal recognition to the existence of many principles in regard to the relations of states, regardless of area and power.

LIII.

The United States of America for many years after 1776 occupied a position to a considerable extent apart from European influences.

LIV.

From the nature of the state as a sovereign political unity, certain conditions are necessary for its existence from the standpoint of international law.

LV.

The recognition of a state is the recognition of the existence of certain political conditions.

LVI.

Neutralized states are sovereign only in a qualified degree.

LVII.

The Pan-American Conference of 1889 laid down many principles of settling international controversies.

LVIII.

With the right of independence goes the correlative obligation of non-intervention.

LIX.

In time of civil war, on invitation of both parties, a foreign state may act as mediator.

LX.

The object of war may be considered from two points of view, the political and the military. International law cannot determine the limits of just objects for which a state may engage in war.

Vidit Facultas:

PHILIPPUS BERNARDINI, S. T. D., I. U. D., *Decanus.*

LUDOVICUS MOTRY, S. T. D., I. C. D., *a Secretis.*

Vidit Rector Universitatis:

✠ THOMAS J. SHAHAN, S. T. D., I. U. D., LL. D.

INDEX ONOMASTICUS.

Numeri indicant huius libri paginas.

INDEX RERUM ALPHABETICUS.

Numeri designant paginas huius libri tantum.

PRINTED BY J. H. FURST COMPANY
BALTIMORE, MARYLAND

VITA.

Natus sum die 19 iunii anni 1881 in Silesiae Superioris pago quod vulgo nuncupatur Rosmierka, dioecesis Vratislaviensis, in ea Poloniae parte quae etiam nunc est sub gubernio Germaniae. Studiis elementariis in patria completis et vocationem religiosam sentiens, anno 1899 migravi in Americam Septentrionalem. Alumnus receptus sum in seraphicam familiam Commissariatus Pulaskiensis Ordinis Fratrum Minorum apud Pulaski, Wisconsin. Studia superiora absolvi ex parte in Collegio S. Josephi apud Teutopolis, Ill., ex parte in tunc neo-fundato Collegio S. Bonaventurae apud Pulaski, Wis. Ordinem ingressus anno 1903 atque anno probationis peracto, philosophiae studiis operam *ibidem* navavi per biennium. A Moderatoribus eiusdem Commissariatus iterum missus sum anno 1906 in Europam superiorum studiorum gratia. Theologiae curriculum absolvi per triennium in domo studiorum provinciae seraphicae Leopoli (vulgo Lwów) in Polonia.

Suscepto s. presbyteratus ordine Leopoli anno 1909, frequentavi per unum semestre Universitatem Cracoviensem in Polonia. Revocatus ad proprium Commissariatum versus finem anni 1909, renuntiatus sum professor philosophiae in domo studiorum apud Pulaski, Wis. Subsequenti anno institutus sum professor theologiae in seminario maiori eiusdem Commissariatus in civitate episcopali Sinus Viridis (Green Bay, Wis.), quod munus adimplevi usque ad annum 1923, theologiam dogmaticam tradens; inde ab anno 1918 fuit mihi commissum etiam munus professoris iuris canonici.

Inde ab anno 1920 fungebar officio notarii Curiae Matrimonialis dioecesis Sinus Viridis (Green Bay, Wis.) necnon munere secretarii in synodo dioecesana, quae celebrata fuit eodem anno.

Tandem in alumnorum huius Catholicae Universitatis numerum cooptatus anno 1923, ibidem per biennium operam impendi studiis iuris canonici D. D. Bernardini, Motry et Schaaf auspiciis; studui etiam iuri internationali duce Dr. Lima; iuri romano praeside Dr. Lardone.

Illis ergo praecipue, qui doctrina atque benevolentia iuvare me non cessabant, dignas et nunc persolvo grates et semper quam maximas habebo.

www.ingramcontent.com/pod-product-compliance
Lightning Source LLC
LaVergne TN
LVHW050257080826
844660LV00012B/648